JD71.201517

Jiaoyu Xiandaihua Jinchengzhong
Xuexiao Deyu Chuangxin Yanjiu

教育现代化进程中
学校德育创新研究

柳国梁　陈国明 / 等著

ZHEJIANG UNIVERSITY PRESS
浙江大学出版社

前　言

　　教育现代化是一个国家教育发展的较高水平状态，是对传统教育的超越，是传统教育在现代社会的整体转化，其核心是培养出适应国际经济竞争和综合国力竞争的新型劳动者和高素质人才。教育现代化不仅是社会发展的要求，也是教育自身发展变革的需要。教育现代化最终要实现人的现代化，这需要关注每一个学生的健康成长，为学生全面发展和终身发展奠定良好的思想道德基础，这也是当前教育现代化进程中德育创新工作的重中之重。德育是学校教育的重要组成部分，学校德育创新是教育现代化的题中应有之义。研究学校德育创新是推进教育现代化发展的需要，也是促进人的现代化的必然要求。

　　《国家中长期教育改革和发展规划纲要（2010—2020 年）》在"实现教育现代化"的战略目标基础上强调了德育的重要性："坚持德育为先，把德育渗透于教育教学的各个环节，贯穿于学校教育、家庭教育和社会教育的各个方面。"党的十八大报告指出，"把立德树人作为教育的根本任务，培养德智体美全面发展的社会主义建设者和接班人"。"立德树人"首次被确立为教育的根本任务，是对党的十七大"坚持育人为本、德育为先"教育理念的深化，同时也指明了今后教育改革发展的方向。2014 年 4 月，教育部颁发的《关于培育和践行社会主义核心价值观　进一步加强中小学德育工作的意见》提出：要"充分体现时代性，加强中小学德育的薄弱环节"；"准确把握规律性，改进中小学德育的关键载体"；"大力增强实效性，夯实中小学德育的基本保障"。从国家、社会、公民三个层面倡导的反映现阶段全国人民"最大公约数"的 24 字社会主义核心价值观，党的十八届五中全会提出的"创新、协调、绿色、开放、共享"五大发展理念,以及 2016 年教育部颁布的《中国学生发展核心素养》,为学校德育创新提供了方向指引、理念支撑和基本着力点。在中国特色社会主义进入新时代、全面建成小康社会进入决胜阶段的大背景下,2018 年 9 月 10 日,党中央隆重召开中国特色社会主义进入新时代后第一次全国教育大会,提出要以习近平新时代中国特色社会主义思想为指导,牢牢把握培养社会主义建设者和接班人这个根本任务,全面实施新时代立德树人工程,健全家庭、学校、政府、社会协同育人机制,形成全员育人、全过程育人、全方位育人的格局,努力构建德智体美劳全面培养的教育体系。这为我们在新时代背景下开展学校德育工作提供了根本遵循和行动指南。

宁波市作为较早提出教育现代化发展目标的城市,十分重视德育在教育现代化中的重要意义与作用。2011 年,制定并实施《宁波市中长期教育改革和发展规划(2011—2020 年)》,提出了"两个率先"目标:在全省教育现代化进程中,宁波要率先实现;在全市现代化建设中,教育要率先实现。从 2014 年起,宁波市启动中小学德育重点改革试点项目,重点推进社会主义核心价值观的落细、落小、落实,要求学校德育工作适应时代发展和教育现代化的要求,真正坚持以人为本的教育理念,着眼于时代与社会发展和教育发展的需要,遵循学生身心发展的规律,尊重学生的主体性多样化发展需求,为学生的健康成长和幸福人生的实现奠定基础。

随着宁波市教育现代化进程的不断推进,全市各地学校紧紧围绕"立德树人"的根本目标,以社会主义核心价值观为引领,创新学校德育工作,创造了许多富有时代特点、地方特色的经验,基本形成了"一地一品、一校一策"的生动格局。例如,鄞州区董玉娣中学的"责任教育"、奉化区锦屏中心小学的"礼仪教育"、鄞州云龙中学的"小组合作式德育"、慈溪阳光实验学校的"体验型德育"、宁波江北新城外国语学校的"慈孝教育"、宁波江东镇安小学的"国学教育"、余姚市梁弄镇中心小学的"红色教育"、宁波鄞江镇中心小学的"生命教育"等。

鉴于上述背景,宁波市基础教育发展研究基地以"学校发展"为视角,围绕基础教育改革发展与学校发展相关的一些热点重点问题展开深入研究,在完成第一个研究项目"教育现代化进程中学校内涵建设研究"(主要从中小学校内涵式发展入手,基于现代办学理念对学校内涵建设的理论与实践进行研究)的基础上,项目组于 2015 年度向宁波市哲学社会科学发展规划办申报了第二个研究项目——"教育现代化进程中学校德育创新研究",获得立项。项目研究从理论层面探索德育目标内容、方法途径、管理评估等方面的规律性,并揭示学校德育工作的创新机理;从实践层面研究反映学校德育的宁波实践、宁波案例,挖掘和凝练宁波德育工作的成功经验和创新探索,形成对现代化进程中学校德育工作的创新思考。

本研究由宁波市基础教育发展研究基地主任、宁波教育学院副院长柳国梁研究员主持,聚集了一批高校理论工作者、教育行政管理人员、学校管理者等多方面的研究人员,在广泛调研基础上对项目进行了深入的研究。整个项目包含八项子课题,“教育现代化与学校德育创新”课题由柳国梁、黄志兵负责;“德育目标和内容更新”课题由黄全明负责,章涵恺等参加;“德育方法和途径探索”课题由闻靖灏负责,章涵恺、陈忱等参加;“德育管理和评价改革”课题由闫艳负责,程治国、王剑平、竺柯斌等参加;“传统道德与德育创新”课题由沈升良负责,徐卫东、李晓华等参加;“红色文化与德育创新”课题由华晓宇负责,陈国明、楼剑锋等参加;“时代精神与德育创新”课题由赵建华负责,黄朋月等参加;“生命教育与德育创新”课题由陈国明负责。本书正是“教育现代化进程中学校德育创新研究”项目的研究成果(八项子课题成果分别对应书中的第一至八章),由各课题组组成的研究团队共同完成。

项目组在基地主任柳国梁研究员和首席专家陈国明副教授的主持下,多次开会研讨研究思路、全书框架和相关观点,修改研究提纲和初稿。本研究成果主要由三大部分构成。

第一部分即该书的第一章,是对教育现代化与学校德育创新相关理论的阐述,主要内容包括教育现代化的时代背景、基本内涵,教育现代化与学校德育创新的逻辑关系,学校德育创新面临的挑战、当前学校德育存在的问题及学校德育创新的路径。

第二部分分为三章,即该书的第二、三、四章,这部分从学校德育的历史性和时代性出发,探索德育目标、内容、方法等方面的规律性,总结和发现学校德育工作的新方法、新途径,从制度和机制层面、组织和队伍建设层面揭示德育工作的创新之策。在理论分析的同时,第二部分还结合宁波市德育创新的实践提出了一些可操作性的对策与路径。其中,第二章以鄞州区董玉娣中学的“责任教育”和奉化区锦屏中心小学的“礼仪教育”为样本,探索学校目标与内容更新的实践策略;第三章以鄞州云龙中学小组合作式德育和慈溪阳光实验学校体验型德育为样本,提炼总结出学校德育创新工作的方法和途径;第四章则以田莘耕中学为样本,探索基于“体验”的立体多维德育管理和评价创新模式,以东南小学为样本,提炼凸现“童心责任”的形成性德育管理和评价创新模式。

　　第三部分分为四章,即该书的第五、六、七、八章,在新的时代背景下,着重就传统道德教育、红色文化教育、时代精神教育、生命教育四个主题研究学校德育融入社会主义核心价值体系教育问题。第五章研究分析了社会主义核心价值观引领下传统道德教育的时代内涵,结合宁波江北新城外国语学校的"慈孝教育"、宁波江东镇安小学的"国学教育"等传统德育样本,对传统道德教育创新进行了理性思考,并探索了实践路径。第六章结合余姚市梁弄镇中心小学和余姚市泗门镇中心小学开展特色红色文化教育的实践做法与经验,总结新形势下红色文化教育的方法与途径,提出加强红色文化教育的基本策略。第七章深入分析了现代化背景下时代精神的演变与趋势,结合余姚市东风小学的"绿色发展"、宁波经贸学校的"和谐发展",从德育目标、育人功能、德育载体和评价指标内容体系等层面探索了时代精神引领下的学校德育创新路径。第八章论述了教育现代化背景下生命教育的德育意义和重要性,以宁波鄞江镇中心小学和宁波高新区梅墟中心小学为样本,对学科教学渗透生命教育、主题活动引领生命教育的经验和做法进行了提炼总结,并对学校生命教育进行了展望。

　　本项目着力在以下三个方面有所创新。

　　(1)围绕学校德育的现代化背景进行研究。从文献分析可知将"现代化"和"学校德育"从相互结合的角度深入开展的研究,尚没有形成系统化、条理化,对"教育现代化进程中的学校德育"的研究缺乏系统性和深刻性。本项目全面系统地揭示了教育现代化对学校德育的价值、影响及其作用机制。

　　(2)着眼于教育现代化进程对基础教育学校德育创新进行研究。本项目将基础教育学校德育创新研究置于宁波教育现代化实现的进程中,梳理现代化对学校德育创新的要求,对基础教育学校德育创新的目标、内容、方法和管理模式进行探索。

　　(3)着眼于对基础教育学校德育创新的实践案例进行解剖和总结。本项目关注宁波市在教育现代化进程的重要阶段,那些在学校德育创新方面有特色、有突破、有成就的实践模式。通过深入调查各种实践案例,评判目标中小学德育工作的现状、存在的问题及发展趋势,深入分析这些案例中德育创新的目标、路径和所用策略,对学校德育创新的有效模式进行总结、提炼,力图发现具有借鉴和推广价值的经验,以便为中小学校德育的改革与发展提供创新性的理论成果、行动策略和实践模式。

　　本书作为项目成果,是研究团队集体智慧的结晶。闻靖灏、黄志兵参与部分章节的修改,柳国梁对全书进行统稿、修改与最终审定。

　　成果完成之际,我们由衷地感谢宁波市社科联和宁波市教育局的信任、指导与资助。感谢浙江大学出版社对本书出版的大力支持。在本书写作过程中,我们借鉴了许多专家学者的研究成果和学术观点,多数已经在文中做了注释,有些未及一一注释,在此一并表示真诚感谢! 这一课题研究涉及范围非常广泛,但该研究还不是很深入,诸多问题的分析尚较为浅表,敬请专家和广大读者批评指正。

作　者

2019 年 12 月

目 录

第一章　教育现代化与学校德育创新

　　21 世纪,我国现代化进程的步伐不断加快,教育现代化作为国家现代化的重要组成部分,也日益成为推动国家现代化的重要基础和支撑。《国家中长期教育改革和发展规划纲要(2010—2020 年)》(以下简称《纲要》)在战略目标中明确提出:"到 2020 年,基本实现教育现代化。"党的十八大报告在强调全面建成小康社会目标时,再一次将"教育现代化基本实现"作为衡量人民生活水平全面提高的重要标志。《中华人民共和国国民经济和社会发展第十三个五年规划纲要》指出,要"把提升人的发展能力放在突出重要位置",并再次提出"推进教育现代化"的规划战略,要求"全面贯彻党的教育方针,坚持教育优先发展,加快完善现代教育体系,全面提高教育质量,促进教育公平,培养德智体美全面发展的社会主义建设者和接班人"。进入中国特色社会主义新时代,中共中央、国务院印发了《中国教育现代化 2035》,中共中央办公厅、国务院办公厅印发了《加快推进教育现代化实施方案(2018—2022 年)》,这是贯彻落实党的十九大精神和全国教育大会精神、加快教育现代化的重要举措,也是当前教育事业改革和发展的主要任务和奋斗目标。教育现代化建设的实践也不断向中小学校德育提出了新的要求,迫切地要求学校德育担负起时代的使命,以人的发展为核心,与时俱进,不断创新,以适应教育现代化的发展。

第一节　社会转型期的教育现代化

在社会主义核心价值观、五大发展理念的大背景下,教育现代化的内涵发生了新的变化。这种变化也将带来学校德育目标与内容、方法与手段、体制机制等层面的变化。

一、教育现代化的时代背景

教育现代化的内容相当广泛,包括教育理念、教育制度、教育内容与方法、教育管理等方面的现代化。教育现代化的核心是人的现代化,而人的现代化最重要的是理念的现代化,主要表现在人的理念要随着社会发展的时代需求而相应地发生变化,要结合教育规律和人的身心发展特点,开展各种有效的教育活动。应该说,人的现代化是教育现代化最本质的、最根本的环节。

（一）社会主义核心价值观视野下的教育现代化

社会主义核心价值观正是围绕人的理念、思想、精神的现代化而提出的,从而赋予了教育现代化新的要求,也使教育现代化产生了新的内涵。

《纲要》在战略目标中提出"到 2020 年,基本实现教育现代化"的同时,也从德育目标层面明确提出了要积极构建社会主义核心价值教育的目标与内容观,关注每一个学生的健康成长,为学生全面发展和终身发展奠定良好的思想道德基础,形成与教育实际相结合的社会主义核心价值观教育工作新格局。党的十八大报告则针对社会主义核心价值观提出了更为具体的要求,在国家层面倡导富强、民主、文明、和谐,在社会层面倡导自由、平等、公正、法治,在个人层面倡导爱国、敬业、诚信、友善,积极培育社会主义核心价值观。党的十八大报告用 24 个字,分别从国家、社会、公民三个层面,提出了反映现阶段全国人民"最大公约数"的社会主义核心价值观,为培育核心价值观奠定了基础。

教育现代化首先是思想和精神的现代化。社会主义核心价值观的提出要求人们在思想和精神层面跟上现代化的节奏,实现人的精神、思想的现代化。培育和践行社会主义核心价值观是一项系统工程,学校要进一步培育和践行社会主义核心价值观,使其融入学校教育的全过程,使其内化于心、外化于行,为率先实现教育现代化提供坚实的思想保证和精神动力。

教育现代化的核心是人的现代化,而"人的现代化"自然要表现在学生的价值观上。自由、民主、平等、法治、诚信等社会主义核心价值观,都是教育现代化所需要的,是现代人格的基本要素。但是从目前学校德育的现状来看,学校常常以僵化的思维、说教的方式向学生强制性地灌输,实际效果不甚理想。学生只有在多元思想的比较中,才能更好地理解马克思主义,理解中国特色社会主义。只有通过自己的分析比较,通过批判性思考,学生才能把对马克思主义的信仰变成自己"自由自觉的活动"。一味地进行任何封闭的、僵化的说教,只会适得其反。

(二)五大发展理念视野下的教育现代化

党的十八届五中全会提出的创新、协调、绿色、开放、共享五大发展理念正是以人的发展为核心,对教育现代化提出的新要求。五大发展理念的提出必将引领教育现代化进程,坚持把提高教育质量作为教育现代化建设的战略主题,落实立德树人的根本任务,摒弃高度统一的标准化培养模式,创新人才培养的内容、方法与路径,促进人的发展,真正实现教育现代化。

第一,创新发展理念要求以创新来激发教育活力,提升人的创新能力,促进教育现代化的实现。创新是教育现代化的重要内涵,没有创新,就谈不上教育现代化。只有以创新发展激发教育活力,才能培养更多服务于创新型国家建设的人才,才能为全面建成小康社会发挥关键支撑作用。[①] 教育现代化问题的实质就是教育发展问题。要实现教育现代化,需要从观念、模式、管理、文化等层面进行创新。观念层面,教育的现代化是学生发展的现代化;模式层面,要以德育模式创新为载体,从德育内容的序列化、形式多样化、组织规范化以及学科的全覆盖入手,加大学校德育和校外德育建设,积极探索各类德育项目建设,努力为学生的全面发展打下坚实基础;管理层面,在创新发展过程中,学校以管理创新营造优秀创新人才成长的制度环境;文化层面,更新人才成长环境,为学校文化注入新时代文化要素,让学生能在创新文化的引领下得到个性化发展。

第二,协调发展理念要求以协调发展推动教育均衡、和谐发展。党的十八届五中全会提出,协调是持续健康发展的内在要求。协调发展的理念,对教育均衡、和谐发展提出了新的要求。教育现代化是全面、均衡、和谐发展

---

① 中国教育报评论员.以创新发展激发教育活力:论牢固树立新的教育发展理念[N].中国教育报,2016-01-18(1).

的现代化,它需要做到区域、城乡的协调发展,各级各类教育的协调发展,以及知识教育与价值教育的协调发展。长期以来,知识教育与价值教育存在着不协调的现象,主要表现为:重智育轻德育,重知识传授轻人格养成,重分数轻做人,等等。党的十八届五中全会明确提出:"全面贯彻党的教育方针,落实立德树人根本任务,加强社会主义核心价值观教育,培养德智体美全面发展的社会主义建设者和接班人。"这一目标要求我们不能单单进行知识教育,还要把价值教育,尤其是德育放在重要位置,把增强学生的社会责任感、创新精神和实践能力作为重点任务贯彻到教育全过程。这一教育重心的转变对于改变过去以应试教育为中心、分数至上的不协调现象也有重要的现实意义,体现了在教育上也要"两手抓,两手都要硬"的思想。此外,在通过教育来实现人的全面发展的基础上完成教育的社会使命,即促进人和社会的整体和谐。只有坚持协调发展的教育理念,让更多的人获得分享教育发展成果的机会,使更多人的素质得到全面提高,才能给更多人带来自我实现的机会,并最终促进人和社会的整体和谐。

第三,绿色发展理念要求以绿色发展促进人、自然与社会之间的和谐共生。马克思在《1844 年经济学哲学手稿》中指出,"社会是人同自然界的完成了的本质的统一,是自然界的真正复活,是人的实现了的自然主义和自然界的实现了的人道主义"①。马克思所阐述的人、自然、社会三者之间的和谐共生理念,不但是马克思主义的生态文明观之要义,更是"绿色发展"之基点。教育的"绿色发展"作为一种现代的、全新的发展观,它必然以人的发展为核心,以生态文明教育为切入点,以体制机制创新为着力点,促进人、自然与社会之间的和谐共生,推进教育现代化。无论是教育系统的哪个要素,还是哪个实践环节,都离不开实践主体——人。因此,以"人的发展"为核心的绿色发展,对推进教育现代化的指导和促进作用不言而喻。坚持绿色发展,就是要推动教育,加强资源环境国情和生态价值观教育,推动形成教育绿色发展方式,激发学生的责任感和主人翁意识。教育的终极旨趣在于育人,教育所培养的人是否是现代化的人、全面发展的人,直接影响着他们在未来社会当中的责任与担当。只有把绿色发展理念深入教育各个领域并一以贯之,才能推进教育真正成为育人的重要场域和引领社会风尚的重要力量,实现教育的现代化。习近平总书记强调,"走向生态文明新时代,建设美丽中国,是

---

① 马克思.1844 年经济学哲学手稿[M].北京:人民出版社,1985:79.

实现中华民族伟大复兴的中国梦的重要内容"①。教育是推进生态文明、建设美丽中国、实现中国梦的重要阵地，它需要站在国家战略高度，创新组织载体，加强"绿色学校"建设，探索持续的绿色发展评价机制。

第四，开放发展理念要求以开放发展引领教育开放与教育国际化。教育现代化具有开放性、国际化等特征。以开放发展引领教育开放与教育国际化，是教育现代化的重要实现路径。党的十八届五中全会提出，开放是国家繁荣发展的必由之路。用开放发展理念推动教育开放与教育国际化，不仅扩大了教育资源供给，满足了人民群众选择性教育需求，而且推动着教育体制与机制创新，是多赢之举。学校德育的现代化，需要学校坚持开放发展观，要求学校主动深化与社会的联系，充分利用社会资源，让社会分享教育资源，形成家校共育、学校社会协同的良好教育生态。

第五，共享发展理念要求以共享发展促进教育公平。公平性是教育现代化的重要特征之一。而共享发展是促进、引领教育公平的重要理念。党的十八届五中全会提出，共享是中国特色社会主义的本质要求。教育公平是社会公平的基础，为所有的孩子提供相对均衡、相对优质的教育，是共享理念在教育上的基本体现。共享发展实质上是承认差异、尊重差异、鼓励多元的发展，它有利于消除隔阂、减少排斥、促进融合。我国教育公平的价值诉求应当是让全体儿童、全体教师和全体学校和谐相处、共享发展、共同发展。从差异化、多元化来看，共享发展主要表现在以下三个方面：一是每个学生都是存在差异的，尽管我们可以采取差异化教育方式方法，但是他们的教育权和发展权是平等的。二是教师的来源是多元的，但他们在专业发展、成果共享等方面的机会应该是平等的。三是各级各类学校在发展过程中，尽管存在诸多硬件、软件上的差异，但他们在生存权和发展机会方面也应当是平等的。这种共享发展，有助于学校各个成员的社会主义核心价值观形成，也有利于学校德育的开展。

二、教育现代化的核心是人的现代化

党的十八届五中全会审议通过了《中共中央关于制定国民经济和社会发展第十三个五年规划的建议》，明确提出"提高教育质量"这一主线，因此，在新背景、新要求下教育现代化的内涵发生了变化，产生了新的内涵。教育现代化必须以提高质量为主线，以深化改革为动力，把握基础教育改革方

---

① 刘毅，孙秀艳.绿色发展，走向生态文明新时代[N].人民日报，2016-02-16(1).

向。无论是社会主义核心价值观还是五大发展理念,其归根结底都是关注人的发展。因此,要实现教育现代化,核心是人的现代化,促进人的发展。

（一）"人的现代化"之内涵

美国社会学家英格尔斯在《人的现代化》一书中指出:"在整个国家现代化发展的过程中,人是一个基本因素,也并不是现代化过程结束后的副产品,而是现代化制度与经济赖以长期发展并取得成功的先决条件。"①人的现代化是现代社会对人的发展的要求,要实现人的现代化,就必须对人的现代化的内涵及有关问题有明确的认识。我国有学者指出,人的现代化是指"在现代化建设进程中,人的全面、协调发展的状况与过程"②。也就是说,人的现代化内涵包括:第一,促进人的现代化是现代化建设的核心内容。人的现代化有着时代的背景要求,也就是说人的现代化不是传统社会中人的自我完善,而是社会转型背景之下人的转变过程。第二,人的现代化强调人的协调、全面发展。克服现代化进程中人的片面化、异化发展,实现人的素质全面提升,推进人与自然、社会协同发展。这与五大发展理念、社会主义核心价值观等的时代要求相吻合。

（二）教育现代化与人的现代化

教育作为培养人的特殊的实践活动,是人类社会有目的、有意识的活动,它是人类传递劳动生产经验和社会生活规范的必要手段。现代社会的教育是和现代生产、现代经济、现代国家和现代科学文化联系在一起的。人的现代化程度的高低与他所受教育的程度成正比。也就是说,人所受教育的程度越高,他所具有的现代化品质就越多,现代化的程度就越高。因此,现代教育对人的现代化具有重要意义。如何通过思想道德教育使广大青少年形成科学的人生观、世界观、价值观,是人的现代化的关键问题。要通过教育大力普及科学知识,要让科学深入人们的生活之中,形成人人讲科学、学科学、爱科学的局面。具有科学的头脑及科学的精神是人的现代化的基本要求,加强科学教育对人的现代化具有重要意义。实现人的现代化是实现教育现代化的百年大计。没有人的现代化,就没有社会的现代化。通过现代教育培养现代化所需要的人才,实现人的现代化,是现代教育的使命,更是实现教育现代化的核心。

---

① 英格尔斯.人的现代化[M].殷陆君,译.成都:四川人民出版社,1985:1.
② 郑永廷,等.人的现代化理论与实践[M].北京:人民出版社,2006:8.

无论是社会主义核心价值观还是五大发展理念,其本质都是相同的,即关注人的发展。人的现代化要求人的全面发展。从某种意义上来讲,社会主义核心价值观所倡导的富强、民主、文明、和谐、自由、平等、公正、法治、爱国、敬业、诚信、友善,其实质上是围绕人的发展从国家、社会、个人层面实现人的现代化。创新、协调、绿色、开放、共享五大发展理念其本质亦是如此:创新发展,意味着要创新观念的引导、创新体制机制的保障,以创新来激发人的创新力、个性化。协调发展,意味着实现人的知识教育与价值教育的协调发展、智育与德育的协调发展、知识与人格的协调发展、人与自然、社会的协调发展,等等。绿色发展,意味着人的现代化,不是个人至上的现代化,而是要实现人与自然、社会之间的和谐共生。以"人的发展"为核心的绿色发展,势必会激发人的责任感和主人翁意识,使人发展成为现代化的人、全面发展的人。开放发展,意味着人要以开放的姿态,主动加强与多方的联系,充分利用社会资源,从而最大限度地促进人的全面发展。共享发展,意味着人与人之间要和谐相处、共享发展、共同发展,让每个人拥有平等的生存权和发展机会。

（三）人的现代化与学生核心素养培养

教育现代化的核心是人的现代化。学生核心素养培养是促进人的现代化的教育实践。从根本上说,实现人的现代化,要以立德树人为宗旨,把培养学生的核心素养作为教育的终极目标贯穿于教育实践的始终。关于21世纪世界教育发展的新动向,联合国教科文组织、经济合作与发展组织、欧盟等国际机构,美、英、法、德、日等国家先后提出了"21世纪学生核心素养"或"关键能力"。这些不同的框架在素养结构或关键能力的重点方面有所不同,但有一个共同点是适应进入21世纪人类正在经历的新科技革命、经济社会加速变化和不确定性增加、经济全球化和多元文化的交流和碰撞等新变化和新挑战,对学生的素养和能力提出了新的结构框架。[①] 学生核心素养培养对于实现人的现代化起到关键作用。一方面,学生核心素养的内容体现了社会主义核心价值观和素质教育的基本要求,并依据科技、经济、文化和社会迅速变化的新要求,赋予时代的内涵,突出了社会责任感、创新精神和实践能力,突出了21世纪信息时代对人的学习能力、思维能力、交往能力、团队合作能力、信息获取和处理能力、组织能力、领导能力的新要求。另

---

① 杨桂青,李孔文.中国教育现代化的着力点在哪里[N].中国教育报,2017-01-12(9).

一方面,学生核心素养培养深刻影响着教育质量标准、课程标准、课程内容、教学设计、教学过程、教学测评等众多的实践环节,循环往复,贯穿于教育教学的全过程,最终渗透到人的成长发展的每一个环节和每一个侧面,发挥促进人的现代化的整体作用。

第二节 教育现代化呼唤学校德育创新

随着经济社会的发展,人们的创新意识、协调意识、绿色意识、开放意识、共享意识、自主意识、平等意识、竞争意识、效率意识等得到进一步增强,同时负面影响也相伴而来,信仰缺失、拜金主义、享乐主义等思想道德问题凸显,在某些领域里出现了道德失范严重的现象。[①] 这些问题的出现,在一定程度上严重影响着中小学生的身心健康和社会主义精神文明建设。加强学校德育创新,增强学校德育实效性,更好地促进学生健康成长,培养社会主义合格建设者和可靠接班人,现代学校德育任重而道远。德育是中小学学校教育的重要组成部分,学校德育创新是教育现代化主题中的应有之义。同时,人的现代化、社会的现代化离不开学校德育创新。因此,研究中小学校德育创新,不仅是推进教育现代化发展的需要,同时也是促进人的现代化和社会现代化的必然要求。

一、学校德育的内涵与发展趋势

在新的历史时期,学校德育正面临着一场全面、深刻的变革。现代化的发展,要求德育能够反映现代社会的发展趋势,体现当代社会生活的时代精神。理解学校德育的基本内涵,把握学校德育的发展趋势,这对于开展学校德育创新和实现教育现代化具有重要指导意义。

(一)学校德育的内涵

长期以来,学术界对德育的概念认识有"广义德育观"和"狭义德育观"两大类。在第一类广义德育观中,德育包括思想教育、政治教育、法制教育、道德教育和心理健康教育。这类观点多出自改革开放初期政府部门颁布的政策命令,如教育部发布的《中小学德育工作规程》中指出:"德育即对学生进行政治、思想、道德和心理品质教育,是中小学素质教育的重要组成部分,

---

① 张耀灿,陈万柏.思想政治教育学原理[M].北京:高等教育出版社,2007:91.

对青少年学生健康成长和学校工作起着导向、动力、保证作用。"①教育部《关于整体规划大中小学德育体系的意见》也指出："德育主要是对学生进行政治、思想、道德法制、心理健康教育。"②随着科学研究的规范化和细致化，到20世纪90年代，教育界对德育的概念进行了细化，特别是将法制教育从德育概念中剔除出去。如《教育大辞典》认为，"德育旨在形成受教育者一定思想品德的教育，在社会主义中国包括思想教育、政治教育和道德教育"③。南京师范大学教育系编著的《教育学》认为："德育是教育者按一定的社会要求，有目的有计划地对受教育者心理上施加影响，以培养教育者所期望的思想品德"；"思想品德，就其内容说，包括人们的政治立场、世界观以及道德品质等方面。因而，我们所说的德育，包括对学生的共产主义思想教育、政治教育和道德品质教育"。④

关于德育的内涵界定，党的十八届三中、五中全会对其进行明确阐述，指出德育必须秉承"立德树人"宗旨，全面贯彻党的教育方针，加强社会主义核心价值体系教育，创新中华优秀传统文化教育，制定科学的育人机制，将德育贯穿于教育教学的各个环节，并且加强学校、家庭和社会之间的联系，不断改进德育方法形式，不断丰富学校德育内容，努力提高学校德育实效性。可见，国家对德育的要求是整个社会都能形成关心人、培育人、造就人的环境，德育不仅仅是道德教育的简称，而且是思想教育、心理教育、文化教育等各个领域相互配合、共同努力的结果。

首先，思想引领是德育的重要内容。坚持用马克思主义的科学理论培养人、教育人，这是德育的根本任务。尤其在当前社会思想观念、价值取向多样化的情况下，德育更需要坚持马克思主义的主导地位，这是保证学生思想上政治上纯洁和统一的根本要求，更是德育始终立于时代的潮头，体现时代精神精华和求真务实风格的要求。

其次，以人为本是德育的根本要求。教育中的以人为本就是要尊重学生，尊重学生的主体性和主动精神，开发学生的智慧潜能，注重形成以人的健全人格为个体特征的德育模式。要树立平等、民主的观念，让学生以主人

---

①　中小学德育工作规程[J]. 人民教育,1998(6):9-10.

②　教育部关于整体规划大中小学德育体系的意见[J]. 中小学图书情报世界,2005(Z1):6-9.

③　顾明远.教育大辞典[M].上海:上海教育出版社,1998:249.

④　南京师范大学教育系.教育学[M].北京:人民教育出版社,1984:230.

翁的身份参与思想教育的各个环节,有机会提出自己的需求;从学生的实际需要出发,正视学生思想观念的多元性、差异性,采取开放式的管理模式,打破僵硬、呆板、灌输式的教育形式,尊重学生的多样化需求;要关心学生、引导学生,从思想上、学习上、工作上以及成长与发展等方面全面关心他们,把德育与解决学生的实际问题结合起来;帮助学生构造精神家园,营造人文氛围,引导学生自觉地思考人生目的、人生价值、人生理想、人生道路等重大人生课题,不断地探寻人生的意义,自觉地投身到人生的实践中去。

最后,与时俱进是德育的不竭动力。学校要根据时代新特点,紧跟时代步伐,使德育具有时代气息。教育是个庞大的科学体系,是教育思想、教育理论、教育形式、教育内容、教育载体等多方面的集合体,它们处于相互作用和影响中,仅仅依靠一方面的力量是无法与时代一道前进的,只有把现代化的教育观念注入教育的每一领域、每一环节,把时代精神印刻在学生的心中。面对不断发展的社会和学生,作为教育工作者,要善于从实际情况出发,使德育与时代合拍,与学生需要一致,从而提高德育的时效性。

(二)学校德育发展的基本趋势

第一,道德主体人格的培养更受重视。在社会文化多元、价值多元的背景下,教师往往难以告诉学生什么是好的、什么是坏的,什么是对的、什么是错的,该做什么、不该做什么。这样的社会变化,要求学校德育的重心发生改变,由传授道德教条、讲解道德上的金科玉律,转向培养道德判断力、道德敏感性和道德行动能力等主体道德人格;教育的目的从传统德育中的"教会顺从""教会听话"转向"教会判断""教会选择"。

第二,公民教育更受关注。《纲要》明确提出要加强公民意识的培育。事实上,在我国新课程改革中推出的品德与社会课程已悄然贯穿了"公民教育"的诉求;上海市的"两纲教育"(民族精神教育、生命教育)也逼近了"公民教育"的核心内容;各地一些中小学致力于开展"公民教育实践活动"等,所有这些举措都是迈向"公民教育"的积极步骤。在我国公民教育理论研究不断推进,各地公民教育实践不断向前迈进的背景下,学校德育将更加关注公民教育的开展,以培养公民道德意识,造就社会公民的价值取向,重新审视学校德育的价值取向、学校的制度安排和德育的内容设计。

第三,德育模式更加多样化。在未来社会发展中,社会新问题仍将层出不穷,需要学校德育予以解答;学校改革不断推进也将带来各种各样的问题,需要学校德育进行破解。随着各种新德育理念的广泛传播,新德育模式在学校德育实践中应用传统德育模式占主导地位的格局将一去不复返；道德体验模式、生态型德育模式等将在实践中进一步得到完善；道德叙事德育模式、学会关心型德育模式等在我国其他地区已有实践的德育模式，其价值将会逐步为学校所认识，并在学校德育这块土壤上生根、发芽与壮大。

第四，德育队伍更加专业化。英国教育哲学家赫斯特说过，从事德育的教师"应该对道德本质有所研究，对道德的适当领域有必要的合理理解，而且在道德教育上受过专门的训练"①。当前我国社会各行业从业专业标准不断提高，在学校教育领域教师专业化问题受到了前所未有的重视，学校德育队伍专业化的问题逐步被提上议事日程。2009 年教育部颁布的《中小学班主任工作条例》明确提出："教育行政部门和学校应制定班主任培养培训规划，有组织地开展班主任岗位培训。""教师教育机构应承担班主任培训任务，教育硕士专业学位教育中应设立中小学班主任工作培养方向。"在这样的背景下，将更加注重德育队伍的专业化发展，在开展班主任能力建设的基础上，完善德育队伍建设的相关机制，拓宽德育队伍的培训渠道、晋升渠道，以德育队伍的专业化来实现学校德育实效的提升。

二、促进人的现代化是学校德育创新的本质要求

美国学者吉尔伯特·罗兹曼等人认为："把现代化视作各社会在科学技术革命的冲击下，业已经历或正在进行的转变。业已实现现代化的社会，其经验表明，最好把现代化看作是涉及社会各个层面的一种过程。"②国内有学者则指出："现代化是指这样一个过程，即在科学和技术革命的影响下，社会已经发生了变化或正在发生着变化；是一个持续的过程，自身没有界限分明的阶段，是一个影响社会的各个方面的扩增过程；现代化的过程会无限期地持续下去。"③尽管对现代化的说法不一，但在现代化的进程中，人的现代化是关键，它在整个社会的现代化进程中起着至关重要的作用。正如英格尔斯所言："如果一个国家的人民缺乏一种能赋予这些制度以真实生命力的广泛的现代心理基础，如果执行和运用着这些现代制度的人，自身还没有从心理、思想、态度和行为方式上都经历一个向现代化的转变，失败和畸形发展

---

① Hirst P H. Moral Education in a Secular Society[M]. London：London University Press，1974：112.

② 罗兹曼.中国的现代化[M].国家社会科学基金"比较现代化"课题组，译.南京：江苏人民出版社，1995：4.

③ 田慧生.中国教育的现代化[M].昆明：云南人民出版社，1997：3.

的悲剧结局是不可避免的。再完美的现代制度和管理方式,再先进的技术工艺,也会在一群传统人的手中变成废纸一堆。"①由此可以看出,人的现代化是社会现代化的基石,人的现代化是指人由传统的人格转化为现代的人格的过程。而德育在培养人的品格、价值观方面起到非常重要的作用,德育现代化的目的就在于促进人的德性的现代化,德性品质是人格的关键要素,德育在很大程度上为人的现代化服务。由此可见,促进人的现代化是学校德育创新的本质要求。中小学德育的对象是青少年学生。如何推进学生的现代化,是学校德育创新必然要解决的问题。

(一)在多元文化环境下传承民族文化精神

国际化是教育现代化的重要特征之一。人的现代化是人在多元文化和民族文化影响下得以发展的现代化。世界范围内的文化交流日益加强,给学生提供了世界性的多元文化环境。这种多元文化环境,为中小学德育提供了宝贵资源,拓宽了学生的视野。但由于中西方制度与意识形态的差异,中小学德育遇到困境在所难免。因此,如何在世界性多元文化环境中引导学生把握传承民族文化是德育发展的新课题。民族文化,特别是作为其内核的民族精神,是国家和民族的表征,体现着一个国家和民族的价值观念、思维方式和生活风貌。学生由于世界观与价值观尚未完全形成和坚定,难免发生价值取向上的困难而陷于迷惘与困惑。虽然这种影响以不同的内容、方式和程度作用于不同的学生,但有一个共同点就是冲击了学校的德育。因此,在多元文化影响下,如何增强德育的针对性,提高德育的有效性,引导学生认识、适应当代社会的多元文化环境,进行正确的选择,坚持正确取向,更是德育的重要课题。德育要致力于发挥和发掘我国民族优秀传统文化资源,学习借鉴西方国家有益的文化,坚持德育的民族性与世界性的统一,使中小学生既能获取丰富多彩的文化资源,又能坚守、传承我们的民族文化。

(二)在社会竞争中坚守理想信念

人的现代化,不是物质上富裕的现代化,而是精神上富足的现代化。我国日益激烈的社会竞争,推动了经济、科技和社会各项事业的快速发展,也增强了每个人的竞争意识,加大了发展压力。这些都为德育创造了一个前所未有的有利条件。但是,在日益激烈的社会竞争中,我们应当清醒地看

---

① 英格尔斯.人的现代化[M].殷陆君,译.成都:四川人民出版社,1985:4.

到,竞争引发的某种程度的物质价值取向,对学生的影响是广泛而深刻的,它势必带来现代社会学生价值取向的偏离甚至价值替代。所谓物本价值取向是指注重物质、轻视精神的价值取向,是以物质作为判断事物有无价值以及价值大小的唯一标准,其片面强调物质属性对于人的作用,忽视或否定了人文的作用。从个体层面来看,有些人在生活中仅仅满足于物质的需求,精神追求和理想信念淡漠,在学习中过分追求分数和成绩,忽视人自身的价值和意义,人际交往中推崇物的有用性原则,抛弃人情观念和精神关怀。在日益激烈的社会竞争中,物质的成果因其有形和能被量化、指标化,并直接与人们的利益挂钩,可以进行直接比较而显示出价值与利益上的差距,每个人可直接感受到它的作用而具有价值优位。而隐藏和渗透在这些物质成果后面的理想信念,则因其无形且无法量化、指标化,难以显示差距,使人难以直接感受到它的存在与作用。

（三）在终身学习中提升自教自律能力

充分发挥人的主体性、自主性和主观能动性,在终身学习中提升自教自律能力是实现人的现代化的重要路径。随着经济社会的发展,人民的生活水平不断提高,其生存条件基本满足之后,便产生了对发展条件的强烈追求,即对更高文化生活、更高教育层次的追求,从而使终身教育成为需要。终身教育发展的趋势也因此形成。在现代终身学习型社会中,就其形式而言,包括他教他育,也包括自教自律。他教他育是人成长、发展的外部条件或目的。他教他育只有以自教自律为目的才富有教育效果,自教自律只有以他教他育为条件才赋予教育以推动。因此,终身教育所要形成的重要目标是自教自律。这是因为,自教自律是人的能动性的要求与表现。而人的主观能动性能使人有认识自我和改造自我的本性、需要和能力,这种能力就是人们的自我教育、自我学习、自我规范和自我发展的能力。受教者和受管者自觉自愿接受教育和管理,表明愿意把外在教育的内容内化为自己的思想即自教,把外在的规范转化为自己的行为即自律,从而达到教育与自教、他律与自律的和谐统一。否则教育和管理仅仅是外在的灌输与约束,不会真正发生内在的、稳定的作用。他教与他律必须落实、转化为自教与自律才能起作用。可以说,自教自律的深度和广度在一定意义上,标示着人的现代化的实现程度。

（四）在信息化时代增强环境适应能力

在信息化时代,人的现代化实现方式方法将发生变化。这种变化也必然倒逼德育方法手段的创新。信息化的高速发展,可以丰富激发人的开拓创新的思想资源。因此,紧跟时代变化的步伐,运用现代化信息手段开展教育与引导,是德育结合业务工作一起开展的重要措施,也是德育主动渗透业务领域、提高有效性的重要途径。这些变化也迫使德育思考如何在信息化时代背景下加速德育方法手段的现代化。针对落后观念与消极影响,用先进文化和先进的信息手段进行舆论引导和环境建设,特别是要反对安于现状、因循守旧的倾向,形成敢于竞争、开拓创新的氛围。现代信息科技成果已经广泛运用到社会生活的各个领域,成为人们的活动方式与发展方式。围绕"人的现代化"的核心,运用现代化信息方法手段,改革德育的传统方式,在信息化时代的要求下增强中小学生的环境适应能力。

三、教育现代化对学校德育的影响

教育现代化有着广泛而深刻的内涵,它意味着教育思想的现代化、教育制度的现代化、教育内容的现代化、教育方法手段的现代化和教育的国际化,教育现代化的发展也必将给中小学校德育带来更为深刻的影响。

(一)教育思想的现代化对学校德育的影响

影响人的现代化的因素很多,如政治制度、文化因素、经济因素等,而在所有的影响因素里面,最为重要的则是教育。作为对传统教育的超越,教育现代化是传统教育在现代社会的一种转化,从教育观念方面来说,顾明远教授将教育现代化的基本特征概括为教育的民主性和公平性、教育的终身性和全时空性、教育的生产性和社会性、教育的个性性和创造性、教育的多样性和差异性、教育的信息化和创新性、教育的国际性和开放性、教育的科学性和法制性这八个方面。[①] 教育现代化的基本特征为现代教育和人才培养提出了更深层次的要求,教育的未来发展与规划要在适应教育现代化基本特征的基础上制定教育目标,培养出现代化的人才。

德育作为现代教育的一部分,虽然不是促进人的现代化的唯一因素,却是最为关键的因素。道德为人们的行为评价提供了尺度和规范,有效地协调和规范了社会活动,良好的德育能够从观念、知识、物质等角度为人的现代化提供动力支撑和智力支持,在现代化过程中促进人的思想、心理、道德等方面持续转变,培养出适应现代化社会要求的人。德育教化把社会对于人的期望转变为现实的品质和行为,为人们区分是非善恶提供价值标准,促

---

① 顾明远.试论教育现代化的基本特征[J].教育研究,2012(9):4-10.

进现代人格的塑造和人的观念现代化。在现代化进程中,人的现代化与德育现代化相互影响,相辅相成,如果没有德育的现代化,人的现代化将会缺少价值的导向和行为的规范,如果没有人的现代化,德育现代化的自身价值就会缺失。人的素质和修养是一个人的现代化水平的直接表现,同时也是影响人的现代化的关键问题。

要实现人的现代化,关键就在于教育思想的现代化,这要求教育思想要由应试教育向素质教育转变。这些年,素质教育在各个地区和学校受到了广泛重视,各地在素质教育的探索与实践过程中,积累了丰富的理论与实践经验。但是,素质教育在取得一定成绩的同时依然存在教育理念缺乏创新、教育内容过于老套、教育方法墨守成规、义务教育阶段学习负担繁重等问题。在人才培养过程中,首先,学校应树立全面发展的观念、人人成才的观念、多样化人才的观念、终身教育的观念、系统培养的观念。其次,改善教育内容和教育方法,注重学思结合、知行统一、因材施教的教学方法,形成各类人才辈出、拔尖创新人才不断涌现的局面。最后,以创新型人才培养目标和教育理念为依据,制定更加科学化、人性化的考核机制,运用全面的标准评价人才,在德才兼备的基础上,构建以德为先的多重人才评价制度。[①]

随着人才培养观念、人才培养模式及人才评价制度的发展与创新,学校德育的发展也迎来了新的契机。首先,人才培养观念中关于全面发展的观念使得培养德智体美全面发展的高素质人才成为人才培养的主要目标,德育被提升到与智育同等重要的地位;终身学习的观念有助于帮助学生坚定正确的理想信念,树立长远发展、持续发展的眼光与决心;系统培养的观念将学校、家庭、社会有机融合,有助于学校德育渗透进家庭教育与社会教育之中,拓宽学校德育的教育面,使学生将高尚的思想品德付诸社会行动,在思想与行为上实现内化与外化的交替影响。其次,学思结合、知行统一、因材施教的人才培养模式在创新教学内容与教学方法的基础上,使理论知识融汇贯穿于道德实践之中,在多样化的教学情境中树立道德意识,逐步转变理论灌输式的德育方式,变被动为主动,在潜移默化中促进学校德育发展。最后,良好的人才评价制度有助于树立科学的人才观,形成德才兼备、以德为先的人才评价体系,树立诚信意识。考试招生制度的完善更有助于减少

---

① 国家中长期教育改革和发展规划纲要工作小组办公室.国家中长期教育改革和发展规划纲要(2010—2020年)[EB/OL].(2010-07-29)[2018-08-08].http://old.moe.gov.cn/publicfiles/business/htmlfiles/moe/info_list/201407/xxgk_171904.html.

学生学习压力,营造良好的学校氛围,帮助学生树立创新精神与正确的竞争意识,为学校德育提供更广阔的发展空间。

(二)教育制度的现代化对学校德育的影响

教育现代化是一个系统性社会工程,每个环节都需要有科学的规划,科学健全的教育制度则是有力的保障。教育制度的现代化要求学校德育也必须遵照科学章程,按照受教育群体的身心发展特点,遵循受教育者的个性发展规律,接受系统的、科学的、完整的教育,实现人的现代化。

科学健全的制度是学校良性发展的有效保障。在现代学校德育日益科学化、规范化发展的今天,学校德育的制度化建设就显得尤为重要。学校德育的领导机构、章程建设、工作流程、效果评估等都必须有科学规范的制度保证,才能实现学校德育的育人宗旨。现代学校制度建构在科学的教育理念上,尊重教育发展规律,扩大学校自主发展权和建设权,使其可以独立自主地制定适合自身特色的发展规划章程,发展自身特色专业学科,拓展自身发展空间,利用公平公开的市场经济体制,形成有效竞争机制,扩大学校发展空间,显然,现代学校制度为学校德育建设提供了制度保障。现代学校制度使学校德育有了独立的发展规划章程,学校的重心就转而放在建设科学的教育机制上,在领导机制、学科建设、课程体系建设、培养工作等方面都将德育纳入系统、科学的规划中,学校德育作为独立的一个体系被呈现出来,贯穿于现代学校的方方面面。学校德育的地位也再次凸显,传递时代精神,培养创新意识,传承优秀文化理念。

(三)教育内容的现代化对学校德育的影响

教育内容是人们认识自然、社会以及自我的意识反映,它随着社会生产实践的进步和发展,其内容趋于专业化和精细化,为教育现代化发展提供指导。

思想道德教育作为教育内容的重要组成部分,对学校德育的影响是不言而喻的。众所周知,学校德育的宗旨是造就具备现代化意识的人,思想道德方面的教育内容反映时代精神,呼唤时代先锋,凝聚社会人心,从而培养先进的人、塑造高尚的人。应该说,思想道德教育与学校德育内容是几乎重合的。只不过学校德育对人的解放是更加突出的,更加突出人的自由、开放、尊严,而思想道德教育在这一方面容易受时代局限,尤其是在传统封建制社会中,思想道德教育的内容容易僵化和教条化。随着教育内容的现代化演进,思想道德教育的目的、宗旨也被镀上"现代化"色彩,思想道德教育重在培养具有现代化意识的人，促进人的全面发展。

　　大力加强现代德育学科建设是现代学校德育的坚实基础，德育主要研究人、提升人，而如果没有对德育学科知识的系统化研究，则不可能为学校德育的发展提供相应的基础。在我国传统社会中，学校德育缺乏科学文化知识积淀，因此，学校德育是"传统的"而非"现代的"；经济社会的快速发展和教育内容知识体系的变化也对学校德育提出了新的要求，现代学校也紧跟经济社会发展的形式和教育发展的变革，主动调整德育内容，从而增强学校德育内容的吸引力和感染力，增强现代学校德育的实效性。因此，在教育现代化背景下，必须主动加强德育学科建设，调整和丰富德育内容，完善德育学科体系，突出服务人的全面发展的能力。

　　（四）教育手段的现代化对学校德育的影响

　　教育手段现代化是教育现代化的媒介和载体，是教育现代化的重要基础。教育手段的现代化主要表现在尊重受教育者的自主权，传统的教育手段是上传下授，受教育者因为受到技术手段的限制，其视野是局限的，但是运用了现代化技术后，受教育者不再把教育者看作是信息的唯一来源，他完全可以在各类信息之间进行比较、选择并评价，从而择优而学。在这种双向平等地位的情况下，教育者势必以敬畏之心对待教育内容和受教育对象，有了强有力的监督和约束，再加上信息的广泛交流合作，人的主体性凸现出来，受教育者不再是无知的接纳者，而是具备了选择性和主体性的人。

　　信息技术为学校德育提供了先进的载体，创新了学校德育形式，学校德育因为运用了高科技手段的运用，其运作变得有效起来，德育理论不再是枯燥的、乏味的，而是有形的，可以运用图片、动画、声音、色彩等多种形式传播德育理念。信息化使得大家的交流变得便利和快捷，使学校德育不再拘泥于课本、教材，可以用丰富多彩的德育活动，进行多角度、全方位的交流与合作。教师更多地将知识进行高效的串联、合并，对其进行借鉴并创新，学生成为教育的主角，从而使学校德育的宗旨和目的发生了较大改变。再加上互联网快速发展，已成为信息的重要集散地和传播渠道，对思想道德的形成产生了极其重要的作用。在这一过程中，学校德育要积极利用互联网的优势作用，拓宽德育宣传途径，提高德育宣传效果，同时，学校德育也要警惕互联网对德育工作的负面影响，积极应对互联网对学校德育带来的挑战，这就需要学校德育主动占领网络高地，加强学校网络监管，积极整合优秀德育资源，创新学校德育宣传载体，尽量消解互联网的消极影响。

教育手段的现代化改变了传统学校德育中老师与学生的角色及其地位。传统的德育造就了教师的权威性,但在现代化教育手段下,权威只有让位于真理,信息交流使得知识无边界,由此,人的主体性也显现出来,教育者在教授知识过程中自然会尊重知识、尊重真理,给受教育者以自主学习、实践的时间和空间。教育手段现代化使得教育者学会了"放手",改变了传统的师尊生卑现象,解放了束缚在受教育者身上的权威枷锁。

(五)教育国际化对学校德育的影响

进入全球化和信息化时代以来,教育国际化已成为现代教育发展的必然趋势,也成为教育现代化的显著标志之一。教育国际化归根到底是要实现人的国际化,它原本就寓于教育现代化的内涵之中,是教育现代化的内在属性。因此,加强与世界各国的教育交流,拥有广泛的教育国际交流能力,以及达到国际先进教育水平,是教育现代化实现的关键所在。当前,世界各国政治经济和文化的交流和合作都在不断地增强,思想文化也多元共存,经济飞速增长。知识经济时代,科技更加发达,信息更加透明,文化更加多元,文化的国际交流和互动也更加频繁,基于全球化和信息化背景,学校在培养人才的定位上也将放眼于世界,积极利用各类优秀的教育资源,为学校培养人才提供合适的机会,创建平等合作的交流环境。因此,学校德育也要立足于自身实际,积极借鉴优秀的德育理念,学习优秀的人才培养机制,提升培养人才的质量。

文化多元化促使学校德育在走向国际化的过程中,勇于解决多元文化与多元价值观冲击本国学校德育效果这一难题。针对当前人们的价值观念、思维方式、目标追求出现的多元化趋势,学校德育应该积极应对。西方国家更加先进的教学方法,更加灵活的授课方式也都对我国传统的理论灌输式教育产生了很大的冲击,重智力轻德育的人才培养模式正在得到转变,这需要我国现代学校德育积极吸收国外先进的理念和方法,做出相应改变。

随着文化交流与合作的进一步加强,教育国际化已是不可逆转的时代趋势,这标示着在今后的社会发展进程中,我国的学校德育会更加开放、更加包容,但这也给学校德育工作带去了更大的挑战,不论是教育者还是受教育者,都需要在这种文化交流中具备仔细甄别的能力,这是教育国际化过程中学校德育要实现的目标之一。

第三节　教育现代化进程中的学校德育创新

在教育现代化推进过程中,教育现代化的发展为学校德育创新带来了机遇,同时也给现代学校德育带来了更多的挑战。面对这些挑战,学校德育需要找到创新的突破点,从而推进教育现代化。

一、学校德育创新面临的挑战

随着教育现代化的进一步深入与发展,作为教育现代化的核心——人的现代化被提上日程。学生主体意识不断增强,全球化进程不断推进,社会价值日益多元化,以及信息与网络技术不断发展,这些将对学校德育创新提出新的要求与挑战。

（一）学生主体意识增强对学校德育提出新要求

当前学校的学生群体,是在改革开放不断扩大、市场经济体制逐步建立,社会转型不断加快这样的社会背景下成长起来的,这一群体被学界称为"第五代人",他们思维活跃、个性张扬,主体意识较强,在生活中追求自立,在精神上追求自我价值的实现。学生主体意识增强表现为:一是在于自我价值的突现。具体体现为学生开始懂得运用法律手段来保护自己的合法权益,出现了学生与学校、教师,甚至是父母对簿公堂的情况。二是在于理性精神的张扬。具体体现为学生不再盲目崇拜权威,不一味地顺从长辈,不再墨守成规,他们更希望教师、父母尊重自己的选择、相信自己的判断。学生主体意识的觉醒与不断增强呼唤学校德育改革,给当前的学校德育工作提出了种种挑战。长期以来,我国学校德育一直强调德育为社会制度的巩固、发展,为社会整体关系的协调服务的功能,都是把人作为工具来培养。[①] 随着个人主体意识的觉醒、个体价值的凸现,必然要求德育在个人发展、个人关系协调中发挥作用,必然要求学校调整德育目标,重视人本身的价值,把人的发展作为德的出发点。

（二）全球化进程的不断推进对学校德育提出新课题

全球化促进了中西方文化的互动和交流,为吸收和借鉴西方有益的科学文化成果提供了极大的便利,同时也为学校德育发展提供了良好的契机:

---

① 　黄书光.价值观念变迁中的中国德育改革[M].南京:江苏教育出版社,2008:265.

一方面为我国学校学习西方的德育经验提供了难得的机遇。西方发达国家在德育方面积累了丰富的经验,而全球化的发展促使教育的国际交流与合作更加频繁,这将有利于我国学校在学习中发展、完善自己的德育体系。另一方面也为我国学校借鉴西方的德育经验,克服本土道德教育中存在的各种问题创造了良好的条件。但在全球化进程中也往往导致中西文化产生碰撞和冲突,给学校德育工作带来各种新的挑战和新的课题。例如,如何克服西方生活方式对中小学生产生的不良影响,如何克服西方个人主义的思想价值观念对学生人生观、价值观和世界观产生的不良影响,在文化交流、碰撞中如何使学生更好地保持和传承本国优良传统观念,等等。

(三)社会价值多元化对学校德育提出新难题

多元价值观的出现容易使中小学生在进行价值选择和价值判断时出现困扰,面对层出不穷的新道德现象和道德问题时感到无所适从。同时多元价值观的出现也给教师对学生施加教育影响带来了更多的困难。今天的教师在教学中可能遇到过这样的情景:当你教育学生"勤俭节约"时,他却说"勤俭节约过时了,超前消费才是现今社会的明智选择"。当你教育学生"维护集体的利益"时,他却说"捍卫自己的自由和权利更重要"。当你教育学生"弘扬中华民族的传统美德和博大精深的民族文化"时,他却说"西方的圣诞节、情人节、万圣节更有味道"。当你教育学生"不要沉迷于网络"时,他却说"虚拟世界其乐无穷,从中能找到自由和尊严"……面对种种"叛逆"的说法,作为教师该训斥学生的不"听话",还是该尊重他们的"意见"? 这是时代给每位教师提出的一个比较棘手的难题。①

(四)网络技术发展对学校德育提出新挑战

随着互联网的发展,网络在给学生的学习、娱乐和生活带来巨大便利的同时,也给学校德育工作带来了各种新的挑战:一是互联网的发展改变了传统的信息获得渠道,使学生可以轻易获取各种信息和知识,改变了教师知识权威的地位;二是通过网络,学生可以迅速了解社会新事物、掌握新技术,后喻时代特征涌现,对传统的教学关系和教学模式产生了重要影响;三是网络信息的开放性、复杂性容易导致学生价值观混乱;四是网络游戏的趣味性导致了部分学生上网成"瘾",产生严重的身心障碍;五是网络环境的虚拟化、隐蔽性弱化了学生的社会责任感和道德感。

---

① 吴婷.德育,迎接多元文化的挑战[J].江苏教育研究,2010(10A):63-64.

二、当前学校德育存在的问题

中共中央办公厅、国务院办公厅印发的《关于适应新形势进一步加强和改进中小学德育工作的意见》强调指出:"必须坚持把学校德育工作摆在素质教育的首要位置,树立育人为本的思想,将思想政治素质是重要素质的要求落实到教育工作中的各个环节。"中共中央、国务院《关于进一步加强和改进未成年人思想道德建设的若干意见》中依然要求把"德育首位"的精神贯彻到中小学教育工作之中。然而,由于历史的、现实的和中小学教育自身等方面的原因,中小学德育长期以来存在着理想化、形式化、功利化等现象,导致其缺少活力,实效性低,其主要表现为以下方面。

(一)学校德育意识不强,德育地位边缘化

很长时间以来,"德育为首"是我们一贯坚持的教育原则,但如何将其落到实处,一直是个难题。甚至在新课改背景下的今天,也没有真正落实。在教育界,"智育第一"虽未成为主流意识形态,但在实践层面已成燎原之势。重智轻德的后果有目共睹。一些学校德育地位的下降已成为不争的现实。人们可以看到这样的现象:在学校德育系统内,确有一批德育工作者在践行使命,但真正倾注热情于直接和间接的德育活动的人并不多。应试教育模式的教育实践使智育成为硬任务,德育成为软指标,也使德育应有的地位得不到实际的肯定。

(二)德育途径单一,与生活脱离

新课程改革以来,德育课已经开始关注学生的生活需要,但课程依然比较单一,难以辐射于学生的整个生活。学校德育活动重形式,轻实效;重结果,轻过程。德育活动组织者往往关注活动的外在形式,关注外界的反映,忽视学生对活动的自主性选择,缺乏和学生认真的沟通。不能了解学生的真实需要造成教师的主观想法和学生的实际需求之间产生巨大的不一致。要摆脱这种尴尬境地,德育活动要关注学生生活需要,而不是想当然地用自己的想法去安排和设计活动。"回归生活的真意就是要在生活整体中把握学生,知道、了解学生在想什么,学生的喜怒哀乐是由什么样的生活牵引出来的。如果没有这个起点,我们就不能把我们自认为设计好的那一套德育与学生的真实生活现状发生联系;产生不了联系,学生对此就不可能产生兴致和意义性的理解。"①只有更多地关注学生在这些活动中的体验与感受,了解他们如何思考自己行为的价值与意义,才有助于学生将外部的道德标准转化为内心的道德要求。

(三)德育内容与方法缺乏时代感,针对性不强

学校德育内容、方式方法与学生的实际脱节,影响了德育的实际效果。首先,目前不少学校德育工作仍停留在抽象的要求原则上,道德教育的内容以逻辑推演与论证为重点,主要是一些笼统的要求,缺乏层次性,德育内容大而无当,宽而无边,目标高不可得,不能根据学生道德发展的阶段性规律和德育目标的序列化来开展有效的德育工作,与学生的心理发展、年龄特点相脱节。身心尚不成熟的中小学生无法对其产生应有的认同,必然产生逆反心理,使德育效果不佳。其次,社会在发展,道德教育的方式方法也要与时俱进。面对市场经济和 21 世纪的社会要求,一些德育的方式方法需要改革、调整、充实。比如,在德育教育中片面强调灌输、限制和防范,忽视了引导、熏陶和塑造,从而造成目标结构的片面性和不合理性,导致德育功能的不完善。

(四)学校德育制度不完善,师资队伍素质有待提高

科尔伯格认为,"充满正义感的学校是培养学生正义感的先决条件"②。言传不如身教,对于单独的教师个体来说是如此,对于整个学校更是如此,学校文化本身是怎样的远比学校向学生传授什么对学生更有影响力。学校制度是构成学生生活的另一种无形的环境。良好的制度可以提高学生的道德责任感,使学生从被动接受制度约束转换成自主地选择和利用学校制度的影响力来管理自己。然而,大多数学校对于检视制度的隐性德育影响缺乏自觉的意识和行为,学校德育所倡导的伦理精神与价值观念也没有充分地在制度的安排中体现出来。例如,尊重、宽容、分享、合作、平等等价值观念,更多的是停留在课堂和教科书上,还没有真正成为学校的制度要素。同时,德育师资队伍素质尚有待提高。大多数老师认为自己的职责就是"教书",即传授知识。师生交往的基础是围绕且只围绕知识的教与学,即使在这过程中产生一定的人际交往,也只不过是教学的副产品,是为教学服务的

---

① 刘慧,朱小蔓.多元社会中学校道德教育:关注学生个体的生命世界[J].教育研究,2001(9):8-12.

② 王啸.教育人学:当代教育学的人学路向[M].南京:江苏教育出版社,2003:10.

工具。这种交往的片面性妨碍了学生形成积极的人际交流的情感体验,使师生关系对学生人格发展的教育功能无法实现。在中国当前的学校教育中,虽然每天师生都在打照面,却存在着师生交往的实质性缺失。① 而这种缺失,从侧面反映了我国德育师资队伍的素质还有待提升。

三、学校德育的创新与突破

学校德育具有极强的实践性,其功能作用的发挥及其创新程度,直接影响着学校德育效果及德育现代化的进展,进而影响教育现代化的实现。

（一）学校德育目标与内容更新

在教育现代化进程中,学校德育工作需要坚持"立德树人"的方针,把德育工作放在教育工作的首位,转变德育工作的价值取向,把促进人的全面发展作为德育工作的出发点和根本宗旨,把创新精神和实践能力的培养作为德育工作的重要任务,实现学校德育目标与内容的更新。

首先,要坚持把促进人的发展作为学校德育创新的根本目标。马克思主义认为,人的发展是指"每个人",即"社会的每个成员"的发展,包括人的体力、智力、个性和交往能力的发展等。人的发展包括全面发展、自由发展、充分发展。教育现代化的核心是人的现代化,学校德育创新必须着眼于促进人的发展。这就首先要求更新德育理念,把促进学生的发展作为德育的根本价值取向,尊重德育教学规律和学生身心发展规律,尊重学生发展需要,整体审视学生道德形成和发展的过程,合理制定和完善德育目标、德育手段、德育机制等,把国家和社会对学生的道德要求转变为学生追求自我完善和发展的动机和愿望,更好地实现德育目标和任务,发挥学校德育的优势和功能。

其次,坚持把培养创新精神和实践能力作为学校德育创新的重要内容。培养创新精神和实践能力是教育现代化的必然选择。教育现代化的核心是人的现代化,创新精神和实践能力是素质教育的重点,是人的现代化的核心要素,自然也就成了现代教育的价值取向和选择,从某种意义上讲是否把创新精神和实践能力作为德育创新的主要内容,是现代教育理念和传统教育理念的重要区别。学校德育的重要职能就是培养具有全面素质的创新型人才,创新精神和实践能力作为素质教育的重点既是时代发展的要求,也是社会发展的必然趋势。培养具有创新精神和实践能力的现代化建设者和接班

---

① 肖川.教育的视界[M].长沙:岳麓书社,2003:11-20.

人是时代赋予学校教育义不容辞的责任,学校德育更是责无旁贷。

(二)学校德育方法与途径创新

德育方法的现代化是学校德育创新的客观必然性要求。德育方法的现代化,就是在坚持马克思主义德育方法论的前提下,改革传统的和既定的德育方法论中一切不适应时代和社会的德育要求和成分,从德育对象的具体实际出发,总结、创造、确定能够积极反映、促进和引导德育科学的发展以及具有现代意识的价值思维的方式和方法。

学校德育方法创新,需要以丰富多彩的德育方法代替以往单一的形式。在实践过程中,虽然我们在理念上承认德育中学生的主体性地位,但是,教师往往是按照自己既定的目标和步骤来作用于学生,并运用一套严格的评价系统来监控和限制学生的反应。学生这个德育工作的出发点和归宿基本上处于形式上被承认而实际上被漠视的境地。灌输的主要特征就是强制或对学生的主体性和理智能力的蔑视,这样,不仅不能产生好的教育效果,反而限制了学生的智慧和道德的发展。任何方法的前提都必须是承认并尊重学生的主体地位。美国著名道德哲学家弗兰克纳指出:"从道德上讲,任何德育原则都要求社会本身尊重个人的自律和自由,一般地说,道德要求社会公正地对待个人;并且不要忘记,道德的产生是有助于个人的好的生活,而不是对个人进行不必要的干预。道德是为了人而产生,但不能说人是为了体现道德而生存。"[①]这是我们在探索新的德育方法时所必须牢记的。

第一,把体验式的教育引进思想品德的课堂。体验教育在学生思想道德教育及成长中占据重要的地位。道德养成是一个知情意行并存的过程。学生获得知的过程,不仅来自成年人的教育,还来自他们自己的体验。这是学生认知的重要来源。教师要把有益于身心健康发展的一些社会角色引入校园,引进课堂。让学生进入正面的不同的角色,身临其境,去感受、体验、鉴别和评议社会角色,从而培养学生的真情实感,为他们形成现代道德素质和良好行为打下基础。

第二,在课堂教学中使用讨论式教学方法。对存在和出现的各种问题,以讨论的方法,让学生有机会发表评论,进行道德评价。具体的做法是:教师提供、策划或安排重要的或与学生有关的、易在道德认识上产生混淆的问

---

① 弗兰克纳.善的求索:道德哲学导论[M].黄伟合,等,译.沈阳:辽宁人民出版社,1987:247.

题,引导全班学生参与,让学生运用自己所掌握的常识和材料多角度进行思考讨论,大胆地提出不同观点,教师则不断根据讨论的进程提出可供进一步思考的问题,鼓励学生提问,引导学生进行选择,将讨论引向深入。最后,教师根据学生讨论的结果,针对不同的观点进行分析,引出层次较高的,又让学生信服的观念,从而达到启发学生道德认知和提高道德判断能力的目的。

第三,开放课堂,发挥课内外训练的整体效益。作为教学工作者,我们首先要改变课堂教学的观念和做法,拓展思想品德学习的内容、形式与渠道,把课外阅读、手抄报以及课堂之外的各种形式的道德实践活动纳入思想品德教学范围之内。以课堂教学为核心,能动地向学生的学校生活、家庭生活、社会生活等各个生活领域自然延伸和拓展。这样使学生的课堂德育训练和课外德育活动形成有序、有趣、有力、有效的结合,从而取得能力训练的整体效益。

第四,加强对网络道德的重视。如今,互联网已被中小学生广泛使用。但由于其具有开放性和包容性,互联网不可避免地会产生一些负面作用,影响学生的健康成长。努力净化网络空间,改善学生自主学习、自主发展的社会大环境。一方面广泛开展"绿色上网""健康上网"等宣传教育活动,加强网络道德建设,从学生内心深处建立牢固的"防火墙";另一方面不断开发和升级自主的网络有害信息过滤防范软件,以保障学生远离网络有害信息的侵扰。此外,还可以建立校务微博联席会议制度,对学生反映的突出问题,进行商议解决,立行立改,及时反馈,树立校务微博、微信的公信力,激发微博、微信的正能量,形成网上网下通力合作、协调跟进的工作格局。

第五,在各学科中渗透德育。德育可渗透于各个学科的教学之中,在各个学科中发挥德育的功能。如我国的文明史、优良的传统、在各个领域对世界的贡献及出现的先驱人物的介绍可渗入各个学科教学,对学生进行爱国主义的教育;马克思主义的科学观、方法论可以指导学科的教学与学生的学习。

(三)学校德育体制机制创新

学校德育体制机制创新,需要充分发挥多部门、多渠道的德育功能,使其能够协调有序地组织在德育过程之中,各尽其责,各展其能,互助互补,形成合力。

第一,学校德育体制机制创新,健全组织领导机制是关键。健全组织领导机制,必须在思想上解决问题,坚持领导带头重视,彻底扭转德育在实际工作中"说起来重要,干起来次要、忙起来不要"的局面,建立一套行之有效的约束制度或责任制度,在各项工作中树立德育为先的思想。同时,应把领导体制完善的目标,聚焦到德育效果上。应建立一套责、权、利相统一的组织制度、管理制度、评价制度,形成合力育人的领导机制。

第二,学校德育体制机制创新,要建立德育工作的预警机制。随着改革开放的不断深入,所有制结构和分配形式的变化,信息化进程的加快,人们在思想领域出现多元化、复杂化的现象,影响学生个体良好思想道德品质形成的因素也呈现出复杂多样的局面,德育工作必须进一步增强主动性,靠前站位,建立德育工作的预警机制,才能更加突出德育的主动性和针对性。所谓德育预警,就是对学生思想道德的现状进行分析,对未来发展状况进行预测,预报其负面效应,并提出防范措施,防止进一步发展。建立德育预警机制就是要建立定期思想道德普查(调查)制度,通过直接和间接的方法科学有效地获取个体思想道德方面的信息,根据教育规律做好学生的思想趋势预测。建立信息通报制度,将普查及预测结果,通过合适的渠道及时通报相关部门,如管理部门、社区、家庭、学校。建立德育预防有效措施,如建立心理普查及干预制度,建立宣传、学生处、团委、保卫处等部门联席会议制度,沟通学生思想信息、媒体舆论引导制度等,防患于未然。

第三,学校德育体制机制创新,还需要建立保障机制。近年来《国家中长期教育改革和发展规划纲要(2010—2020年)》《中共中央关于进一步加强和改进学校德育工作的若干意见》等文件,对学校德育的性质、目的、内容、管理体制、全员育人、大中小学德育的有效衔接等内容都做了明确的规定和指导,为学校德育的开展奠定了坚实的基础和政策依据。在今后的工作中,随着形势的发展,德育的政策保障工作还需要进一步跟进和完善,更好地为德育工作提供保障。此外,要把建设适应学生发展的现代化德育设施、设备和活动场所、基地纳入总体建设规划,并从基本建设费和设备费中予以保障。设施、设备和活动场所建设要充分体现教育现代化的要求,并善于运用、开发现代技术手段和现代教育资源,不断提升德育工作的现代化水平。

(四)学校德育环境创新

在教育现代化的大背景下,现代社会环境的变迁为学校德育效果带来了深刻影响。如要发挥现代社会环境变迁对学校德育的正能量,需要创新学校德育环境,要处理好现代学校教育、家庭教育与社会教育的关系。《中共中央关于进一步加强和改进学校德育工作的若干意见》指出:"必须站在历史的角度,以战略的眼光来认识新时期德育工作的重要性。"在教育现代化的背景下,现代学校德育不是一个封闭的系统,必须树立开放的、与社会生活密切联系的大德育观,把现代家庭教育、现代学校教育、现代社会教育纳入教育现代化战略规划当中,统筹考虑,科学规划,努力建设一个以家庭教育为基础,以学校教育为主体,以社会教育为延续和依托的现代德育体系。处理好三者关系需要提高合作意识,突出学校教育。教育现代化进程中,学校要加强德育教师队伍建设,不断提高德育教师素质,借助知识的力量增强课堂吸引力、征服力,针对学生实际进行教育;充分利用互联网、移动通信工具等与学生家长随时保持联系,互通情况,根据每位学生的情况,共同制订特色教育计划,因材施教;积极利用现代化手段,如微信、微博等,创设学校、家庭教育交流平台,共同探讨教育现代化条件下,促进学生全面发展、健康成长的规律、方法、途径,推动家庭教育科学化发展。

要形成全社会共同关心学生健康成长的合力。学校德育工作是一项复杂的社会系统工程,全社会的方方面面都要抓,教育合力的形成显得尤为重要,而教育现代化的发展,为形成全社会共同关心学生健康成长的合力提供了有利条件。要形成这种德育合力,一是要树立现代德育观,在不断创新和发展中更新德育内容、德育模式,优化德育环境,使得德育活动成为一种人人都是教育者,人人都是建设者的局面。二是改善校园周边环境,积极配合公安、司法、文化、工商等部门对学校周边的文化、娱乐、商业经营活动开展专项整治工作,维护学校正常教学、工作、生活秩序;实现周边环境与校园环境的融合,让社区与街道成为学校德育的延伸,推动学校、社区、家庭的互动,充分利用社区丰富的德育资源,在社区街道等的积极配合下组织学生参加街道社区的公益劳动、社会服务活动、重大节日组织爱国主义教育等。三是净化网络环境,把握舆论方向,要依靠技术手段,加强对网络的控制力,以及对各种不良信息的屏蔽能力;建立专门的德育网站,传递正能量,宣传中华民族的奋斗历史、光荣传统和灿烂文化,宣传富有爱国主义精神、奉献精神、自强不息精神的典型人物和先进事迹,形成良好的网络德育环境。

第二章　德育目标和内容更新

　　德育目标和内容是有效实施学校德育的关键。德育目标不清，就会迷失德育工作的方向；德育内容缺乏针对性，德育工作就会缺乏有效的抓手。因此，要使学校德育更加务实有效，并让学校德育在学生的成长发展中承担塑造灵魂、培养情操、锤炼意志、提高素养的作用，必须高度重视德育目标与内容的研究。

第一节　学校德育目标和内容的基本问题

　　教育现代化是当前教育改革的主旋律，也是我国全面建成小康社会的重要组成部分。在教育现代化推进过程中，德育现代化无疑被提到一个十分重要的位置。在党的十八大报告中，围绕"为什么培养人、培养什么人、怎样培养人"这一核心问题，明确提出把"立德树人"作为学校教育的根本任务，培养德智体美全面发展的社会主义建设者和接班人，并将社会主义核心价值观作为学校德育的灵魂、主题、精髓和基础。因此，研究新时期学校德育目标和内容的更新就显得尤为迫切。

一、学校德育目标和内容更新的内在要求

　　所谓德育目标是指通过德育活动使受教育者在品德形成发展上所要达到的总体规格要求，换句话说，德育目标即德育活动所要达到的预期目的或结果的质量标准。德育内容是指实施德育工作的具体材料的主体设计，是

形成受教育者品德的社会思想政治准则和道德规范的总和,它关系到用什么道德规范、政治观、人生观、世界观来教育学生的重大问题。由于德育的历史性、阶级性特点,以及不同时期对人的发展要求的差异,学校德育的目标和内容也会有历史性、阶级性和时代性、阶段性的特点。因此,时代的变化与新的发展需求,国家未来发展对学生培养的新要求,促使整个学校教育发生变革,学校德育的目标和内容随之做出相应调整、改造,甚至重构。

（一）社会发展的要求

任何德育的存在都有其特定的历史条件和一定的社会现实基础,当其存在的历史条件与社会基础发生了变化,那么德育的目标、内容、形式迟早也会发生变化。改革开放以来,我国中小学德育的目标和内容也因时做出相应调整与更新。如1988年12月25日的《中共中央关于加强中小学德育工作的通知》对中小学德育工作的基本任务是这样表述的,"把全体学生培养成为爱国的具有社会公德、文明行为习惯的遵纪守法的好公民"。1990年4月13日,国家教育委员会发布的《关于进一步加强德育工作的几点意见》把中小学德育的任务明确为"通过教育,使学生具有爱国主义精神,建设社会主义的志向,遵纪守法的观念,良好的品德和文明习惯,并逐步树立阶级分析的观点、劳动观点、群众观点、集体主义观点以及从实际出发、一分为二等初步的辩证唯物主义观点,为逐步形成科学的人生观、世界观打下基础"。

进入新世纪后,面对世界发生重大而深刻的变革,国内经济转轨变型,人们的思想观念、价值取向发生急剧的变化,各种意识彼此渗透,诸多思潮相互激荡的时代背景,一些领域道德失范、诚信缺失、假冒伪劣、欺骗欺诈活动有所蔓延;一些地方封建迷信、邪教和黄赌毒等社会丑恶现象沉渣泛起,成为社会公害;一些成年人价值观发生扭曲,拜金主义、享乐主义、极端个人主义滋长,以权谋私等消极腐败现象屡禁不止等,也给未成年人的成长带来不可忽视的负面影响。在互联网等新兴媒体的快速发展给未成年人学习和娱乐开辟了新的渠道的同时,一些腐朽落后文化和有害信息也通过网络传播,腐蚀未成年人的心灵。在各种消极因素影响下,少数未成年人精神空虚、行为失范,有的甚至走上违法犯罪的歧途。实现中华民族的伟大复兴、全面建设小康社会的战略目标,迫切需要教育和引导未成年人树立中国特色社会主义的理想信念和正确的世界观、人生观、价值观,养成高尚的思想品质和良好的道德情操。为此,2004年2月26日,中共中央、国务院印发《关于进一步加强和改进未成年人思想道德建设的若干意见》(中发〔2004〕8

号），对未成年人的思想道德建设提出了四大主要任务：一是从增强爱国情感做起，弘扬和培育以爱国主义为核心的伟大民族精神，使他们从小树立民族自尊心、自信心和自豪感。二是从确立远大志向做起，树立和培育正确的理想信念，教育引导广大未成年人正确认识社会发展规律，正确认识国家的前途和命运，把个人的成长进步同中国特色社会主义伟大事业、同祖国的繁荣富强紧密联系在一起，为担负起建设祖国、振兴中华的光荣使命做好准备。三是从规范行为习惯做起，培育良好的道德品质和文明行为，积极倡导"爱国守法、明礼诚信、团结友善、勤俭自强、敬业奉献"的基本道德规范，以及集体主义精神和社会主义人道主义精神，引导广大未成年人牢固树立心中有祖国、心中有集体、心中有他人的意识，懂得为人做事的基本道理，具备文明生活的基本素养，学会处理人与人、人与社会、人与自然等基本关系。四是从提高基本素质做起，促进未成年人的全面发展。培育未成年人的劳动意识、创造意识、效率意识、环境意识以及进取精神、科学精神和民主法治观念，增强他们的动手能力、自主能力和自我保护能力。

（二）教育现代化的要求

教育现代化是一个国家教育发展的较高水平状态，它既是对本国优秀教育传统的继承，更是对传统教育的超越，同时批判吸收国外优秀的科技、文化与教育的要素。教育现代化不仅是社会发展的要求，也是自身发展变革的需要。根据教育现代化的相关研究，教育现代化涉及的内容很多，但主要包括教育观念、教育体系、教育内容、教育装备、教育体制和师资等多方面内容，而这其中教育目标和教育内容的现代化显得尤为重要。因为教育现代化的本质意义是为人的现代化服务，使他们通过现代化的教育能够更好地参与现代化社会，并在其中发挥作用、体现价值、获得尊严。就教育目标来说，2015 年 12 月第二届全国人大常委会第十八次会议审议通过的新修订的《中华人民共和国教育法》，把"增强学生社会责任感、创新精神、实践能力，培养德智体全面发展的社会主义事业建设者和接班人"确立为新时期的培养目标。与以前相比，不仅增加了"增强学生的社会责任感"的目标要求，而且把它置于各级各类学校培养目标的突出位置。培育和践行社会主义核心价值观是当前我国推进中国特色社会主义伟大事业、实现中华民族伟大复兴中国梦的战略任务。正如中共中央办公厅在《关于培育和践行社会主义核心价值观的意见》（中办发〔2013〕24 号）中所指出的，"面对世界范围思想文化交流交融交锋形势下价值观较量的新态势，面对改革开放和发展社会主义市场经济条件下思想意识多元多样多变的新特点,积极培育和践行社会主义核心价值观,对于巩固马克思主义在意识形态领域的指导地位、巩固全党全国人民团结奋斗的共同思想基础,对于促进人的全面发展、引领社会全面进步,对于集聚全面建成小康社会、实现中华民族伟大复兴中国梦的强大正能量,具有重要现实意义和深远历史意义"。因此,引导学生牢固树立和自觉践行社会主义核心价值观,加强中华优秀传统文化教育、公民意识教育、生态文明教育、心理健康教育等,帮助学生增强社会责任感,才能使他们成为社会主义的合格建设者和接班人,并具有坚定而扎实的思想和道德基础。

提高学生的创造创业创新能力,不仅是现代社会发展的需要,也是现代化教育的基本要求,创新创业能力已成为现代青年的立世之本,求存之道,是学生适应社会、走进社会的必备素养。2015 年 6 月,国务院在《关于大力推进大众创业万众创新若干政策措施的意见》(国发〔2015〕32 号)中指出,"推进大众创业、万众创新,是发展的动力之源,也是富民之道、公平之计、强国之策,对于推动经济结构调整、打造发展新引擎、增强发展新动力、走创新驱动发展道路具有重要意义,是稳增长、扩就业、激发亿万群众智慧和创造力,促进社会纵向流动、公平正义的重大举措"。党的十八届五中全会根据新时期我国经济社会发展的新形势、新目标和新要求,提出了创新、协调、绿色、开放、共享五大发展理念,对我国教育现代化来说,就是要全面加强德育、智育、体育、美育、劳动教育和心理健康教育的创新、协调发展,促进学生安全、健康地成长成才。

(三)学生发展的要求

何为"有德之人"? 什么样的学生是"好学生"? 对这些问题的回答恐怕是见仁见智,难有唯一的意见。现代化社会需要具有现代性的人,也就是说它不仅需要具有现代素质的人去适应它,同时需要有创造现代化社会的人,如果教育所培养的人只会适应而不会创造,那么,我们的学生只有跟在别人后面跑,只能去遵从别人所设计的规则。在现代社会,只有分数而没有知识、只有知识而没有文化、只有文化而没有修养的人是难以立足于社会的。对一个人来说,知识、文化素质固然重要,但"德"的修养更为关键,在人的整体素质中,"德"具有灵魂、方向和发动机的作用。正所谓"智育不好出次品,体育不好出废品,德育不好出危险品"。

2003 年,联合国教科文组织针对现代社会要求,提出了"学习求知、学习待人、学习做事、学习发展、学习改变"的五大教育支柱；2005 年，经济合作与发展组织提出了"运用工具互动（运用语言和符号、运用知识与资讯、运用科技互动）、异质性团体互动（人际互动、团队合作、处理冲突）、自主行动（在较大脉络情境行动的能力、个人管理规划的能力、主张与维护自身权益兴趣需求的能力）"等 3 类 9 项核心素养；2002 年，美国制定了《"21 世纪素养"框架》，2007 年发布了该框架的更新版本。该框架以核心学科为载体，确立了三项技能领域，每项技能领域下包含若干素养要求：一是学习与创新技能，包括批判性思维和问题解决能力、创造性和创新能力、交流与合作能力；二是信息、媒体与技术技能，包括信息素养、媒体素养、信息交流和科技素养；三是生活与职业技能，包括灵活性和适应性、主动性和自我指导、社会和跨文化技能、工作效率和胜任工作的能力、领导能力和责任能力。2009 年，澳大利亚墨尔本大学提出了"思维方式（创新与创意、批判思考与问题解决和决策、学习如何学习）、工具运用（信息素养、信息与沟通科技素养）、工作方式（沟通、团队合作）、生活方式（在地与全球公民素养、生活与生涯、个人与社会责任）"等 4 类 10 项技能。2016 年 9 月，教育部颁布了以培养"全面发展的人"为总目标的《中国学生发展核心素养》，具体内容包括"文化基础（人文底蕴、科学精神）、自主发展（学会学习、健康生活）、社会参与（责任担当、实践创新）"等。从以上国家或地区所提出的核心素养来看，都是基于现代社会发展需要对学生教育的新要求，也是当前学生发展所要培养的重要素质。在这些核心素养中，无疑对学生的德智体心理等素养赋予了新的内涵，对学生的德育而言，就需要从现代社会对人的道德素养角度审视德育目标和内容的改造与变革，只有这样，学生今后才能更好地适应社会规范、融入社会。

二、学校德育目标和内容存在问题剖析

新中国成立以来，我国学校的德育工作一直受到重视，也取得了巨大的成绩。但是学校德育存在的问题也显而易见，那就是缺乏针对性、实效性，从而导致虽花了不少时间和精力，但收效小。这有受应试教育的影响，也有学校德育的核心地位难以体现、德育的渠道不畅通以及社会评价体系存在偏差等方面的原因。同时在德育实施过程中，还存在教育者注重灌输，受教育者缺乏应有的主体性，消极被动、理论教育与行为训练脱节，教育者把道德观念、道德准则仅仅作为一种知识予以传授，以及德育没有很好地把握学生所处的社会环境、生活方式和思想道德观念的变化等问题。这些问题的

产生虽然有多方面原因,但与德育目标和内容方面存在的问题也有一定的联系。

（一）德育目标缺乏目标序列,针对性不足

德育目标是教育目标的重要组成部分,德育目标的设定是德育实施过程中首要的一环,那么,德育的终极目标是什么应该是全部德育改革和日常德育工作者的首要追问。在中国古代,德育的目标取向架构在"修身、齐家、治国、平天下"方面,以"修身"为"圆心",再向家、国、天下延伸和扩展。"修身"就是要学会做人,遵守做人的基本道德原则和规范,然后把做人的道德规范延伸至家庭,个人处理好与家庭的关系,再进一步扩展至国家乃至全社会、全人类。

当前我国中小学德育大纲对德育目标基本上是这样表述的,如《小学德育纲要》规定,小学德育的目标是:培养学生初步具有爱祖国、爱人民、爱劳动、爱科学、爱社会主义的思想感情和良好品德;遵守社会公德的意识和文明行为习惯;良好的意志、品格和活泼开朗的性格;自己管理自己、帮助别人、为集体服务和辨别是非的能力,为使他们成为德智体全面发展的社会主义事业的建设者和接班人,打下初步的良好的思想品德基础。在初中阶段,德育的目标是:热爱祖国,具有民族自尊心、自信心、自豪感,立志为祖国的社会主义现代化努力学习;初步树立公民的国家观念、道德观念、法制观念;具有良好的道德品质、劳动习惯和文明行为习惯;遵纪守法,懂得用法律保护自己;讲科学、不迷信;具有自尊自爱、诚实正直、积极进取、不怕困难等心理品质和一定的分辨是非、抵制不良影响的能力。

高中阶段确定的德育目标是:热爱祖国,具有报效祖国的精神,拥护党在社会主义初级阶段的基本路线;初步树立为建设有中国特色的社会主义现代化事业奋斗的理想志向和正确的人生观,具有公民的社会责任感;自觉遵守社会公德和宪法、法律;养成良好的劳动习惯、健康文明的生活方式和科学的思想方法,具有自尊自爱、自立自强、开拓进取、坚毅勇敢等心理品质和一定的道德评价能力、自我教育能力。

2004年的《中共中央国务院关于进一步加强和改进未成年人思想道德建设的若干意见》把学校德育的目标确定为"教育和引导未成年人树立中国特色社会主义的理想信念和正确的世界观、人生观、价值观,养成高尚的思想品质和良好的道德情操,努力培育有理想、有道德、有文化、有纪律的,德、智、体、美全面发展的中国特色社会主义事业建设者和接班人"。

纵观以上我国对中小学确立的德育目标,不难看出我国学校的德育目标一定程度上体现了阶段性、层次性的特点,对不同教育阶段的学生分别提出了不同的要求。如小学侧重学生基础习惯的养成和良好性格的塑造,中学注重学生的世界观、人生观和价值观的培养,应该说这一区分遵循了人的道德认知循序渐进的规律和教育原则。但由于同一学段的学生也存在不小的差异,他们的道德追求及所能达到的道德要求也会有所区别。因此,学校德育的目标在国家总的规定框架内,针对不同年龄阶段的学生需要有比较具体的德育目标序列,以满足不同年龄段学生的道德教育要求,如小学一年级学生和六年级学生,尽管都对他们的德育侧重于基础习惯的养成和良好性格的塑造,但在具体的要求上应有很大不同,对 6 岁的一年级学生来说,德育更加偏重基础习惯和良好品德的培养,而对 11～12 岁的六年级学生来说,介于小学段与初中段,开始进行国家意识、民族精神的培育,而不仅仅满足于对基础道德行为习惯和良好性格的培养,对初中学生、高中学生也是如此。2017 年教育部制定的《中小学德育工作指南》开始把德育目标分成“总体目标”和“学段目标”,并对小学阶段又细分了“小学低年级”德育目标和“小学中高年级”德育目标,比之过去,德育目标在针对性上有了很大加强,但在当前快速发展变化的时代,学生的学习能力、发展水平的差异已经不是用年段来体现了。因此,迫切需要更加具体细化地来设定学校的德育目标,目前在这方面还相对不够,德育实施中的目标分类不够细化,分层设计、相互衔接不足,以至于在德育实施过程中,学校和教师趋向于用同一目标和要求教育同一学段中的不同年龄段的学生,从而使德育目标与要求的针对性不足,德育目标的有效落实大打折扣。

(二)德育内容格局偏小,反映时代要求不足

从德育目标和内容的关系上分析,德育内容不仅承载了德育目标,而且也是进行德育的基本要素,德育目标必须通过德育内容的有效落实才能实现,只有选择合适的内容并进行科学的课程设计,才能进行有效的德育活动,达到预期目标。分析当前德育内容的设计与安排现状,主要存在以下一些问题:一是德育内容设计上格局偏小,学校通过德育让学生守公德、严私德固然重要,但前提是必须让学生明大德,要使我们的学生今后成为全面发展、能够担当民族复兴大任的时代新人,不仅要有良好的品行,更需要有家国情怀和社会责任意识,理解、认同国家政治制度,坚持中国特色社会主义道路自信、理论自信、制度自信、文化自信。然而,在目前中小学德育实践

中,对学生基础道德素养的私德教育内容较多,而公德教育,尤其是中国特色社会主义制度、民族精神等方面的大德教育的内容相对较少,从而使学校德育内容在高度和深度上显得不够。二是就现行德育内容结构本身而言,也存在德育内容结构不够明确,德育内容之间的相互关系没有厘清,对于学生品德的发展规律没有引起足够的重视,从而导致实际教育中忽视学生实际品德发展的情况发生:要么不论小学还是中学一律以"思想政治教育"为主导,将德育笼统地定义为思想政治教育,而对不同成长阶段的学生需求不能很好地兼顾;要么混淆德育内容结构的主次关系,忽视政治教育和思想教育的重要地位,忽视社会主义思想在德育中的核心地位,片面地强调学生个性发展的需求。三是在德育实施过程中,存在着将德育内容硬性地灌输给学生,只是让学生记诵德育内容要点,没有采取让学生体验、养成的方式方法,德育内容的生活化、情境化缺乏,德育内容与学生的身心发展水平脱节、与学生的实际生活脱节、与学生的经验积累脱节,使德育内容成了另一种形态的教育知识,导致学生知行分离的情况。随着社会的发展,尤其是在实现中华民族伟大复兴进程中,加强理想信念教育、建设和谐社会、全面建成小康社会、实现中华民族伟大复兴、培育和践行社会主义核心价值观、生态文明建设等国家发展战略的提出,对当前学校德育提出了一系列重大课题,而现在学校德育在内容设计与实施中,对社会发展变化所带来的挑战的回应则显得不足。

第二节　学校德育目标和内容更新的实践样本

近年来,随着宁波市教育现代化的不断推进,全市各地学校紧紧围绕"立德树人"的根本目标,以社会主义核心价值观为引领,积极探索学校德育工作的新思路、新载体,在德育目标与德育内容的更新上创造了许多富有时代特点、地方特色的经验,基本形成了"一地一品、一校一策"的生动格局,值得我们总结与借鉴。以下两个实践样本是其中的范例。

一、"以责任心育责任人":鄞州区董玉娣中学的"责任教育"实践

责任是一个人从事一切工作实现自身价值、创造优异业绩最重要且必备的一种品质,也是现代社会对一个人品德评价的重要衡量尺度。在整个道德规范中,责任居于最高的层次。1972年,联合国教科文组织在《学会生

存:教育世界的今天和明天》报告中指出:使每个人承担起包括道德责任在内的一切责任,是未来教育的发展方向。① 因此,对学生实施责任意识教育、责任感培养成为当今学校德育的重要内容。鄞州区董玉娣中学是一所创办于1960年的农村初中,1985年港胞李景芬女士遵照其母董玉娣老太太遗嘱,捐资新建,1988年正式更名为董玉娣中学。学校先后获得浙江省群体先进集体、省素质提升工程先进集体、省实验工作先进集体、宁波市大面积提高教育质量先进集体、市示范性文明学校、市绿色环保学校等众多荣誉。学校以科学发展观为指导,按照教育现代化的办学思想,实施传统文化与现代气息有机结合,形成了"创新、团队、奉献、责任"的学校精神,强化"以责任心育责任人"的"责任教育"工作,把培养学生的"责任心"作为学校的价值追求,以此彰显学校立德树人,立志成才,教书育人,培养德才兼备人才的办学宗旨,让每一个走出董玉娣中学的学子都能深深地打上责任烙印,学会对自己负责,对他人负责,对集体负责,对社会负责,做一个负责的人。

(一)责任教育的目标

对中小学生来说,学习、生活和工作是他们的重要内容,为此,提高他们的责任意识,增强他们在学习、生活和工作中的责任心,并让责任意识内化为自主学习、自主实践的元认知,使他们成为"会感恩、有责任、存梦想、德智体诸方面和谐发展"的未来新人,是学校责任教育的基本出发点和归宿。董玉娣中学以"责任心育责任人"为理念,开展了以"感恩、责任、梦想"为核心内容的"责任"教育建设,致力于培养"会感恩、有责任、存梦想、德智体美劳诸方面和谐发展的董中人",教育学生学会对自己负责、对他人负责、对集体负责、对社会负责,成为一个负责的人。并根据学校实际和学生的身心特质,将德育目标和内容具体化,形成了"横向与纵向相交错"的责任教育目标。横向上,通过三个板块主题活动,即"三有"(有礼、有规、有责)、"三心"(诚心、孝心、爱心)、"三爱"(爱家、爱校、爱国),开展以"感恩、责任、梦想"为核心内容的学校"责任"教育主题建设;纵向上,将培养目标结合学生实际分解为三个分阶段:七年级以"规范、感恩、爱家"为重点,八年级以"自主、责任、协作"为重点,九年级以"理想、梦想、拼搏"为重点。

---

① 联合国教科文组织国际教育发展委员会.学会生存:教育世界的今天和明天[M].北京:教育科学出版社,1996:36.

（二）责任教育的实施

1. 营造责任教育的环境

学校通过校园环境文化的建设,力求使每一寸土地成为生长责任的沃土,每一块墙壁成为承载责任的平台,每一个教室成为培育责任的空间。在班级环境方面,结合校园文化建设,充分发挥各个班级的创造力,让学生自己设计班徽、班名、班级口号,既彰显每个班级的个性,又突出每一个学生在实现自我发展中的行动责任。在校园环境方面,突出以"责任心育责任人"的宣传牌和作风、校风、教风、学风"四风"宣传牌,建设"感恩、责任、梦想"的亭廊主题教育区域,时刻提醒学生责任所在。在学校的楼名方面,分别以"弘责、励责、笃责、尚责、尽责、名责"等命名,以"润责大道、尚责路、明责路、弘责路"等命名校园内的道路,以"守责园、润责园"等命名校园内的主题园林区,并在学校主干道上的每一根灯柱上悬挂学生自己撰写的以"感恩""责任""梦想"等为主题的宣传标语。同时,在教学楼内,创设"诚信文化墙""责任视窗"等主题文化墙;教室内外的墙壁上悬挂社会主义核心价值观、名人名言等。责任教育环境的创设,让学生不论在学校的任何空间都能耳濡目染地受到教育。

2. 实施责任教育

"心育课程""润责于心,责任于行"是该校开展责任教育的一大特色。学校根据当前初中生的思想和心理特点,结合学校责任教育的目标,通过若干"心育课程"实施对学生的责任教育。

一是养成教育课程。学校重点抓好"五个一"的常规训练,即建立"一种秩序",也就是良好的课堂秩序、集会秩序以及文明的课间秩序;整顿"一个阵营",即抓好升旗仪式、课间操的队列,以此塑造学生良好的精神风貌;养成"一种习惯",即要求学生做到语言文明、行为大方礼貌并形成习惯;落实"一种制度",即校园内卫生责任区的包干保洁制度,共建学校整洁优美的环境;培养学生树立"一种观念",即遵纪守法、尊老爱幼、讲团结的观念。以此引导学生发挥主体作用,学会自主管理、自我约束、自我教育,逐步内化成为自主自觉行为。此外还有以"励志篇""学法篇""理想篇""规范篇""礼仪篇"等为主要内容的新生入学课程,以"社会礼""责任礼""亲情秀"等为主题的毕业典礼课程。

二是"10101"微型德育课程。这是该校对学生实施责任教育的一种特色课程,即早晨开展10分钟的国学经典诵读,每周选取一篇经典文章解读,既培养学生的阅读理解能力,又使学生感悟到我国传统文化的魅力,提高他们的人文素养,从小树立为民着想、为国尽忠的高尚情操;下午上课前 10 分钟学唱励志歌曲,让学生感受到励志向上的蓬勃朝气,提升学习和生活的精神动力;傍晚放学前 1 分钟开展安全知识教育,使学生意识到生命的可贵与脆弱,树立珍爱生命的观念,同时掌握一些必备的自救、他救知识。

三是行动体验课程。体验式学习旨在"磨炼意志,陶冶情操,完善人格,熔炼团队"。开展"走家乡路,看家乡景,做文明邱隘人"活动,并与学校所在的农村成立"浅水湾实践基地",开展徒步五公里活动,使能学生爱家乡,熟知家乡风土人情;通过开展"初中生素质拓展"活动,既能提高学生在体能、毅力、智慧、沟通、责任、协作等方面的素质和能力,又能培养他们克服困难的毅力、健康的心理素质、积极进取的人生态度、敢于挑战自我的勇气和精诚合作的团队意识。

3. 开展责任教育的主题活动

该校充分利用丰富多彩的德育主题活动,落实责任教育工作。

一是体育节系列活动。在丰富多彩的体育活动和比赛项目中,鼓励学生在积极参与中锻炼强健体魄,培养健康身心,同时在享受运动的快乐中展现特长,用运动风采诠释活力激情的精神,在奋勇拼搏、不断超越中培养坚韧意志和团队精神,用爱集体、爱学校的责任意识诠释责任成就未来的内涵。

二是诚信、公益系列活动。学校利用学期中、学期末和假期,开展各种形式的诚信、公益活动,以此增强学生的自我约束、自我管理、自我教育意识,培养责任能力。如学校从 2011 年以来,凡是大型考试时都实行"无人监考　诚信考试"活动,此活动不仅是对学生学业成绩的考量,更是对学生诚信品格的检验。到 2015 年,有近 600 名学生走进诚信考场,且无一例作弊,充分展现了该校学生高度的责任感和良好的品行。学校每学期还会组织慈善捐款、爱心捐助、慰问孤寡老人等活动。

三是班级文化建设系列活动。班级文化是班级的一种风尚、一种文化传统、一种行为方式,影响到班级每个学生的学习、工作和生活等各个方面,影响着学生的行为习惯和班级归属感,学校通过班级物质文化建设、精神文化建设、制度文化建设以及相关活动,让班级充满活力,充满人情味,成为每位学生温暖的"家"。

（三）责任教育的实践启示

从上述鄞州区董玉娣中学的"责任教育"实施看,之所以取得好的教育效果,该校有以下几点经验值得关注。

1. 责任教育重在"润"

针对初中生的发展特点和教育要求,该校在加强责任教育环境创设、制定岗位责任制度的同时,十分注重"责任习惯"的养成教育,一是通过以"董玉娣中学学生一日常规标准"为内容的"2+1检查"模式来夯实学生一日常规,所谓"2+1检查"即各年级的责任岗、学生会和教师巡视组三管齐下对学生的一日常规进行检查,促使学生把"遵规守纪,文明规范"内化为自觉行动,以此不断增强他们的责任意识。二是注重学生的自我管理,成立学生自治委员会,大凡学生能够自己想的、做的,就让学生进行自我教育、自主管理,把学生能够进行自我管理的事项放手让他们自己管理。

2. 责任教育注重全员育人

该校所实行的德育导师制,把班主任确定为首席导师,全面负责班级德育工作,把科任教师确定为学生德育的第二、三导师,配合班主任分别认领若干名学生,从思想、生活、心理素质、道德品质等各个方面关注学生的成长,并且把该项工作实绩作为师德师风和教师年度考核的一项重要内容。同时,该校还要求教师通过学科教学有机渗透责任教育,要求科任教师结合所教学科,梳理出教材渗透责任教育的资源,学校在课程评价中把责任教育作为评价因素纳入其中,让责任教育真正落到学校教育的每个"角落"。

3. 强化榜样的示范作用

榜样的力量是无穷的。学校通过"十九百"评选来弘扬责任,即让全校师生共同参与"十佳责任教师""九十名责任家长""五百名责任学生"的评选活动,让大家在评选中认识责任的意义与价值,学习责任先进的事迹,提高自我的责任能力,以责任榜样向全校师生传送责任正能量。

二、培育"仁爱智慧":奉化区锦屏中心小学的"礼仪教育"

中华民族是一个礼仪之邦,具有悠久的文明历史。但随着经济的日益发展,一些不文明的现象却屡见不鲜:公园里随手乱丢垃圾、公共汽车上端坐在"老弱病残孕"专座上的青少年……令人汗颜。尤其是独生子女家庭中,孩子得到的宠爱越来越多,但礼仪教育却越来越少了。有些家长虽然文化素养比较高,但由于没有受过专门的礼仪教育,对孩子的文明礼仪教育意识较为淡薄,水平也较低。而相当部分家长溺爱孩子,导致孩子养成唯我独尊、我行我素等不良心态和行为习惯。正是由于学校和家庭教育的忽视,"礼"随着独生子女人口比例的提高而慢慢地缺失,而且已经成为一个需要高度关注的问题。为此,奉化区锦屏中心小学通过深入挖掘孔子"仁、义、礼、智、信"的精髓,以"礼"为核心价值取向,形成以"懂礼、讲礼、行礼"为目标的教育体系,以"抓好学校训练,注重家庭实践,接受社会检验"为工作思路,以"锦屏小学礼仪评价体系"为评价机制的完整的"尚礼"养成教育体系,丰富校园的文化底蕴,培养儒雅大气、仁爱智慧的锦小学子。

（一）明确礼仪教育目标

该校的"礼仪教育"从两个层面确立目标。

1. 学校层面

总目标为形成完整的"尚礼"养成教育体系。学校把《中小学文明礼仪教育指导纲要》中关于小学生礼仪教育的内容和《弟子规》中的礼仪精髓相糅合,形成一套具有生活化、情境化特征的完整的小学"尚礼"养成教育体系。针对不同年龄段学生的身心发展规律,分一至三年级、四至六年级两个年段分步有序地落实"个人礼仪、家庭礼仪、学校礼仪、社会礼仪",形成易于操作、富有激励性的评价机制。同时通过对学生的礼仪教育活动,促进教师不断提高自身的文明礼仪素养,发挥榜样示范作用,有效推进"尚礼"教育的深入开展。

2. 学生层面

做一个"懂礼、行礼、尚礼"之人。对不同级段具体又分为以下目标。

低年级:通过读经典、做游戏等情趣性活动,学习文明礼仪知识,懂得一定的礼仪知识,了解一些在校乃至社会不同场合中的基本礼仪常识,做一个知书达礼的"懂礼"学子。

中年级:在丰富多彩的学校主题活动、文化活动和社团活动中,不断体验、感悟、践行,能明辨是非,做到从外在的衣着、言行举止到内在的礼仪文化素养都能文明得体,做一个文质彬彬的"行礼"学子。

高年级:在学校与家庭教育、社会教育"三结合"教育中实践礼仪,把礼仪要求"内化于心,外表于行",自觉遵守社会公德,以做现代文明人为荣,做一个表里如一的"尚礼"学子。

（二）确定"礼仪细则"

礼仪细则既是礼仪教育的目标要求,也是实施礼仪教育的具体内容。该校针对一至三年级、四至六年级学生,从家庭礼仪、校园礼仪和社会礼仪等三个方面确定了礼仪细则,并对每个礼仪细则确定了相应的教育内容。

1. 家庭礼仪细则

一至三年级学生：(1)孝敬父母——父母教，须敬听。亲爱我，孝何难。具体教育内容包括：对父母长辈不直呼姓名，父母呼唤应马上作答；出门要主动向家长说再见，回家主动和家长打招呼，晚上睡觉前主动向家人道晚安；如外出不能按时回家，应该及时给家人打电话说明原因，以免家人着急；在家人生日那一天，向他们表示祝福，当他们的工作或学习取得成绩时，也要衷心地祝贺；家人在工作或休息的时候，要保持安静，不要打扰他们，进入他们的房间先敲门，得到允许后再进入；父母下班时及时地为父母拿拖鞋、端茶、递毛巾等；学会自己的事情自己做，如洗红领巾、袜子，自己整理书包、房间等；帮父母做小家务，如洗碗、扫地、拖地等；为父母服务，如捶背等。(2)讲究卫生——晨必盥，兼漱口，便溺回，辄净手。具体教育内容包括：早晚、饭后勤刷牙，入睡起床会洗脸、入睡前洗脚，经常洗头又洗澡，勤换衣服；饭前便后勤洗手；不用别人的毛巾和洗漱用具，不用别人的杯子喝水等三个方面。(3)文明餐饮——对饮食，勿拣择。食适可，勿过则。教育内容包括：就餐时要请长辈先入座，等他们动筷子后，再开始用餐；用餐时，身体要坐正，夹菜时不要东挑西拣，吃东西时不发出声响，不狼吞虎咽，不说笑等两方面。(4)宾客礼仪——待客人，要热情，去做客，仪态恭。教育内容包括：客人到访时，应面带笑容迎接，同时要向客人问好；家里来了小客人，要热情友好地招待他(她)，主动与他(她)一起玩耍；大人交谈时，不随便插话或打断，更不要在屋内大声喧哗；做客时要梳洗干净、穿戴整洁，准时赴约；去做客，进门前先轻声敲门或先按门铃，等到主人招呼进门后方可入内，进门后，向主人及其在场家人问好，如有其他客人在场，也应问好；主人递水果、饮料或礼品时，要起身双手接过来，并表示感谢；在主人家里不到处乱跑、乱翻东西，更不要损坏或贬低主人家的物品；离开时要向主人告别，并表示感谢等八个方面。(5)电话礼仪——打电话，意专注。声清晰，语简短。教育内容包括：拿起话筒，用普通话说"您好"；通话结束时说"再见"，并轻轻挂断电话。(6)邻里相处——互尊重，心相连。敬老人，爱幼小。教育内容有：能主动跟邻居打招呼，尊敬老人，爱护幼小。

四至六年级：(1)孝敬父母——父母教，须敬听。亲爱我，孝何难。具体教育内容包括：和父母说话时语气要柔和，父母教导时，要专心地听；对待父母的批评，要诚恳主动地接受；和家人有不同意见时，要心平气和地进行沟通，不赌气，不吵闹；到家人房间先轻声敲门，经同意后再进入；不乱翻家人的东西；单独外出，要征得家人的同意并说明去向；家人遇到困难或不开心时,要主动关心、安慰他们,爸爸(妈妈)生病时,要细心服侍,帮助倒水、递药,尽量陪伴在他(她)的身边;父母吩咐做事,要立即答应,尽快去做,主动协助家人做力所能及的家务,如爸爸妈妈做饭时,帮着择菜、洗菜、摆碗筷;主动为家里的老人做一些力所能及的事情,减轻父母的负担。当父母工作忙时,更要主动协助爸爸妈妈关心、照顾老人。(2)讲究卫生——晨必盥,兼漱口,便溺回,辄净手。具体教育内容包括:咳嗽、打喷嚏时要主动遮挡,避开他人;不在人前做挖鼻孔、剔牙齿、掏耳朵等不雅观动作。(3)文明餐饮——对饮食,勿拣择。食适可,勿过则。教育内容包括:给长辈盛饭,要用双手递,夹菜时,要用公筷;长辈给夹菜时,要表示感谢;用好餐后要向还在就餐的长辈表示自己吃好了,请他们慢慢用。(4)宾客礼仪——待客人,要热情,去做客,仪态恭。教育内容包括:客人进门后,要以主人的身份主动亲切地向客人打招呼并请客人入座,客人入座后,应准备茶水或饮料,双手递送;客人与父母谈事情,应该主动回避;在家读书、看电视、玩游戏等,尽量小声,不打扰他们的谈话;同学、朋友来访,要热情迎接,并主动向家人介绍;和同学、朋友在家活动应该尽量安静,以免影响家人。家里吃饭时,热情邀请一同用餐;若同学、朋友来前已经用餐,不冷落他们,应该先将同学或朋友安排好,自己再和家人一起用餐;客人告别时,要诚恳挽留。送别客人时,要等客人起身后才可站起。送客人出门,要等客人稍走远后再关门;做客,主人问话时要大方、清楚地回答,不扭捏羞怯;离开时要向主人告别,并表示感谢。(5)电话礼仪——打电话,意专注。声清晰,语简短。教育内容包括:接听电话要热情,说话时音量要适中,语言简短清晰;拿起话筒,先问好,再称呼。通话结束道再见,并轻轻挂断电话,在一般情况下,接电话者应让对方先挂机。(6)邻里相处——互尊重,心相连。敬老人,爱幼小。教育内容包括:主动帮助邻居做事。

2. 校园礼仪细则

一至三年级:(1)按时上学——朝起早,夜眠迟。老易至,惜此时。按时上学和上课,不迟到,不早退,迟到了报告后经老师允许;有病有事要请假,放学后按时回家。(2)专心上课——读书法,有三到,心眼口,信皆要。上课发言使用礼貌用语;认真听别人的发言,不插嘴,听完后有礼貌地提出自己的意见;课堂上对同学的精彩发言给予鼓励。(3)有序活动——步从容,立端正。宽转弯,勿触棱。下课不追跑,不高声喊叫;上下楼梯轻声慢步靠右走,不说笑打闹;排队参加集会,做到快、静、齐。掌握肃立、注目礼、少先队队礼等礼仪;升降国旗时庄严肃穆。(4)尊敬师长——称尊长,勿呼名。对尊长,勿见能。主动向老师问好,上、下课时向老师起立问好;进出老师办公室要报告并使用礼貌用语;能主动帮老师做事,主动帮助班级做力所能及的事情;在节日里对老师表示祝贺,如打电话、做贺卡、送祝福语等;领取奖状、奖品时,要双手接取,并敬队礼表示感谢。(5)友爱同学——兄道友,弟道恭。兄弟睦,孝在中。主动与同学打招呼;同学之间不说脏话;能关心、帮助同学,主动给同学借学习用品等,玩耍时同学摔倒了,主动把他扶起,并关心。(6)仪表整洁——冠必正,纽必结。衣贵洁,不贵华。衣着整洁干净;少先队员佩戴红领巾,班队干部还应佩戴好标志。(7)讲究卫生——房室清,墙壁净,几案洁,笔砚正。不乱丢垃圾,不随地吐痰,保持校园环境卫生;打扫卫生,整理课桌里的物品。(8)言行文明——奸巧语,秽污词,市井气,切戒之。日常使用"您好、请、谢谢、对不起、再见"等常用的礼貌用语,能恰当、得体地称呼他人;站有站相、坐有坐相;会用普通话与人交谈。(9)诚实守信——凡出言,信为先。诈与妄,奚可焉。不说谎话,知错就改,不随意拿别人的东西;借东西及时归还。(10)爱护公物——借人物,及时还。后有急,借不难。爱护花木,不乱摘;不在课桌椅、墙壁上乱涂乱画;拾到东西归还失主或交公。

四至六年级:(1)按时上学——朝起早,夜眠迟。老易至,惜此时。积极参加各种学校活动,要守时,不能参加要事先请假;做事不拖拉,养成守时守纪的习惯。(2)专心上课——读书法,有三到,心眼口,信皆要。同学发言要认真倾听,互相交流时,要注视对方的眼睛。(3)有序活动——步从容,立端正。宽转弯,勿触棱。升降国旗时庄严肃穆,肃立、敬队礼;集会时安静有序,遵守会场要求;课间活动能谦让小同学,起到表率作用。(4)尊敬师长——称尊长,勿呼名。对尊长,勿见能。关心、理解老师,注意与老师沟通,交换意见,主动帮老师处理班级事务;进出老师办公室使用礼貌用语;节日里,自己动手动脑设计活动,对师长表示祝贺。(5)友爱同学——兄道友,弟道恭。兄弟睦,孝在中。关心爱护小同学,不欺侮小同学,树立表率作用;主动帮助学习有困难的同学,主动照顾生病的同学,并能打电话表示慰问;真诚地对待同学,不讥笑同学,不给同学起绰号,不开过分的玩笑;无意中伤害了同学,要真诚道歉。(6)仪表整洁——冠必正,纽必结。衣贵洁,不贵华。服装朴素大方,纽扣齐全,鞋带系上,不追求时尚感很强的成人化服装;不用饰物装点衣服;服装遵守三色原则,颜色可鲜艳,但搭配一般不超过三种颜色。(7)讲究卫生——房室清,墙壁净,几案洁,笔砚正。认真做好值日工作,保持教室、校园内的整洁;主动整理教室里的物品。(8)言行文明——

奸巧语,秽污词,市井气,切戒之。掌握微笑、点头、鞠躬等常用体态语;与人交谈时,眼睛正视对方,认真倾听,不东张西望、看书看报、面带倦容、哈欠连天;尊重有残疾的同学,不讥笑、戏弄他们。(9)诚实守信——凡出言,信为先。诈与妄,奚可焉。信守承诺,答应别人的事要尽力做到,做不到时表示歉意;考试不作弊。(10)爱护公物——借人物,及时还;后有急,借不难。爱护公物,不在课桌椅、建筑物和文物古迹上涂抹刻画;使用图书、器材、工具时要注意保护,及时归还;损坏公物主动承担责任,要赔偿。

3. 社会礼仪细则

一至三年级:遵守公德——凡是人,皆须爱。天同覆,地同载。具体教育内容包括:(1)交通礼仪:知道交通信号灯,不闯红灯,过马路走人行横道,不在马路上玩耍。乘公共汽车能排队、先下后上,上车后自觉购票或刷卡。(2)观看礼仪:观看电影或演出时,保持安静,坐姿端正,不交头接耳,不随便走动;注意卫生,不带食物进会场,结束后应把废纸垃圾带走;别人发言或演出后要适度鼓掌致意。(3)购物礼仪:外出购物用餐,会礼貌地招呼售货员或服务员。(4)旅游观光礼仪:爱护旅游观光地区的一草一木,不随地吐痰,不随地大小便,不乱扔垃圾杂物;不在建筑物上乱写乱画乱刻,不随意破坏公共建筑、设施和文物古迹。

四至六年级:(1)交通礼仪:公交车上主动给老幼病残孕让座,不争抢座位,不大声喧哗,不吃零食;遇到熟人要打招呼,互致问候;需要交谈,应靠路边或到角落谈话,不能站在道路当中或人多拥挤的地方。(2)观看礼仪:衣着整洁,不能穿汗衫和拖鞋入内;观看结束时有秩序地离开。(3)购物礼仪:购买商品时语言文明,对营业员谦和有礼,不用命令式的语气,营业员正在为别人服务时,应在旁稍等片刻,不急于招呼;挑选商品要预先考虑,尽量避免售货员的无效劳动,如对挑选的商品不满意,则应将商品放回原处。(4)旅游观光礼仪:住宿时不在房间里大声喧哗,不影响其他客人,对服务员以礼相待,对他们所提供的服务表示感谢;进餐时尊重服务员的劳动,当服务员忙不过来时,应耐心等待,不可敲击桌碗或喊叫,对于服务员工作上的失误,要善意提出,不可冷言冷语、加以讽刺;尊重当地的民风民俗。

该校根据小学生行为习惯养成"知—情—意—行"的规律,"尚礼"养成教育学习实践活动分"学礼""懂礼""行礼"三个阶段,以促进个体在"知中行、行中悟、悟中从"的自我修炼,从外在到内在,再到外在的螺旋上升。在礼仪教育的活动形式上,针对不同年级采取不同的教育方式,低年级以生动形象、富有情趣的感知教育为主要手段,如观看动漫故事、吟诵经典、创编歌谣、做游戏等形式；中年级以体验教育为主要手段，如主题队会、知识竞赛、文艺演出、社团活动、家庭实践作业等；高年级则以实践活动教育为主要手段，如主题演讲、辩论会、公益活动、社区服务、志愿服务等社会实践活动。

（三）对"仁爱智慧"礼仪教育的评析

从上述奉化区锦屏中心小学的"仁爱智慧"礼仪教育实践看，以下几点值得借鉴：一是礼仪教育根据不同年龄阶段的学生提出不同的教育目标和内容，这样使教育更具针对性、层次性和可操作性，也更容易取得实效。二是注重教育与生活结合，把礼仪教育融入丰富多彩的学生生活之中，寓教于乐，更容易让学生学习、体验。三是强调教育形式的多样化，针对不同年级学生实施从以感知教育为主的教育，到以体验教育为主的教育，再到以实践活动为主的教育，这种递进式的多种形式的礼仪教育方式，遵循了学生品德形成的规律，有助于学生文明礼仪素养的真正养成。

第三节　教育现代化进程中学校德育目标和内容更新的实践策略

要使德育取得实效、德育工作能够"落地"生根，现代学校德育目标和内容的变革与更新既要遵循德育规律，又要遵循人的发展规律、社会发展的规律，要充分研究当前我国社会发展对人提出的道德素养诉求，以使德育目标和内容能够更好地适应现代社会的发展需要、教育现代化推进的需要、践行社会主义核心价值观的需要。更新学校德育目标与内容在实践策略上可以从以下几个方面着手。

一、以教育现代化为导向

随着中国现代化进程的不断推进，人们经历着从传统文化心理向现代文化心理的转变，经历着"在对现存事物的肯定理解中同时包含着对现存事物的否定理解"。关注现时代的人类社会生活情势和历史命运，并通过这种关注去体现人们对现实的合理批判，从而为现实提供价值范导，这是每一所学校、每一位德育工作者所必须思考的重大命题。教育现代化最为重要的是教育观念、教育思想的现代化，如果缺少这两者，即使有最先进的教育条件，也不过是"新瓶装旧酒"。现代化的教育思想、教育理念的确立，最根本的是要立足于现代社会的发展实际、发展需求,具有一种长远的战略的思维眼光,而不能仅仅局限于眼前,更不能面朝背地"向后看"。德育目标的改造或重构、德育内容的更新,自然要以面向未来的思维、以教育现代化为导向,去找寻创新的路径。

首先,德育目标与内容的更新,必须深刻把握未来社会对人的素养要求。2009年,美国国家教育与经济中心对美国400个不同行业的公司进行了一次系统调查。结果显示,贸易常识、对外域文化的敏感性、通晓多种语言、岗位专业技术能力、处理复杂问题能力以及基本的道德规范等六种能力,这既是雇主及企业发展对员工的基本能力要求,也是未来30年世界绝大多数岗位的技能需求。随着劳动模式更加趋向于世界分工,这需要不同国别的员工具备多种语言的交流、团队协作和独立思考能力以及具有全球视野的文化意识。小学、初中阶段必须适应时代需要,主动迎接这种历史挑战,培养学生在学术研究、艺术、技术整合、分析和创新等方面的能力;高中阶段应该重点培养学生的团队协作能力,为他们进入大学或企业进行团队协作研究打好基础。[①] 纵观当前国际社会对学生核心素养提出的观点,一个比较突出的特点是从过去的"知识取向"到"能力取向"发展为"知识""能力""价值观"三者融为一体,特别是把"价值观"当作"发展原动力"。我国教育部公布的《中国学生发展核心素养》,把社会责任、国家认同、国际理解,人文底蕴、科学精神、审美情趣,身心健康、学会学习、实践创新等九大方面作为学生发展的核心素养。只有深刻把握未来社会对人的素养特别是道德素养的要求,才能找到德育目标与内容创新的科学、合理的依据,才能不迷失创新的方向。

其次,德育目标与内容的更新,必须注重优秀传统道德与现代世界德育成果的有机结合。以教育现代化为导向,另一个重要的思维方式就是要以开放包容、批判继承的态度对待传统优秀道德和现代世界德育成果,并使传统内容融于现代性、国际性融于民族性。优秀传统道德虽然在不同历史条件下产生,但它经历过实践的严格筛选,是人们公认的社会精神财富,这些被世代相传的人类优秀传统道德,理应为现代德育所继承和发扬,切不可为了创新而弃之不顾,如我国古代流传下来的"国是家""孝当先""勤为本""善作魂""俭养德""诚立身"等都是值得发扬光大的。要让它们不仅仅是以一

---

① 柯进.全球经济转型带来岗位需求变化 未来人才需具备6种能力[N].中国教育报,2009-11-17(1).

种"国学热""读经热"的形式出现,而是真正落实为德育内容,这对丰富现代德育目标与内容必定具有重要价值。改革开放促进了我们与外界特别是国外的联系,在知识经济、网络化时代、全球化时代,当今世界科技日益发达,价值观念多元化,生活方式多样化,各种社会思潮充斥,尤其是国外的科技文化、价值观念等不可避免地更直接地影响到我们,如果只简单地采取抵制、排斥的方法肯定不行,在互联网高度发达的今天,这种办法一定是没有效果的,只有采用批判借鉴吸收的方法才是有效之道,才能积极回应现代社会对教育现代化提出的核心诉求,才能有效地应对诸如公平、正义、民主与法制社会的建立、环境与可持续发展问题战争与和平问题、应对网络生活的挑战问题,自我实现与社会贡献关系问题,民族精神问题,等等。尤其是国外那些德育实践成功的做法更需要我们主动借鉴吸收,如许多国家注重培养学生的创新精神、竞争精神、效益观念、平等思想以及公民道德、责任心、合作意识、民主意识等,并把自由、平等、尊重、法治、人权、民主、关心等作为核心价值纳入德育内容。这些是在当今社会现代化推进过程中作为合格社会人所应该具备的,自然在德育目标与内容创新时也必须予以认真研究考虑的。

二、以体现时代要求为根本

道德不仅具有多样性、层次性,同时也具有时代性,即使是优秀的传统道德,放在今天来实施也必定会被赋予新时代的内涵。因此,更新德育目标和内容时,必须关注时代特征,要把德育实践与学生的生活环境结合起来,与时代对学生成长发展提出的新要求结合起来,只有这样,德育实践才会有生命力,才能取得实实在在的效果。当今时代科技发展日新月异、互联网应用越来越广泛、全球化推进速度越来越快,这给社会的发展、人们生活内容的丰富与提高带来益处,但同时它也给现代社会带来各种问题与挑战,如科技使用不当极容易造成诸如生态失衡、环境污染、核威胁等副作用,为此,现代社会需要通过对人的科学精神和科技价值观的教育培养,以实现社会道德精神价值与科技发展之平衡;通过生态道德教育即环境道德教育培养学生的生态意识和生态道德、情感和行为,建构保护生态环境的生态价值观念和伦理规范体系,使人正确地处理人与自然的关系,促进形成可持续发展理念和行动,促进生态文明建设与发展,养成保护环境的良好行为;通过经济伦理教育培养人的勤俭、公正、平等、守信、诚实、惜时和高效等品质;通过网络伦理教育培植学生的价值观、道德判断力与意志力、网络道德意识及责任感,提高学生辨真伪、求真理、慎判断、善选择的能力,以抵御不良信息诱惑,消除网上不良行为;通过合作精神教育,应对现代社会发展不断提高的对人际交流与合作的要求,以培养学生的团结合作、集体主义精神使其树立合作精神;通过全球意识教育,培养学生具有全球意识,确立"人类命运共同体"的理念;通过国际理解教育,让学生在对本民族文化认同的基础上,了解、认识别国道德文化的历史与现状,道德文化的特点,各国道德文化的相同点与不同点,能宽容地对待别国文化与人们的生活方式,培养关心人类共同发展的品质。此外,创新、终身学习也是现时代的重要特征,加强创新教育,培养学生的创新意识、创新能力;培植终身学习观,培养学生学习兴趣、习惯和能力,提高探究能力和实践能力等也是时代赋予现代学生的重要使命。显然,上述这些自然都应该成为现代德育的目标和内容创新的重要选择。

因此,积极回应时代提出的新要求,这是德育目标和内容更新的根本,忽视时代需求,德育就会变成无源之水,就会被时代所抛弃。

三、以落实核心价值观为核心

社会主义核心价值观是我国的兴国之魂,是中国特色社会主义的本质体现,是社会主义核心价值体系的内核,它体现社会主义核心价值体系的根本性质和基本特征,反映社会主义核心价值体系的丰富内涵和实践要求,也是社会主义核心价值体系的高度凝练和集中表达,是当今中国的普遍价值。我国改革开放的深入发展,既使我国在经济、科技、教育领域取得巨大成就,也使西方世界的价值观、意识形态被很多国人所接受。在现代学校,受西方世界价值观的影响,个人主义、享乐主义、功利主义等思想正对学校德育管理带来巨大挑战。因此,加强马克思主义中国化最新成果的教育、加强理想信念教育和道德教育、加强以爱国主义为核心的民族精神和以改革创新为核心的时代精神教育、加强社会主义荣辱观教育、加强公民意识教育、加强中华民族优秀文化传统教育和革命传统教育等,就显得十分重要和迫切。党的十八大从国家、社会、个人三个层面,提出了"倡导富强、民主、文明、和谐,倡导自由、平等、公正、法治,倡导爱国、敬业、诚信、友善"的社会主义核心价值观。富强、民主、文明、和谐是国家层面的价值目标,自由、平等、公正、法治是社会层面的价值取向,爱国、敬业、诚信、友善是公民个人层面的价值准则,这三者是有机统一的整体,无论是国家层面的价值目标、社会层面的价值取向,还是公民个人层面的价值准则,最为基础的为公民个人层面,如果没有公民个人层面的价值准则的良好体现,社会层面的价值取向、国家层面的价值目标就无从谈起,因此,社会主义核心价值观是当今中国对国家每一个成员的严格要求。积极培育和践行社会主义核心价值观,对扩大主流价值观念的影响力,提高国家文化软实力,应对"西化""分化"战略图谋和思想文化领域渗透,提高整合社会思想文化和价值观念的能力,巩固马克思主义在意识形态领域的指导地位、巩固全党全国人民团结奋斗的共同思想基础,振奋起人们的精气神、增强全民族的精神纽带,对于促进人的全面发展、引领社会全面进步,对于集聚全面建成小康社会、实现"两个一百年"的奋斗目标,实现中华民族伟大复兴的中国梦的强大正能量,具有重要现实意义和深远历史意义。社会主义核心价值观不仅是我国的重要稳定器,对个人而言更是实现全面发展的灵魂和保障。

　　培育和践行社会主义核心价值观需要从小抓起、从学校抓起。现代德育目标和内容的更新必须紧紧围绕社会主义核心价值观这个中心,把培养学生坚定地践行社会主义核心价值观作为学校德育的根本目标和价值追求。离开了这个中心,德育目标和内容的创新就会迷失方向、丢失灵魂。党的十八届三中全会做出的《中共中央关于全面深化改革若干重大问题的决定》中明确提出:"全面贯彻党的教育方针,坚持立德树人,加强社会主义核心价值体系教育,完善中华优秀传统文化教育,形成爱学习、爱劳动、爱祖国活动的有效形式和长效机制,增强学生社会责任感、创新精神、实践能力。"教育部在 2014 年发布的《关于培育和践行社会主义核心价值观　进一步加强中小学德育工作的意见》(教基一〔2014〕4 号)中针对当前中小学德育的薄弱环节,提出了在中小学德育内容中要进一步加强中华优秀传统文化教育、公民意识教育、生态文明教育和心理健康教育。中共浙江省委办公厅、省人民政府办公厅在 2016 年制发了《关于全面加强中小学德育工作的若干意见》(浙委办发〔2016〕3 号)对培育和践行社会主义核心价值观,提出了"植根家国情怀""培育文明教养""强化责任意识""树立理想志向"的教育目标,把仪式教育、家风家训教育、规范养成教育、文明礼仪教育、孝德文化教育、生涯教育等纳入当代学校德育之中。这些德育目标和内容既有以往存在的,也有新形势下所强化的,又有同时根据社会主义核心价值观要求新增的,形成了一个有机整体。

四、以提升道德素质为归宿

　　德国著名哲学家康德曾说过,道德是人为自身立法。道德是人的道德,人是道德的主体。人们是为了生活而培养自身的道德和改善、提升社会道德的,不是为了道德而道德,把人作为工具来培养。因此,德育的本质意义在于不断地塑造和完善个体的道德人格,形成德性。

因此,在进行德育目标和内容更新时,除了要关注德育本身的规律外,要更加关注学生自身发展的内在逻辑,研究学生的成长发展内在需要和规律,现在的学生在想什么,他们的兴奋点、兴趣点在哪里,他们有什么需求,这些需求与时代对他们的要求是否一致,这些都需要我们去研究、去探索,找到德育与学生之间的结合点,否则,即使设计最好的德育目标、安排对学生成长发展来说是最重要的德育内容,也会被受教育者视为一种"异己"的力量而被排斥或拒绝,而不会被认为是一种解放的力量、一种创造的力量。在德育目标和内容更新设计时,要充分重视道德的层次性和结构化,针对不同教育对象设计不同的德育内容,提出不同的德育目标,各个教育阶段的德育内容、德育目标要保持有机联系、梯次递进,不能前后颠倒、相互割裂。就小学阶段学生来说,重点是抓好基础文明与基础品质的教育与培养。基础文明教育内容包括社会公德和法律知识教育,主要培养受教育者基本的文明习惯和行为规范。社会公德是人们在社会公共生活中应遵循的基本道德,它是维持社会秩序最起码的公共准则。法律是由国家制定,并以国家强制力保证实施的行为规范总和,是每一个人都必须遵守的行为规范。通过社会公德和法律教育,培养学生的文明行为习惯,使他们成为有教养的人。基础品质教育的实质是教人做人。美国学者阿迪斯·瓦特曼说,不管时代如何变化,我们终将有着和我们祖先同样的需要,那就是愉快、勇敢地度过我们的一生,和周围的人友好相处,保持那些指导我们更好成长的品质。这些品质是欢乐、爱、诚实、勇敢、信心等。[①] 美国教育家厄内斯特·波伊尔认为,道德教育要教会学生诚实、尊重、负责、同情、自律、坚韧、奉献等七项美德。[②] 基础文明与品质是人们思想道德水平的第一个台阶,踏上这个台阶,就能为成为一个合格公民打下良好基础。对中学阶段的学生来说,德育重点是抓好职业文明与公民品质的教育和培养。这一层次德育内容主要是进行现代人格素质教育和职业道德教育,培养合格的社会主义公民。现代人格素质教育内容有:进取性人格素质教育,着重培养人的主体意识、竞争意识、独立意识、风险意识、成就意识等;创造性人格素质教育,主要培养人的

---

① 商继宗.中小学比较教育学[M].北京:人民教育出版社,1989:195-196.

② 厄内斯特·波伊尔.基础学校——一个学习化的社区大家庭[M].王晓平,等,译.北京:人民出版社,1998:151-152.

求新创新心理、科学观念、信息观念、创造性思维、创造能力和技巧等；协调性人格素质教育，着力培养人的民主观念、法纪观念、道德品质、自律能力、协调人际关系能力等，最终使个体人格适应社会需要。职业道德教育是教育人自觉遵守职业生活道德规范，忠于职守，服从领导，遵守秩序，团结协作，钻研技术，尽职尽责，出色完成职业任务。通过职业文明与公民品质教育，促使人的思想道德水平踏上第二个台阶，从而培养合格的社会主义职业公民。对大学阶段的学生来说，重点是抓好主流文明与政治品质的教育和培养。这一层次德育内容以中华传统美德教育，爱国主义、集体主义、社会主义教育，马克思主义基本理论教育为主旋律，目的是培养社会主义优秀公民。①

当然，德育目标和内容的更新不能把眼睛仅仅"瞪"在学生个体道德素养的提高上，虽然这是重要而基础性的目标，如果没有了这一点，德育创新就毫无意义与价值。但如果缺乏对提高社会道德水平、文明程度提高之间联系的关注，德育创新就会显得局限，甚至"近视"，就会偏失方向。因此，从提升道德素质角度考虑，应该把两者有机联系起来。

---

① 程建平.论现代德育内容的构成及其趋势[J].黑龙江社会科学 2004(4):125-126.

第三章　德育方法和途径探索

随着科学技术的不断革新,信息技术的不断发展,现代化进程的不断加速,学生获取知识的途径越来越丰富,接受文化的方式也越来越多元。如何让学生在多元文化、多元价值充斥的社会中,树立正确的人生观、世界观、价值观,是学校道德教育面临的迫切需要。因此,在不断的变革中如何坚守传统与现代结合的德育,如何选择受学生欢迎并乐于接受的德育方法与途径,成为我们教育工作者必须思考、必须践行的现实课题与重要任务。

第一节　学校德育方法和途径的基本内涵

现今,世界上只要是重视国民教育的国家,几乎都将德育放到了非常重要的地位,都将德育置于教育发展中重要的位置。在实践中,任何的德育内容都需要借助一定的德育方法和途径才能进行和实现。因此,对德育方法和途径的深入研究也就日益受到学术界和实践者的关注。

一、德育方法与途径是德育实施渠道和活动方式的总和

德育方法与途径是学校德育的重要组成部分。其中,德育方法是学校实施德育内容、达成学校德育目标的手段。德育途径是学校开展德育教育的渠道,是学校德育实施的组织形式。德育途径指导德育方法的使用,德育方法的选择又依赖于德育途径,它们互相影响,互相制约,互相促进。这里的德育方法与途径统指在学校德育教学中构建的德育方法与途径体系,侧

重于对德育方法的表述。

(一)德育方法与途径的含义

德育方法与途径属德育方法论研究,有学者将我国的德育方法研究分为三个阶段。在德育方法初探阶段(1978—1992年),学界研究主要集中在德育方法的科学化问题、德育方法的改革问题和使用德育方法应注意的问题等。第二阶段为德育方法的平衡研究期(1993—2003年),这一时期探索的主要内容涉及古代德育方法、国外德育方法研究、德育方法的改革与创新、道德教育方法本体论问题、具体德育方法问题、学科教学中渗透德育问题、多元社会中的德育方法变革问题等。第三阶段为德育方法研究的相对繁荣期(2004—2009年),主要探索的问题包括思想家的德育方法、德育方法的有效性与创新问题、多元价值体系下的德育方法问题、德育方法的优化与改革问题、德育方法的选用问题、西方德育方法借鉴研究与比较研究问题、德育方法本体论问题等。[①]

德育方法和途径具有系统性、实效性和针对性的特点。系统性是指德育方法和途径一定要和德育目标、德育内容、德育对象等各个因素综合到一起进行系统的设计和考虑,只有协调好德育方法和途径与其他要素的关系,才能达到理想的德育效果。实效性是指德育方法和途径必须与时俱进,不断适应时代的需求和学生的心理生理特点,以实效为考量,对曾经有效的方法和途径进行传承,对新的方法和途径进行及时的学习,对无效的方法和途径进行摒弃或创新。针对性是指德育的方法和途径不是千篇一律、一成不变的,正如有的学者指出:"德育过程的复杂性和德育对象的多样化与变动性,以及制约德育方法的诸多因素,决定了德育方法既有多样性又是紧密联系的。不同的德育方法各有侧重,将各种方法巧妙地组合和交换是一种高超的教育艺术,它将使德育方法的整体效果得到充分的发挥,从而出色地完成德育任务。"[②]因此德育方法和途径必须针对不同的对象、不同的德育内容、不同的地域文化各有侧重。

(二)德育方法与途径的分类

传统的德育理论中,我国学者较少涉及德育方法和途径的分类,而直接谈德育的具体方法和路径,一般来说包括思想政治课、各科教学、班主任工

---

①　张忠华.我国新时期德育方法的研究和反思[J].教育学术月刊,2010(4):55-59.

②　刘彦文.德育方法基本特征分析[J].教育探索,2008(11):100-101.

作、共青团、少先队、学生会组织、劳动与社会实践、课外活动、校外教育、家庭教育、社会教育等途径,以及说服教育、榜样示范、实际锻炼、情感陶冶、品德评价、心理咨询、生活指导等具体方法。

随着对德育研究的深入,越来越多的学者开始重视对德育途径和方法的具体分类的研究。研究的切入视角亦更加多元,有从心理学角度进行的分类,也有从操作层面进行的分类,亦有从受教育主体角度进行的分类,还有从管理学的角度进行的分类。从学校德育的角度出发,德育方法和途径分类可以大致概括为以下几个方面。

第一类是以显性语言为主的德育方法和途径。即以传授知识、沟通交流等为主要方式方法,逐步提高学生的道德认识水平和道德行为水平,从而实现德育的目标。具体包括:(1)课堂教学。是学校德育最主要的途径和方法之一,是指以课堂教学为主要途径进行适当的德育设计和实施的过程。在学校的德育实践中主要包括专业课教学过程中进行的德育教学活动,思想品德课程中进行的主题德育教育,在始业教育中进行的德育教育内容,在军事理论教学中进行的德育教育等。(2)主题活动。是指学校通过各种形式的主题活动进行显性的说教和讨论交流的一种德育方法和途径。比如通过设计以"红旗下的讲话"为主题的少先队活动进行道德教育等。(3)讨论交流。是指针对某个德育问题进行各种形式的讨论和交流而达到德育的目的。比如确立某个学生感兴趣的话题,组织学生参与集体的讨论,进行思想的碰撞,并引导学生发现问题、发现矛盾,形成道德认识等。(4)心理咨询。是指通过心理咨询的方式进行道德教育。目前中小学校普遍配备心理教师和心理咨询室,依托心理教师的专业力量和优势,在心理咨询的过程中渗透相关德育工作。

第二类是以显性的行为为主的德育方法和途径,即通过行为示范、行为引导等主要方式方法,强化学生的道德意识和道德行为,从而实现德育目标。具体包括:(1)课堂实践。是指通过课堂教学实践活动进行德育,如在语文课程某些文章的教学内容中通过角色的模拟进行德育渗透。(2)校园实践。是指通过校园实践活动,强化学生的道德意识。如通过精心设计的采访校园保洁员实践活动,引导学生体会人生价值。(3)社会实践。是指学生在校外的社会实践,从而达到德育目的。如学校可以布置适当的假期任务,引导学生参与社会实践,不断提高学生自我修养、自我提高的能力。(4)榜样示范。是指通过历史人物、先进人物、教师、学生的优秀事迹和行为来激励学生的道德行为。如通过颂扬学生身边好人好事进行道德教育,如教师在校园内见了学生微笑、点头,进行潜移默化的礼仪道德的教育等。

第三类是以校园环境为主的德育方法和途径,即通过校园的物质文化环境和精神文化环境,对学生进行熏陶,从而实现德育目标。具体包括:(1)物质文化环境。是指通过美丽、整洁、有序的校园环境建设,良好的校园校舍布局,以及比较齐全的教育教学设施、文化活动场地等凝练校园文化、凝练学校精神,从而实现对学生潜移默化的影响。(2)精神文化环境。是指使学生了解班级的文化、学校的文化、国家的文化和民族的文化,在学习生活中受到熏陶。比如通过让学生了解学校的历史、校训、校歌、校徽等,培养学生对学校的热爱,进行责任意识的教育。

(三)德育方法与途径的作用

从心理学的角度来说,德育方法与途径最终使学生对德育从认知、情感、意志、行为上发生效用,"知、情、意、行"这四个环节在学生德育效果上紧密联系、相辅相成,呈现一种由表及里、由浅入深的发展状态,通过一定的德育方法与途径,最终实现德育内容在学生中内化于心、外化于行的目的。

所谓认知,就是认知问题,这是德育方法和途径首要解决的问题。强化德育方法与途径的认知效用。首先,是要知为什么,也就是明白德育的重要性,对于学校来说根本任务是立德树人,培养合格的建设者和接班人,对于学生个体来说,良好的德育能够引导其树立正确的世界观、人生观、价值观。其次,是要知是什么,明白学校德育包含哪些内容,德育的目标是什么,如何有效地评价德育的效果等。

所谓情感,就是学生心理结构的核心部分,这是德育方法和途径要解决的关键问题。通过适当有效的德育方法与途径不断强化学生对于道德的情感认同。从心理学上说,任何人的任何行为都伴随着情感,如果对社会主义德育缺乏情感认同,甚至是逆反的情感状态,那么后面的"意"和"行"就将变得困难重重。在强化情感认同效用的过程中,在操作层面还应该注意实现从情绪到情操的转变,也就是说从认同的感情基础上,不断升华,从而形成稳定的、内化的高尚道德品质。

所谓意志,就是对遇到的困难的态度和决心,这是德育方法与途径要解决的保障问题。面对现代化背景下的各种诱惑、各种思想冲击,很多学生虽然对好的道德行为有正确的认知和较好的情感认同,付出过正确的道德行为,但是面对诱惑、面对偏见、面对冷眼,有的时候难免意志动摇,难免人云亦云,难免屈服于压力。只有通过合适的、恰到好处的德育方法和途径才能够真正坚定学生的意志,才能使学生在善恶、是非、荣辱面前做出正确的选择,拥有自控力,掌握主动权。

所谓行为,就是认知、情感、意志的外在表现,这也是德育方法与途径要解决的归宿问题。考量一个学生的道德标准,最终不仅仅听他说的,更重要的是看他做的。在实践的过程中,要引导学生从实践做起,从点滴做起,逐步将认知、情感、意志转化为日常的行为习惯和行为方式。

总之,德育方法与途径的作用体现在认知、情感、意志和行为上,一般来说,有了良好的认知、情感和意志,行为往往就会水到渠成,当然一定数量的行为无论是对行为个体还是其他个体,都会在认知、情感和意志方面产生促进作用。

二、德育方法与途径需契合德育目标指向

在当下"互联网＋"时代,"传统社会的价值体系及其道德教育模式受到了日益严峻的挑战,传统社会中各种以身份为特征的依赖性关系正在向以个人独立自由为基础的契约性社会关系转变。个体与群体、个人与社会的关系得以重新整合与塑造。个人的需求变得越来越强烈,个人的东西变得越来越合理化、合法化。具体而言,在道德领域里,这一挑战集中体现为:一方面,原有的道德规范体系趋于失效;另一方面,社会发展和个体在当今社会背景下生存发展所需要的新的道德规范体系,尚未十分清晰或被广泛认同与实践,这又导致了道德领域里相当程度的失范"[1]。因此,学校德育面临着新的困境和挑战,如何构建有别于传统的德育的方法和途径就显得尤为重要。

(一)学校德育方法与途径的目标要素

在学术研究层面,有学者从道德体系的角度来阐述德育目标。比如学者叶澜认为:"要努力在传统与现代、个体与社会、精神与物质、崇高与平实、道德主体与道德对象、关联与差异、传承与创生的关照之中,以每一个人作为社会人的道德主体在人生中不可规避的基础性道德关系和道德角色为分析框架,以当代中国社会及个体自身发展对人的道德要求作为选择核心道德内容的依据,来构建适应中国社会主义市场经济发展的道德体系。"[2]亦有

---

① 戚万学,杜时中.现代德育论[M].济南:山东教育出版社,1997:258-270.
② 国家教委中央教科所德育研究中心.德育实用全书[M].北京:中国民主法制出版社,1997:999.

学者从德育目标的分层分类的角度进行阐述,有根据德育目标的内容层次、对象层次、学校层次对德育目标的剖解;有根据社会公民的角度对德育目标层次的划分;有根据人本主义理论对德育目标进行层次的划分;等等。

从国际上来看,西方发达国家对于德育以及德育目标的研究和实践都更加深入和扎实。理论上,从古希腊到柏拉图时期,一大批著名的哲学家、教育家都对德育以及德育目标提出了自己的观点和看法。实践上,以美国为例,美国虽然没有全国统一的德育课程,但是以杜威为代表的一大批学者认为德育目标是培养儿童的社会生活能力,成为良好的公民的观念在当代的美国德育中得到了广泛的认同和应用。"9·11事件"以后,时任美国教育部部长罗德·佩奇就强调,德育目标上要实现"公民教育和健康人格教育",其中包含了"诚信忠实、尊重宽容、责任自律、正直、关爱感恩,还有操作技能"这些方面。全美中等教育改革委员会在一份报告中认为:"中学德育的目标是使学生了解美国的经济和政治制度,承担政治责任,使学生有能力处理生活、健康问题和闲暇时间,了解人类的共性以及文化、种族、宗教的多样性。可见美国教育所要培养的道德成熟的人,不仅具有诚实、守信、勇敢、勤奋等一般的道德品质,而且特别强调美国社会的价值观。"[①]可以说美国的德育以杜威的德育目标理论为基础,在实践中把德育目标作为政治目标的重要保障。

德育目标在整个德育体系中具有明显的指向性和时代性,可以说对学生的德育起着决定性作用,因此德育方法与途径的创新必须契合德育目标整体性、规划性、系统性这样的发展趋势,也只有这样的创新才有实效,才有活力,才有生命力。

(二)学校德育方法与途径的内容要素

对于德育内容,学术界众说纷纭。檀传宝教授认为:"德育内容是指德育活动所要传授的具体道德价值与道德规范及其体系。"[②]余光认为:"德育内容指的是用什么样的道德规范、政治思想和世界观去教育培养年轻一代的问题,它是一定社会中德育目标的体现和具体化。"[③]胡厚福认为:"德育内容是用以形成人们品德的社会思想政治准则、法纪道德规范和宗教戒律的

① 袁利平,宋婷婷.美国学校公民教育:内容、途径与模式[J].集美大学学报(教育科学版),2008(2):25-29.

② 檀传宝.德育原理[D].北京:北京师范大学出版社,2007:159.

③ 余光.德育原理研究对象初探[J].华东师范大学学报(教育科学版),1987(4):1-7.

总和。在社会主义社会,德育内容是用以形成人们社会主义品德的社会主义思想政治准则和法纪道德规范的总和。"①虽然学者们的表述各有不同,但也形成了一定的共识,即德育内容是在德育目标的指引下具体实施的内容,也就是用什么样的思想、理念、道德准则去教育和引导学生。对于德育方法与路径来说,如果德育目标是其方向和指引,那么德育内容则是其具体化和载体化。

从国际上来看,德育内容涉及领域比较广,宗教、传播文化、消费文化、道德准则、法律规章等各个方面都涉及具体的德育内容。如美国学校德育内容中有公民教育内容、法律教育内容、政治教育内容、宗教教育内容等;英国学校德育内容中有宗教教育、政治教育和道德教育;而德国则开设专门的政治养成课、宗教课对学生进行道德、宗教、政治内容的教育。韩国在高中阶段专门开设"伦理"课,其体系设定为五个领域,要求十分简练,不分年级,只对高中生统一要求。这五个领域的具体内容分别为:(1)"个人伦理",包括人生与伦理、自我实现与人格完成、人生中的青少年时期;(2)"社会伦理",包括现代社会现状、现代社会的生活伦理、现代社会问题与伦理;(3)"国家伦理",包括国家观念与发展、民族主义与民主主义、国际关系与伦理;(4)"伦理思想",包括东洋伦理思想、韩国伦理思想;(5)"统一课题",包括韩国的统一问题、民族统一的条件、统一以后的展望。② 西方国家学校德育的内容有其糟粕部分,但也有其注重养成性、注重个体独立性、注重心理认同等积极的、值得借鉴的因素。

德育内容必须是根据现代化教育背景下的学校德育目标确立的,符合学生特点并且形成学生的道德、行为规范以及思想体系,是学校德育方法与途径的灵魂和肉体。学校德育方法与途径只有在科学系统、发展创新的德育内容的基础上进行探索改进才有可能实现德育的目标指向。

三、德育方法与途径探索要兼容并蓄

德育目标在德育体系中的指向性和时代性,以及教育现代化背景下德育内容的创新都对学校德育方法与途径提出了新的要求。德育方法与途径的探索创新必须在传承创新传统德育方法与途径基础上总结借鉴国内外的经验做法,实现兼容并蓄。

---

① 胡厚福.德育学原理[M].北京:北京师范大学出版社,1997:145.
② 钟启泉,黄志成.西方德育原理[M].西安:陕西人民教育出版社,1998:419-420.

（一）传承创新传统德育方法与途径

在中华民族漫长的文明发展史中，教育始终占据了十分重要的地位，而古代的传统教育又极其重视道德教育，古人提出"百行德育为首"就充分说明了在中国古代教育中德育的重要地位。从春秋时期孔子提出"己所不欲、勿施于人"，到宋代朱熹的"自敬，则人敬之；自慢，则人慢之"，到清朝金缨的"静坐常思己过，闲谈莫论人非"。千百年来，无数的教育家、思想家为德育留下了宝贵的财富，无论是从德育的具体方法还是实现途径上都为我们提供了借鉴、传承、创新的基础。概括起来有以下几点。

第一，注重灌输教育。查阅研究资料可以发现，对于灌输式德育，大多数学者是持反对态度的，包括著名教育家杜威也提出"反复灌输道德规则和为数众多的惯例一样，不可能形成人的品德"[①]。直接灌输法确实有其缺陷和负面作用，但是在中小学生达成德育目标上也确实发挥了极其重要的作用。中国古代的灌输主要是指通过对规章制度、道德礼仪等进行编纂，形成文字、形成教材，反复讲授、反复诵读，让学生牢记这些礼仪、规范。在现代社会，我们依然可以将德育形成学生易于接受的形式，通过各种情境的创设，进行适度的灌输，让学生感受、记住，并在生活中去遵守。

第二，注重环境教育。孔子认为"性相近，习相远"，《晏子春秋》中说"橘生淮南则为橘，生于淮北则为枳"，可以看出中国古代教育家注重后天环境的熏陶对学生的德育影响。这里的环境教育一方面包括自然环境的熏陶，注重对学生校园环境、生活环境、社会环境的建设和营造，比如著名的孟母三迁。另一方面是指人文环境的熏陶，在这方面中国古代教育十分重视教师、家长、官员、社会名流的示范效应，如孔子指出："其身正，不令而行；其身不正，虽令不从。"

第三，注重反思教育。我国古代的德育不仅注重外在的灌输和熏陶，更加注重学生自身的思考和反省，孟子提出："爱人不亲，反其仁；治人不治，反其智；礼人不答，反其敬。行有不得者皆反求诸己，其身正而天下归之。"《礼记》中提出："莫见乎隐，莫显乎微，故君子慎其独也。"通过自我的不断内省，发现存在的问题和不足，从而不断提高自己的道德修养，修正自己的道德行为。

第四，注重实践教育。良好的道德品德不仅需要从理论知识中获得，更

---

① 杜威.道德教育原理[M].王承绪，等，译.杭州：浙江教育出版社，2003：183.

需要在实践中不断地加深认识、磨炼意志、加强自律、规范行为,可以说实践是德育认识的基础,也是德育认识的载体,更是德育发展的源泉。我国历来重视道德的实践教育,如荀子指出"不闻不若闻之,闻之不若见之,见之不若知之,知之不若行之,学至于行而止矣"。也就是说德育的方法与路径一定要重视德育的实践,让理论和实践相结合,从实践中来,到实践中去。

(二)总结反思国内学校德育方法与途径

改革开放以后,随着社会环境的快速变化,对德育方法与途径的思考和探索不断深入。如何在经济社会转型期间有效开展德育逐步成为大家关注的热点,专家学者和教育实践者都进行了卓有成效的探索。概括起来,体现在以下三个方面。

第一,对德育方法与途径的策略创新。面对社会的发展和转型,如何改进德育的方法与途径,提高学校德育的实效性已是当务之急。在对现有德育方法与途径进行大量的调研、理论分析的基础上,很多学者专家提出了德育方法与路径创新的策略方向,其中被比较普遍接受的有:变封闭式的学校德育为开放式的学校德育;变单向灌输式的学校德育为双向交流式的学校德育;变显性的学校德育为显性隐性结合甚至更加重视隐性的学校德育;变单一式学校德育为综合式学校德育;加强内化式学生体验与外铄式教师说理的结合。

第二,对德育方法与途径的具体探索。在德育方法与途径的探索上,比如针对小学德育,有一线教师提出了情感交流法、分析筛选法、自我修养法、"脱贫致富"法、行为训练法、潜移默化法和电化教育法等几种方法。[①] 有学者提出全国中小学德育的主要方法与路径有说服教育法、榜样示范法、实践锻炼法、情感熏陶法、自我教育法、对比教育法、心理咨询法、德育课程、校园文化、社会实践等。[②] 还有一些教育管理者探索了价值判断澄清法、冲突引导法、民主平等对话法、逆反心理咨询法、心理换位模拟法、两难问题讨论法等。

第三,对德育方法与途径的选择实践。教育过程是一个复杂的过程,相同的方法与路径针对不同的对象、不同的环境就可能产生不同的效果,学校德育必须考虑社会背景、地方文化和德育对象,选择合适的方法与路径,这

① 姜丽娟.小学德育教学"七法"[J].辅导员,2015(12):39.
② 刘彦玲.中日中小学德育方法比较研究[D].保定:河北大学,2011.

就涉及德育方法与路径的选择问题。有学者提出选用德育方法的八条标准,即按照德育的规律和原则、按照教师的实际情况、按照学生的实际情况、按照教育时间、按照学校的实际条件、按照德育活动的具体内容、德育活动的具体任务、德育教学大纲这八条选择适当的德育途径与方法,处理好具体方法之间的关系、方法途径与实效之间的关系、方法途径与目标之间的关系。[①]

(三)借鉴吸收国外学校德育方法与途径

国外虽然没有明确提出道德教育,但是在理论研究和实践探索中,对于学校德育都十分重视。由于文化、地域的差异,虽然很多的方法与途径无法在国内有效地移植,但在其纷繁复杂的德育理论和活动背后,依然可以找到值得借鉴的共性之处。

第一,德育课程的内隐性。通过梳理发达国家中小学课程的设置,可以发现很多德育内容都渗透在各种专业课程之中,体现出较好的内隐性。如日本早在 1989 年就制定出教育政策,将各门课程需要达到的德育目标进行了具体的规定;美国的政治法律、道德教育都通过公民教育和经济、文化、政治等社科课程进行普及;韩国不仅开设道德课进行德育,并且要求在各种其他课程和教材上都尽量反映德育内容,并做到德育生活化。

第二,德育活动的丰富性。与国内相比,发达国家中小学德育活动最大的特点是活动的丰富性,以及非常强调的学生的自主性。通过精心设计的大量课外活动,让学生在活动中调动自身的积极性和能动性,培养学生的人格以及道德实践能力。如大多数的英国学校会鼓励学生参与各种社会活动,如参加校内学生会、俱乐部活动、社会公益服务等;如新加坡通过修改上课时间,鼓励学生有更多的时间参与课外活动。

第三,心理教育的普遍性。西方发达国家中小学普遍重视学生心理问题的预防和心理健康的教育,在理论上形成了很多独具特色的观点和流派,在实践方面积累了非常丰富的经验。比如美国通过法律的形式规定从事学校心理健康教育或咨询的专家必须通过相关的心理教育资格认证,或者直接由心理学家来从事相关工作;韩国现在可以做到每所学校都建有心理咨询室。[②]

---

①　李春玉,刘玖华.正确选用德育方法　提高学校德育实效[J].现代中小学教育,1997(6):15-17.

②　杨韶刚.国外心理教育介入学校德育的现状与启示[J].中小学德育,2015(4):18-21.

第四,行为规范的强制性。这里所说的行为规范的强制性,不单单指对道德行为在法律上、制度上进行规范,也指在学校德育过程中不断地对日常的行为进行引导、纠正、鼓励。西方发达国家中尤以英国为甚,英国不少学校进行的绅士教育,特别重视对学生进行各种礼仪行为的教育;东方地区尤以新加坡为甚,新加坡努力将一些道德行为法制化、规定化,通过法律和规章制度的力量规避不良的行为,鼓励道德的行为。

第五,文化传播的广泛性。通过文化传播的生动性和鲜活性对中小学生进行德育是发达国家普遍重视的一种方式,美国的商业大片、日本的动漫文化、韩国的韩剧文化,都可以寻找出有意识的德育熏陶。通过电影、电视、纸媒、互联网等各种方式,甚至美国能够通过让教师到航天飞船上给小学生上课这样的方式,综合地、全方位地进行德育渗透,影响孩子的道德观、价值观。

第二节　学校德育方法和途径探索的实践样本

社会的现代化进程对人的发展提出了新的要求,德育的现代化成为学校德育的重要使命。在德育目标与内容不断适应现代化发展的进程中,学校德育方法和途径也必须不断探索创新。宁波在实现教育现代化的过程中,在德育方法和途径上做出了较多的探索与实践。

一、学校德育方法和途径的宁波探索

宁波作为较早提出教育现代化发展目标的城市,充分认识德育在教育现代化中的重要意义与作用。2011 年,制定并实施《宁波市中长期教育改革和发展规划(2011—2020 年)》,提出了两个率先目标(即在全省教育现代化中,宁波要率先实现;在全市现代化建设中,教育要率先实现)。从 2014 年起,启动宁波市中小学德育重点改革试点项目,重点推进社会主义核心价值观的落细、落小、落实,要求学校德育工作适应时代发展和教育现代化的要求,真正坚持以人为本的教育理念,着眼于时代发展和学生个体发展的需要,遵循学生身心发展的规律,尊重学生、道德主体的个性化、多样化需求,把学生培养成为真正的道德主体,为学生的可持续发展和人生价值的实现奠定基础。

(一)鄞州区云龙镇中学基于小组合作的德育实践

1. 开展基于小组合作的德育的背景与构想

鄞州区云龙镇中学是一所农村初中,70％以上为外省以及区外学生,学生毕业于镇内不同小学,部分则来自镇外民办小学,学生间行为习惯、品德修养差异极大。学校贯彻"高效课堂"教学理念,以相信学生、解放学生、发展学生为宗旨,遵循以学生为主体的基本原则,以小组建设为主线索,积极培养学生的综合素质和能力。学校推进小组合作高效课堂改革,通过课堂教学融合德育,开展基于小组合作的德育工作,最终达到培养学生合作能力、道德品质的目标,并取得了良好的德育效果。

基于小组合作的德育是以小组为基本教学组织、以合作互助共进为主要方法的德育。基于小组合作的德育重在组员之间的影响、约束、监督、共赢。因此,小组建设的科学性、合理性就成为德育工作的关键。在鄞州区云龙镇中学,小组的建立依据组间同质、组内异质的基本原则,综合考虑组员之间的男女比例、学习成绩、工作能力和性格特点。小组的建立需要老师对学生投射更多的关心与爱护,需要老师掌握每一位学生基本的学习情况、性格特征等情况。同时,每个小组充分发挥成员的力量,充分酝酿,自由商议,确定自己小组的组名、组徽、口号等,确定小组发展目标。这样由学生自主设计的组内规则,对小组成员的行为具有相当的约束性与激励性。由此基于小组合作的德育工作的基本组织建构完成。在以小组为单位开展课堂教学以及学校活动中,德育一直融于教学与学生活动的全过程。

2. 基于小组合作的德育工作的手段与方法

基于小组合作的德育主要采用的方法与途径有以下几种。

一是明确规则,建立引导机制。小组成员有明确分工,每一位同学在组内都承担着不同的角色和任务,参与到课堂教学的每一个部分,任何一个环节的缺失都将对小组整体工作产生影响。在教学中,教师要求学生熟练掌握学习流程与课堂常规,课前、课中、课后各有要求。如要求学生发言站位正确,有一定的肢体语言,板书整齐、字体工整、有条理;眼神不时地和同学有交流;声音洪亮、自信、无哼哈现象、有感染力;讲解时脱稿、语言简练;思路清晰且解题目标明确;有对学习方法、规律的探究和总结以及解题思路清晰、具有创新精神和独特的想象力。在这样规则明确的教学中,因为考虑了每一位学生的参与性,所以每一个学生都能够在参与中获得很多技能,如获取信息能力,交流与合作能力,领导力和责任心等。对学生德行的教育无形中在教学的每一个环节渗透融合。

二是正确评价,发挥主体能力。在小组合作的教学模式下,评价通常分为学生个体评价以及小组评价两个部分。个体评价的及时性、鼓励性、都将培育学生的学习积极性和自信心,建立学生的"主人翁"意识,这是一种促进个体发展的肯定机制,促使学生成为自尊、自信、自强的人,成为一个有德的人。而小组评价,则是一种集体主义精神、团队精神的培育。对于团队的评价渗透在学习的每个环节、学生日常管理的每个环节,个人的成绩不再凸现,评价内容包括小组在课堂上的表现、班级纪律遵守情况、学习成绩等方面。如此,学生的团队意识加强了,组与组之间、班与班之间也产生了积极意义上竞争,有效提高了小组、班级的学生个体水平,同时也形成了德育工作有效而良好的舆论空间。

三是课堂为本,拓展课外领域。学校坚持融德育于课堂教学,在学科教学中充分发挥基于小组合作的德育的融合、渗透、奖励、互助、共进的功能,同时在班级和学校范围内,通过课外活动大力开展集体主义教育和团队精神教育。体育节、篮球比赛、拔河比赛、跳绳比赛等活动形式,在有效增强学生体质的同时,也培育了学生克服困难、勇于前进的意志品质,提升了学生热爱集体、互相帮助的合作精神。

3. 基于小组合作的德育教学的成效

小组合作为学生创设了一个交流、合作、竞争、成长的教学过程。学生在这样一种组与组之间、个体与个体之间不断交流、合作、竞争的过程中实现自我,完善自我,发展自我。课堂上的积极交往,对学生形成良好的人际关系,培育合作意识,培养合作能力,团队精神等方面都有极大的作用。互相之间的合作与竞争,对增强学生的自我管理能力、规范学生的行为,增强学生的集体意识有较好的作用,学生能够更好地处理个人与集体、集体与集体的关系,学生的团队协作能力明显提升。

(二)慈溪阳光实验学校体验型德育的实践

1. 开展体验型德育的背景

慈溪阳光实验学校是一所九年制义务教育学校,自 1998 年建校以来,一直坚持实践和探索"体验教育",以"体验型德育、体验型课堂、体验型教研"三大工程建设为载体构建了"阳光体验教育"体系,形成了自己的教育品牌。在这一体系中,学校把"体验型德育"放在首位,提出了"自主的德育"

"生活的德育"及"无痕的德育"的德育教育主张并落实到具体的德育工作中。

体验型德育是一种自主的、生活的、潜移默化的德育。也就是说,要让学生置身于德育的特定环境,接触客观德育因素,激发其主体意识,能动地参与德育实践。亲身实践下的体验德育,容易达到学生情感共鸣,引领学生建立内驱式的价值系统,养成良好的言行习惯和公民素养,使之成为合格的"阳光少年"。

体验型德育以"体验"为策略,以"主题活动"为主线,以"培养阳光少年"为目标,以探究平台运行原则、运行模式和效果评价为路径,构建体验德育平台,打造"自然、自主、自觉"的体验德育模式,发挥德育功能。整体框架如图 3-1 所示。

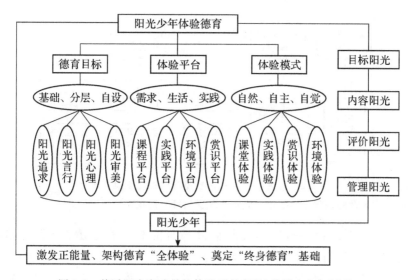

图 3-1　慈溪阳光实验学校体验型教育"培养阳光少年"框架

2. 体验型德育的方法

体验型德育的方法主要有四种。

一是依托课堂阵地,构建课程平台。为了能充分运用课堂教学主渠道来提升德育实效性,学校着手建设狭义的德育课程。狭义课程是指体现在课程表中、学校安排一定学时的、外显的、有正式的教学内容,并在课堂内发生的教育活动。

学校德育课程分为三类:阳光班会课程、阳光心理课程、学科德育拓展课程。阳光班会课程很好地解决了学生在学校生活中碰到的许多难题,班会课上达成的共识能在观念上、行为上对学生产生积极的引导，能有效地引导学生向"阳光少年"靠拢。阳光心理课程不仅为学生开辟了认识自己、他人的途径，而且让学生学会了合理解决生活中困扰自己的难题，增强了信心和勇气。同时，课堂中真心的倾诉、坦诚的质疑，让学生的心理阳光、纯净，为学生走向"阳光审美"奠定心理基础。学科德育拓展课程是学科教学中进行德育渗透的有效途径。学科教学始终是中小学阶段特别是初中阶段学校教育的主渠道，可以有效地发挥学科德育在中学德育新格局中的应有的作用，增强学生的理想与信念，培养学生的正确的世界观、人生观、价值观。学校德育课程建设总体规划如图3-2所示。

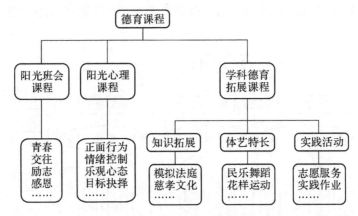

图 3-2　慈溪阳光实验学校德育课程建设总体规划
注：图中涉及的课程是学校建设成熟的课程和目前正在开发的课程。

二是落实知行合一，构建实践平台。学校重点搭建五个实践体系。自治实践体系以提升养成效果，实现自我管理为目标。通过"十条"阳光好习惯，让文明养成成为自觉；签订"亲子阳光契约"，将好习惯辐射到校外等途径，使学生的养成教育更加深入有效，把好习惯的教育深入每一个孩子的学校生活和家庭生活。团队实践体系重在激发学生的生活热情，使其实现自我发展。学校开展素质发展"五个一"活动（围棋、踢毽子、学书画、练器乐、读好书）和课间"五个一"活动（打乒乓、踢毽子、抖空竹、跳绳、转魔方），通过群体性参与，学生互帮互学，不仅提升了自己的水平，还增进了友谊。专题实践体系的目的是塑造美丽心灵，提升道德情操。通过校园节日的建设和实施，陶冶、启迪、塑造学生品德与素质。家校实践体系实现了协同共振，创造叠加价值。学校成立了"与孩子一起成长"家长志愿者协会。家长志愿者协会通过如旅游、义卖等公益活动，引领学生们感悟到自身存在的价值，也在过程中享受到助人的乐趣。基地实践体系帮助学生拓展视野，实现全面发展。学校现已打造国防、消防、科普实践、生态教育、安全教育、法制教育、红色革命传统教育等基地实践平台，利用这些基地，紧紧围绕提高学生综合素质的目标，培养学生爱祖国、爱家乡、爱人民、爱劳动、爱学习的良好品质。

三是注重无痕熏陶，构建环境平台。学校重视具有无声的德育功能的校园环境的美化。班级开辟"我的荣誉"展示墙；室外开设学生作品展示栏；学校大环境则与班级环境相呼应，布置有校园文化墙、校园宣传画、校园主题绘画等，使学生始终浸润在文雅、奋进的环境氛围之中，受到高尚人格的熏陶和积极言行的引领。同时改善人文环境，促进师生和谐。教师是学生言行的表率，学校有严格的师德规范，倡导对教师与学生"提同样的要求，守同样的规范，玩同样的活动"。教师言传身教，身体力行，在潜移默化中，学生与教师的素质在共同的学习过程中同步提升，师生关系也更和谐融洽。

四是实行多元评价，构建赏识平台。学校组织"荣誉申请"，让人人获得成功。学生在分析自身实际的基础上为自己确立奋斗目标，使他们能"跳一跳"摘到果子，从而进行自我赏识。同时，学校评比"阳光少年"，让学生从成功走向成功。制定"七彩阳光卡，伴我共成长"的新一套激励性评价体系，该体系涵盖了学习生活的各个方面，是较为系统的体验型评价体系，更加有效地发挥了评价的激励和导向功能，使学生养成文明的言行习惯。

3. 体验型德育的成效

"体验型德育"提出了自主的德育、生活的德育、无痕的德育的德育教育主张并落实到具体的德育工作，取得了德育工作新的突破和发展——提出了"阳光少年"的培养目标，架构了德育体验平台，构架了"自然、自主、自觉"的育人模式，把德育精心融入具体的课程实践，目标明确，实践体系完善，培养了一大批追求理想、性格明朗、活力四射的"阳光少年"，使学校德育扎根于学校的实际，落实于学校课程，成为自然而发的德育。

二、基于小组合作的德育与体验型德育方法和途径实效性分析

基于小组合作的德育将学生个体融入于团队与集体，重点在于通过团队的约束与鼓励的力量，促进个体的德性发展。体验型德育则重在学生学习过程中的感受与参与，通过课堂教学、课下活动、家校平台、环境感染等塑造学生的道德品质。其共性特征体现在：在目标上重视智育与德育并进，在手段上重视学生的体验和实践，在效用上重视评价的积极意义。德育方法

与途径没有优劣之分,但不同的德育方法与途径对学生的成长产生不同的效用。

(一)德育的认知效用比较

德育的认知,对于学校来说,就是要解决学校德育包含哪些内容,德育的目标是什么,如何有效地评价德育的效果等。对学生个体来说,重要的是解决如何树立正确的世界观、人生观、价值观的问题。基于小组合作的德育方法和途径,明确学生群体的特征和个性特征,考虑学校面临的德育工作问题,对学校的德育工作的目标明确,重点解决学生行为规范的问题,突出培养学生团队意识与合作意识,定规则、重评价等的方法和途径适合农村地区的学生,让学生自尊、自信、自强,懂得感恩、欣赏、合作。体验型德育的核心为体验,通过学生个体的尝试与感知,认知比较直接,感受也比较直接,参与的主体性、感知的认同性会更直接。阳光实验学校的体验型德育已经建立和完善了德育目标、实践平台和体验模式,学校德育目标明确,方法途径清晰,有很好的借鉴意义。

(二)德育的情感效用比较

情感效用重点在于塑造学生的心理结构,强化学生对道德要求的情感认同,使学生形成稳定而内化的道德品质。基于小组合作的德育在制定规则、评价体系的过程中,鼓励学生主体参与,学生的认同感较强,执行力也较为突出,价值认同能够趋于一致,对学生建立良好的道德品质有较为稳固的作用。体验型德育,在某些德育实践环节设计上遵循学生的需求,选择学生喜爱的项目开展德育,对学生来说有较强的代入感与融合性,在学生喜爱、热爱的基础上形成道德情感认知,效果好、有成效。体验型德育评价方式与手段更多地依附教师的具体设计与指导开展,在评价体系中有晋级的制度,能够较好地调动学生的积极性,小学阶段的学生对制度在情感上比较容易接受,初中阶段的学生对制度的认同感略低于小学阶段学生。

(三)德育的意志效用比较

在认知与情感认同的基础上,学生能够坚守自己的价值观,有正确的判断,能够坚持自己的道德行为,让道德意志正确而稳定。基于小组合作的德育与体验型德育都有科学的规则与合理的评价,能够在一定范畴内稳固学生的道德意志,使学生围绕德育目标做出正确而合理的判断,坚守自己的道德行为。基于小组合作的德育更重视集体的力量,强调集体荣誉感,将个人行为与小组成绩合理挂钩,对学生个体的约束力更大,要求学生有更为强大的道德意志以规范自己的行为。体验型德育在改善德育环境的过程中,有严格的师德规范,要求教师言传身教。教师的榜样作用能够对学生的言行起到较大的影响,如果方式方法得当,将在很大程度上坚定学生的行为方式,强化学生的道德意志。

(四)德育的行为效用比较

认知、情感、意志最终外化为行为,而行为追求的是行为习惯与方式的日常。基于小组合作的德育方法与途径促使学生积极参与小组活动,展开组内合作,每个组员都能发挥自己的特长,各有分工,将自己的道德认知、道德情感、道德意志贯穿于小组活动中。课堂的小组合作与课外的小组合作互相结合,使学生校内的道德行为规范而有效。体验式德育的方法与途径则贯穿于课堂教学、课后活动、课外实践、家校合作、校园环境布置等教育的各个环节,覆盖面广,更重视行为习惯培养上的意志力与持久力,对学生道德行为的指导与实践更为精准与广泛,德育的效果更为持久。

三、基于小组合作的德育与体验式德育方法与途径的反思

通过对基于小组合作的德育、体验式德育的方法与途径在知、情、意、行方面进行比较分析可以发现,这两种方法与途径在学校德育工作中既有共性特征,又各有所长。在教育现代化背景下,社会对教育、对人才有了更为宽阔的定义。学校的教育模式在发生改变,学生的个体身心发展随着年龄增长也会发生有规律、连续的变化,学校德育必须在遵行以人为本、尊重学生发展理念的基础上不断改进。

(一)基于小组合作的德育改进与反思

小组合作实行以小组为单位促进个人进步,小组竞争促进全班发展的学生自我管理的模式,能很好地调动学生的学习积极性,增强他们自主管理的能力,但同时也暴露了以下问题。

一是个体合作意识需要加强。在小组合作的过程中,学生的学习方式由个体学习转变为以小组为单位的集体学习,由于学生个体互助意识不强,在小组必要的交流活动中就出现教师引导点名学生做小组交流的情况。学生们尚未很好地理解小组合作模式的总体运行框架,甚至在必须交流的过程中,出现个别学生不遵守纪律,互助意识较差,不愿意与人合作的现象。

二是小组奖励方法需要进一步改进。虽然基于小组合作的德育已经将部分权力交还给学生,把奖励的规则交给学生制定,但目前的小组奖励办法没有很好地结合当前学生的兴趣,同时受原有科研工作的相关文化要求与

学校经费的限制,学校在对学生小组合作的评价和奖励措施上有些力不从心。

鄞州区云龙镇中学目前正尝试将小组内的合作、组内同伴间的评价量化并转化成个人德育积分。学校按一定比例将积分兑换成德育积分奖励书券,学校提供购书机会,让学生购买他们喜欢的书籍,这样容易与学生产生共鸣。

(二)体验式德育的改进与反思

体验式德育从开始单纯的"平台构建"到现在新增了"阳光德育目标体系"及"实施模式的架构"两个目标,反映了慈溪阳光实验学校对学校德育工作研究必要性的反思。构建目标体系的实质性意义就是让德育平台构建有了目的,防止为了开展德育活动而活动,从而"忘了初心"。"模式的架构"让德育活动有了"脚手架",便于教师在日常管理中运用,确保活动开展的效益不打折扣。

第一,加强德育理论的指导。在体验型德育的实施过程中,学校将重点放在活动层面,削弱了德育的理论研究,导致"阳光少年"目标分层体系的理论建构不充分;在拓展课程的开发中,也缺少理论的引领,拓展课程的合理性、科学性有待进一步论证。

第二,深化德育平台的维护与管理。体验型德育有许多平台,平台的管理和维护工作必不可少,但也存在缺位现象。师生队伍的建设、相应管理制度的建设及平台内容的充实等工作是管理和维护平台的重点,也是关键。当下学校对德育拓展课程采用持续评价,要求教师在平时能阶段性地展示成果,这一举措对平台建设有着导向、推动、预警和标尺的作用。

第三节　教育现代化进程中学校德育方法和途径的创新

在教育现代化过程中,"互联网+"教育、大数据运用等新的教育手段的出现,给传统的学校德育带来了巨大的挑战。在新的时代发展背景下,学校德育方法和途径的创新无疑成为德育创新的重要组成部分。

一、德育方法和途径创新的着力点

"互联网+"、大数据等新的手段整合在教育中,主要表现为教学模式、教学方法等的科学化与信息化,改变以往单一化灌输的师生交流方式,取而代之的是师生互动的双向交流；改变以往单调的"银行储蓄式"的教学模式，取而代之的是文字、图像、声音等多媒体信息的集成加工。[①] 在当下信息爆炸的时代，随着全球化、大众传媒和网络文化对德育的影响，德育方法和途径探索更要关注时代发展的诉求。

（一）要呼应学生的德育主体性

学生是学校德育的主体，学校德育要符合社会发展的需要，要符合人性发展的需要，要符合时代对人才培养的需要。学校德育只有在认识到学生的德育主体性后，才能在途径与方法的选择上重视人的发展要素和社会对人才发展的需求要素。呼应学生的德育主体性必须强调以学生为本，尊重学生的主体意识的内驱力和主体能力的外显力。

"以学生为本"首先要关注学校德育的核心是学生的品德发展。教育现代化背景下的学生品德发展要将符合社会主义核心价值观的要求作为根本目标。其次要关注德育的模式，要将德育过程中"以教师为中心"的模式转变为"以学生为中心"的模式，教师要充分引导学生开展"自主、探究、合作"的德育，发挥学生的特长与优势，关注每一个不同的个体的成长。最后，德育方法和途径最终指向应服务于学生的主动成长，为学生的发展奠定良好的品德基础。

（二）要尊重多元并存

当今社会已经被海量信息充斥，学生获取知识的途径越来越丰富，传统学校教育也面临着相当大的挑战。各种文化不断涌入，各种思想不断渗透，我们追求的文化一元体系、价值一元体系被冲击，社会价值多元化、文化多元化、资源多元化趋势已不可避免。学校教育者必须清醒认识现状，尊重当前多元并存的事实。因此，德育过程中的方法和途径也应该体现"包容、整合、并存"的特色。

德育方法和途径的"包容、整合、并存"，一是要重视德育"知、情、意、行"功能的整合[②]。德育"知、情、意、行"功能对于促进学生发展并不是单一的，而是互相交织促进的，体现在教育中是多种德育方法和途径共同推动学生品德发展。在慈溪阳光实验学校的体验型德育实践、鄞州区云龙镇中学基于小组合作的德育实践中，我们很好地看到了课堂教学、实践体验等多种方

---

① 石军.德育现代化：内涵、路径与展望[J].教育理论与实践，2016（19）：49-52.

② 景光仪.当代学校德育模式建构探析[D].成都：四川师范大学，2003.

法与途径的整合构建。二是要重视德育内容的整合。社会多元发展的现状使德育内容的外延不断扩展，行为规范、思想教育、道德教育、纪律教育、法治教育、心理健康教育等内容都成为学校德育的重要部分。对应众多的德育内容，要想通过德育方法和途径既突出德育内容的重要性，又突出德育方法与途径的适用性，就必须实现"包容、整合、并存"。

（三）要关注创新发展

教育现代化对现代学校发展提出了众多的要求，首要的任务便是培育创新型人才，这是教育的根本，也是社会得以不断发展的人才基础。人的创新意识与创新能力是决定国家创新发展的核心力量，在基础教育阶段培育学生具备良好的创新意识与能力是促进学生全面发展的重要部分，也是德育工作的重要内容。创新型人才的培育重在培养学生的创新意识、创新精神和创新能力，实现人的全面发展。德育方法和途径要关注创新发展，是指在创新型人才培养过程中，要关注人的意志、人的品德培育的方法和途径。

德育方法和途径关注创新发展，首先，要全面理解国家对创新型人才培育的需求，理解社会现代化对教育现代化的要求，以现代化的德育目标为追求。其次，要关注人的发展，寻找人本化的德育方法与途径，尊重人成长的规律，突破人发展的壁垒。最后，要综合环境要素，特别是创新型社会的要素，如信息途径多元，学生需求更加个性化等。

（四）要注重德育的个性化需求

所谓德育的个性化需求，是指在德育过程中，要根据德育主体和对象的个性特点和实际需求，选择适合的德育方法和途径。在德育过程中，任何方法和途径都是有条件的、相对的，没有一种放之四海而皆准的方法和途径。因此，在德育方法的选择和使用中，要因人、因时、因地、因情、因境而灵活选择。随着对象、时间、地点、情境的变化，德育的方法和途径也要随之改变。马卡连柯认为："没有任何十全十美的方法，也没有一定有害的方法。使用这种或那种方法的范围，可以扩大到十分普遍的程度，或者可以缩小到完全否定的状态，这要看环境、时间、个人和集体的特点，要看执行者的才能和修养，要看最近期间要达到的目的，要看全部的情势如何而定。"①

马卡连柯的理论蕴含了德育方法个性化需求的特点。方法只有得当与否之说，而无对错之言，要走出方法认识的误区。我们平时所说的"你的方

---

① 马卡连柯.论共产主义教育［M］.刘长松，杨慕之，译.北京：人民教育出版社，1981：124.

法不对"之类的话,实际上是说"你所采用的方法不妥当"。转变这一观念十分重要,只有认识到这一点,才能真正地认识到方法的本质及内涵,才能客观地去认识方法、选择方法和使用方法。现在有一种倾向,那就是一说起"灌输"就人人得而诛之。这实际上是一种误区,不是"灌输"本身的错,而是我们用得不是地方、不是情景、不是时机,或用得太多,有的内容在某些情况下还非"灌输"效果才好。社会实践法是一种重要的教育方法,然而一味地强调该种方法,行吗? 讨论法也很重要,但不管何种情景都用它肯定不行。①

注重德育方法的个性化需求,就是要求我们在德育方法的选择上,要根据学生的个性特点和情境,选择适合的途径与方法。从满足个性发展的视角,选择适切的德育方法,并在实际的运用中,根据学生的满意度不断地调整。

二、德育方法和途径探索的新路径

德育方法和途径探索要关注时代诉求,着力学生的身心健康成长和全面和谐发展,通过强化德育主渠道,拓展德育实践,创设和合的育人环境,不断地加强和改进德育方法与途径的有效性和实效性。

(一)强化德育主渠道,改进传统德育方法

课堂教学仍是德育的主要渠道,思想品德课仍是基础教育阶段德育课堂教学的主阵地。但是德育的主渠道不只是思想品德课的建设,而是要充分发挥其他课程的协同作用。慈溪阳光实验学校在德育课程体系建设中已经有了很好的实践与探索,该校德育课程体系包含阳光班会课程、阳光心理课程、学科德育拓展课程,形成了德育课程与学科课程互相结合,充分利用学科教学的德育资源,发挥学科教学的隐性德育功能,引导学生践行社会主义核心价值观。

社会发展的开放与多元也给传统的德育方法和途径带来了挑战,要改变运动式、塑造式的德育方法与途径,形成体验型、实践型的自主建构的德育方法与途径。重视道德实践对个体德性养成的指导,重视道德情感在个体德性养成中的体会,重视环境要素对个体德性养成的渗透,积极构建一种生态型的德育体系。

---

① 何玉海.试论中小学德育方法运用与优化的基本原则[J].现代基础教育研究,2013(6):135-139.

(二)拓展德育实践,优化德育途径

课堂教学仍是德育的主要渠道,社会实践、社会生活则是德育的根本途径。在德育过程中,要根据学生的实际与特点安排适当的社会实践、生活体验,培养学生自我教育、自我成长的能力,充分发挥体验教育的优势。杜威认为,教师最好的教学方法就是让学生去思考、去试验、去直接接触各种事实,这样学生才能获得种种深刻的印象。这一思想运用到德育中,就是强调德育方法的实践性,坚持德育的实践性原则,否则没有实践的参与,学生的"内化"行为即学生品德的生成与发展就很难奏效。正如陶行知所言:"教学做是一件事,不是三件事。我们要在做上教,在做上学。在做上教的是先生;在做上学的是学生。从先生对学生的关系说,做便是教;从学生对先生的关系说,做便是学。先生拿做来教,乃是真教;学生拿做来学,方是实学。不在做上用功夫,教固不成为教,学也不成为学。"[①]知识教学如此,德育更该如此。

在中小学德育活动与过程中,坚持德育方法运用与优化的实践性原则尤为重要,否则,德育必然要变成道德知识的传授,进而导致"灌输"方法的盛行,这当然是对德育的简单化,也是对教育的曲解。[②] 因此,在教育现代化背景中,德育方法与途径的创新,不但要指导学生利用好课堂教学途径,而且要有效利用社会实践、学校生活、管理工作等教育途径,只有这样才能提高德育实效。另外,在中小学德育活动过程中,只有坚持实践性原则,才能摆正教师与学生的位置,才能真正把学习的空间、学习的权利、学习的快乐、学习的自由还给学生,才能提高学生的自主学习和自我教育的能力,促进其道德品质的生成与发展。

(三)适应信息时代,加强现代技术的运用

丰富"互联网＋"德育的形式。学校对于互联网的开放要有积极的心态,要正视互联网的双面性。一方面,互联网的开放程度高,信息来源广,信息要素杂,学生对于信息的吸收与接纳没有规则约束,也缺少审核机制。另一方面,互联网的海量信息、大量数据又为学生学习提供了很好的平台。教育工作者必须充分认识互联网的双面性,有效利用互联网的优势与特点开

---

① 陶行知.陶行知全集:第1卷[M].成都:四川教育出版社,1991:124-127.
② 何玉海.试论中小学德育方法运用与优化的基本原则[J].现代基础教育研究,2013(6):135-139.

展学校德育。

网络德育成为运用现代技术的德育方法和途径。学校可以利用互联网建设德育平台,更新德育内容,提供德育课程。"互联网＋"德育作为一种新型的德育方法,可以提供网络心理咨询,实现网络实时交流;可以建设网络德育微课,用形象的、立足学生实际的小故事,陶冶学生的道德品质;可以发布德育实践活动,引导学生参与德育体验,在实际参与的过程中锻炼意志,塑造品质,完善人格。

(四)夯实校园文化,创设和合的育人环境

健康丰富的校园文化,对于学生的道德认知、道德情感、道德意志、道德行为的形成具有重要的激励、引导、规范、熏陶作用,深刻影响着学生的思想品德、行为方式和生活态度。现代校园文化应具有先进性、多样性和适应性的特征,既符合社会发展的需要,也切中学生发展的需要。[①]

校园文化建设是育人环境的一小部分,却是学生学习生活中的重要环境。学生个体是社会的一个细胞,社会环境又是综合的、复杂的,对于学生来说,经济、政治、文化、网络等都会给学校文化带来新的影响,所以校园文化建设其实就是社会多种环境要素的整合。学校德育工作者只有充分认识环境要素的重要性,学会积极利用、整合、分析、判别,在校园文化建设中整合社会环境要素,才能帮助学生在纷杂的社会环境中坚守道德意志,促使学生在社会现代化的进程中成为现代化的人。

---

① 陈垠亭.教育现代化进程中学校德育体系问题研究[D].郑州:郑州大学,2013.

第四章　德育管理和评价改革

从当前对学校德育的反思来看,德育实效性问题是大家普遍关心的问题。当然,德育实效性是一个系统问题,关涉德育目标、内容、方法、途径、管理、评价等内容,其中,从德育管理和德育评价入手来提高德育实效性是重要的途径,也是教育现代化背景下学校德育体系的重要组成部分。那么,教育现代化背景下的德育管理和德育评价有何新的变化和特点,当前的学校德育管理和评价存在什么样的问题,需要做出怎样的调整,等等,都是教育现代化背景下学校德育必须回答的问题。

第一节　教育现代化进程中学校德育管理和评价的改革指向

德育管理和评价是学校德育工作的重要组成部分,也是学校德育理论研究和实践探索中关注的重要内容。但对德育管理和评价进行科学有效的研究和实践也是到 20 世纪 80 年代才开始的,真正对其展开多层次、多视角、全方位的深入研究则是 90 年代中期以后的事情。虽然学界在不同时期对德育管理和评价的研究和实践有一些共同的要求和内容,但不同时期的时代特征也对德育管理和评价提出了不同的要求,在教育现代化背景下,德育管理和评价也具有不同的内涵和使命。

一、坚守时代性和实效性的学校德育管理

虽然学界对德育管理内涵的认识是多角度的,但都一致认为德育管理

是围绕学校的德育目标，提升德育实效性，实现德育目标的过程。提升德育效果也一直是我国教育的重要追求，结合时代发展的任务，我国对德育管理予以了政策方面的保障。教育现代化对德育管理提出了新的目标和要求，加强与改进德育管理也是提升德育实效性的必然要求。

（一）德育管理的内涵

对于德育管理的内涵，赵翰章主编的《德育论》认为，德育管理是"组织、协调和控制德育在学校正确实施的过程"[①]；胡守芬主编的《德育原理》一书认为，"德育管理是协调实施德育的组织与组织、组织与德育工作者之间的关系，保持德育组织的良好机能状态和德育工作者良好的精神状态，以提高德育效率"[②]；鲁洁、王逢贤主编的《德育新论》认为，"学校德育管理是根据一定的德育目标，通过决策、计划、组织、指导和控制，有效地利用德育的各种要素，以实现培育人的学校管理活动"[③]；屠大华著的《中小学德育管理》认为，中小学德育管理是学校管理者通过对学校德育各要素实施组织、协调、指挥、控制，以保持德育各要素的适度状态和良好的运转机能，从而有效地完成现代学校德育任务的活动[④]；赵志军著的《德育管理论》认为，德育管理"是根据德育的性质和任务，在一定的环境条件下，通过预测、决策、计划、组织、指挥、协调、控制、评价，有效地组织、调动、改善、分配和利用校内外各种德育资源和相关要素，形成德育合力和整体优势，以增强德育实效性，实现德育目标的过程"[⑤]。

从以上有关德育管理的表述来看，不同的界定对德育管理的对象的认识是不同的，有的集中在德育行为和德育活动方面，有的集中在德育组织之间、组织与德育工作者之间的关系方面，有的直接集中在教育工作者方面，有的集中在德育要素方面。当然，这种界定的不一致也和人们对"德育"和"德育管理"的混用有关，这两个概念是密切联系的，但是也有区别，德育是使受教育者思想、政治、法治和道德等方面素质得到提升的系统活动过程，德育管理是为了提升德育的实效性而进行的决策、计划、组织、指导和控制等活动。另外，还必须明确的是，学校德育并不是脱离智育、美育、体育等其

---

① 赵翰章.德育论[M].长春:吉林教育出版社,1987:270.
② 胡守芬.德育原理[M].北京:北京师范大学出版社,1989:239.
③ 鲁洁,王逢贤.德育新论[M].南京:江苏教育出版社,1994:390.
④ 屠大华.中小学德育管理[M].长春:东北师范大学出版社,2000:23.
⑤ 赵志军.德育管理论[D].长春:东北师范大学,2005:6.

他学科而单独存在的领域,也不能脱离时代对德育提出一些新的要求,因此德育管理在学校中也并不是割裂的系统。德育管理应是指根据时代条件下的德育性质和要求,学校结合本校培养目标,围绕本校的德育目标,由专门的德育队伍通过调查、预测、决策、计划、组织、指挥、协调、控制、评价等活动,有效地组织、调动、改善、分配和利用校内外各种德育资源和相关要素,以提升德育实效性,实现德育目标的过程。其中,德育的相关要素包括实施德育的人、财、物、时间、信息、技术、环境。

(二)德育管理政策依据

为提升德育实效,改革开放以来,党中央、国务院以及国家教育部相继颁发了一系列关于德育管理的文件加强德育管理。1988年,《中共中央关于改革和加强中小学德育工作的通知》指出:"中小学校长对德育工作负有领导责任,德育工作状况应作为考核校长工作成绩的重要依据;对学生进行思想品德教育的情况,应作为考核教师和职务评聘、工资晋升的一项必备条件。"1993年,国家教委正式颁布《小学德育纲要》,要求校长对德育工作负有领导责任,小学学区党支部发挥政治核心作用,全体教职员工都是德育工作者,小学党支部书记、主管德育工作的校长、教导主任、少先队辅导员、思想品德课教师和班主任是学校德育工作的骨干力量,学校还要根据本校实际情况建立德育管理制度。1995年,国家教委在1988年发布的《中学德育大纲》的基础上修订并发布了《国家教育委员会关于正式颁发中学德育大纲的通知》,进一步要求学校实施德育要发挥校内外各教育途径的作用,互相配合,形成合力,创造良好的教育环境,共同完成德育任务。2004年2月,中共中央、国务院印发的《关于进一步加强和改进未成年人思想道德建设的若干意见》指出:"建立健全学校、家庭、社会相结合的未成年人思想道德教育体系,使学校教育、家庭教育和社会教育相互配合,相互促进。"2010年,教育部颁发的《纲要》指出:"坚持德育为先,把德育渗透于教育教学的各个环节,贯穿于学校教育、家庭教育和社会教育的各个方面。"[①]2014年3月,教育部颁发的《关于全面深化课程改革落实立德树人根本任务的意见》提出以深化课程改革来落实立德树人的举措,并指出要"统筹一线教师、管理干部、教研人员、专家学者、社会人士等力量;统筹课堂、校园、社团、家庭、社会等阵地"。从中可以看出,加快新形势下中小学德育体系建设,加强中小学德育管理是

---

① 　刘猛.新时期中学德育管理体制的反思与探索[D].重庆:西南师范大学,2004.

解决中小学德育工作中存在问题的重要途径,而这些文件为加强德育管理和改进德育工作提供了法律依据,尤其是《纲要》明确提出了"教育现代化"的目标,也为学校办学和学校德育管理提供了方向指引和观念支持。

(三)德育管理观念更新

顾明远先生曾说,教育观念现代化是教育现代化的灵魂,从人才培养模式的角度来说,"教育现代化的主要理念应该是个性化、差异性、创造性、开放性,而要做到这一点,就要坚持以学生为主体,改革传统的人才培养模式,充分调动学生学习的主体性、主动性和创造性;注意学生的差异性,因材施教,为每个学生提供适合的教育,使学生的潜能得到充分发挥"①。

由顾明远先生对教育现代化的阐释引申开去,德育管理的观念也需要与之相适应的更新和调整。具体体现在以下方面。

1. 德育管理的校本化

一直以来,国家都对学校的德育工作非常重视,从以上出台的政策文件中可见一斑。但有些学校的德育工作仅停留于对国家课程中有关德育课程的实施,缺乏基于本校校情分析的融合和贯通。德育管理的一个重要的目标是"求实效",如果不与本校实际情况相结合,学校的德育工作也是"假大空""高大全"的呈现。因此,追求实效的德育管理必须贴近学校实际、贴近师生生活,需要基于本校的德育目标和具体情况进行德育管理的计划、统筹、组织、协调等工作,否则,缺乏针对性的德育管理工作难以有的放矢。

2. 德育管理的特色化

学校个性化发展要求德育管理的校本化,而德育管理的校本化必然会出现德育管理的特色化呈现,因为这也是一个学校结合自身特点建构独特自我的过程。德育管理的特色化可以体现为德育管理内容的特色化、方式方法的特色化、途径和策略的特色化等。比如,有的学校的德育可以从整体开始,也可以从局部开始;可以从改革入手,也可以从文化建设入手,等等。

3. 德育管理的多元主体性

学校的德育工作不是靠某一位教师的力量可以完成的,需要调动起全体教职工的积极性,完善德育工作全员管理机制,形成"人人都是德育工作者"的局面;也可以借助社会人士、社区、家长等各种力量开展德育工作,并

---

① 顾明远.教育观念现代化是教育现代化的灵魂[N].人民日报,2016-01-31(5).

协调好各种德育组织之间的关系,使之密切配合,形成德育合力。

4. 德育管理的开放性

因为我们处于改革开放的时代,信息社会的影响无处不在,学生所受到的影响也是多元化的、多方位的,因此,学校的德育管理工作不能仅仅局限在学校内,而要把校内德育实施的小氛围与校外社会的大氛围联系起来;另外,德育管理的开放性也意味着要关注校级之间的交流与合作、校级德育管理人员的交流,可以让不同经验和想法的德育管理人员开阔视野,提升管理素养;再者,德育管理的开放性还意味着德育资源的共享,包括德育研究结果的共享和德育基地等方面的共享,这节约了德育成本,也提高了成效。

(四)德育管理改革的着力点

管理的要素主要集中在组织、目标、资源、效率四个方面,结合上述对德育管理的描述和学者张敏对德育管理内容体系的架构,德育管理的实施要有基本的依托,即要有合适的组织结构、人员配置以及对实施过程的指导和行为控制。所以德育管理必须从完善组织结构、制度建设方面进行考虑,当然,学校德育管理还必须结合当时的社会政治经济环境、文化背景和学校的内部环境来进行。

1. 组织建设

学校德育管理的组织建设有狭义和广义之分,学者朱洪秋结合学校德育管理实践,从狭义的角度对德育管理的组织进行了描述:"德育管理的组织系统也是学校的保障系统和动力系统,其机构主要是由德育处、年级组、班集体三个层级的教育管理组织构成,学校的德育管理主要通过德育课程、德育常规、德育活动、心理健康教育、理想信念教育等要素进行,以实现促进学生道德发展的核心目标。"[1]广义的德育管理组织建设就是整合各种德育力量,由各种社会组织及其沟通渠道构成的组织体系。当前,随着信息社会的发展,越来越多的学者倾向于广义的德育管理组织建设,认为传统的德育是按照设计好的教育内容和形式对学生进行"灌输"教育,不太关注社会生活实际对学生的影响,这种"教育孤岛"的做法不符合学生成长的实际情况,不能满足他们的成长需求,因此,学校仅仅关注校园内的教育是远远不够的,要拓宽教育途径,改变德育脱离社会生活的状况,建立德育的组织网络体系,在学校、家庭、社区间建立联系。

---

①　朱洪秋.中小学德育管理操作实务[M].北京:北京师范大学出版社,2012:48.

2. 制度建设

学校的德育管理制度主要是指保证学校各项德育工作顺利展开的制度规定。有学者进一步界定为"观念形态的规范体系,仅仅包括正式的、理性化的、系统化的、行诸文字的行为规范,如学生守则、学生日常行为规范、学习制度(考勤制度、课堂常规、考试制度、图书馆规则)、生活管理制度(作息制度、宿舍规则、食堂规则、卫生清洁制度等)、学生礼貌常规和品德评价制度等"[1]。学校的德育管理制度,可分为两个方面:一方面是由国家和地方教育行政部门制定的;另一方面是学校自己制定的规章制度。合理的、完善的德育管理制度,是实现学校德育目标的保障。德育管理制度作为制度的一种,必然也内含着一定的社会道德要求,它在约束德育管理对象道德行为的同时,也在影响着他们道德观念的形成。一种合理的、道德的德育管理制度,必然得到师生的认同并乐于遵从,并把它内化为自身潜在的道德意识,促进受教育者德性的养成和道德行为习惯的形成。

3. 环境建设

学校的德育不是"孤岛",学校的德育管理也要密切关注环境的影响和变化。而德育管理的环境包括外部环境变量和内部环境变量,外部环境包括社会经济、政治、文化、心理家庭、社区、大众媒介等对德育管理的影响;内部环境包括学校在德育和管理方面的知识和技能,学校的德育管理理念、人际关系、校园文化,学校的德育管理资源,如学校的人、财、物、时间、信息、形象等。[2] 从"可作为"的角度来说,学校德育管理的内部环境建设更具有直接性,学校的内部环境要对大环境的优化做出积极影响和贡献。环境为德育和德育管理活动的开展提供了物质基础和客观条件。

二、促进学生德行成长的学校德育评价

对德育评价内涵的认识也是多角度的,单从德育活动的效果来说,有从对学生的德育评价来论述的,也有从对整个德育工作的效果来论述的,但对学生的德育效果评价更具有育人的作用。为提高德育实效性,我国自改革开放以来在不同的教育发展时期,对德育评价也予以了政策方面的保障。在当前教育现代化进程中要进一步加强和改进德育评价工作,更好地凸显它的发展性、时代性和生活性,促进学生身心发展与健康成长。

---

[1] 杜时忠.制度德性与制度德育[J].教育研究与实验,2002(1):38-43.

[2] 张敏.多元智能视野下的学校德育及管理[M].上海:上海教育出版社,2005:161-170.

(一)德育评价的内涵

所查阅文献中,班华认为德育评价"是评价者依据一定的评价标准,对德育工作及其效果做出价值判断的过程"①;鲁洁和王逢贤认为:"德育评价是人们依据一定的评价标准,通过科学的方法和正确的途径,多方面搜集适当的事实性材料,对德育活动及其效果的价值做出判断的过程。"②德育评价就是评价者依据一定的德育目标及评价标准,运用科学的方法和正确的途径,多方面地收集事实材料,对德育活动的过程和结果进行测定、分析、比较,并在事实判断的基础上对德育工作及效果做出价值判断的过程。应注意的是,德育评价的对象具有特殊性,是与一个人的思想品德状况息息相关的,一个人的思想品德在不同时期或者同一时期的不同发展阶段都可能是变化的,但是思想品德是"个人在一系列德育行为中表现出来的那种比较稳定的特征和倾向"③。从中可以看出,虽然思想品德是变化发展的,但却是相对稳定的。因此,德育评价关注的对象应是思想品德的相对稳定状态。因为思想品德无法完全量化,所以德育评价不要求对所有的对象进行量化,也允许对评价对象做出非客观的评价,它允许对品德中的某些部分进行描述或评述。

(二)德育评价政策依据

对于德育评价的关注,在我国历次发布的关于德育工作的政策中都有不同的表述,改革开放以来至20世纪90年代是我国对德育评价研究和实践的初始阶段,这一时期一定程度上将德育评价和"考试"联系在一起,比如1988年《中共中央关于改革和加强中小学德育工作的通知》指出:"要研究改进学生操行评定办法,健全优秀学生评选和奖励制度。"20世纪90年代至21世纪初,是德育评价的科学化阶段,这一时期强调要建立对德育工作的评估制度,试图以量化的方式衡量学生的思想品德水平,注重学生日常规范的遵守,也更注重学生的日常表现。1995年,国家教委修订的《中学德育大纲》就对学生进行品德评定给出了指导性意见,对学生操行给予四个等级(优秀、良好、及格、不及格),评定的结果作为学生升学加分或就业考查的重要内容。在之后的很长一段时期内,我国各中小学对学生的思想品德方面的

---

① 班华.现代德育论[M].合肥:安徽人民出版社,2005:282.

② 鲁洁,王逢贤.德育新论[M].南京:江苏人民出版社,1994:552,554.

③ 鲁洁,王逢贤.德育新论[M].南京:江苏人民出版社,1994:552,554.

评价基本以《小学德育纲要》和《中学德育大纲》的要求为准绳。2000 年,中共中央办公厅、国务院办公厅发布的《关于适应新形势进一步加强和改进中小学德育工作的意见》进一步指出:"强化中小学德育工作的表彰奖励和督导评估机制。各省、自治区、直辖市可在高中阶段评选优秀学生,省级优秀学生可获得普通高等学校保送生资格。对德育工作实绩突出的教师要进行表彰奖励。"

为进一步深化素质教育,2014 年 3 月,教育部颁发的《关于全面深化课程改革落实立德树人根本任务的意见》对德育评价有了新的要求:"加快推进考试招生制度改革,注重综合考查学生发展情况……将学生践行社会主义核心价值观情况纳入综合素质评价体系,使社会主义核心价值观内化为学生的精神追求,外化为实实在在的自觉行动。"德育评价围绕社会主义核心价值观展开,并在评价主体、方式方法方面呈现出多元化的趋势。

(三)德育评价观念更新

德育关涉"培养什么样的人"这一重要问题,因此德育评价要和我国的人才培养要求相结合,而人才培养的要求亦和时代的要求密切关联,教育现代化对德育评价的实践产生着影响。德育评价也随着教育评价理论本身的发展而产生着变化,美国评价专家古巴和林肯在 20 世纪 80 年代末提出的教育评价的理论经历了四代的发展:19 世纪末至 20 世纪 30 年代的测验和测量时期、20 世纪 30—50 年代的描述时期、20 世纪 60—70 年代的判断时期、20 世纪 80 年代以来的心理建构时期。第四代评价理论强调在评价活动中双方地位平等,在协商中来完成共同的心理建构,它强调评价过程是一个具有不可预料性的、连续的、反复的、分歧突出的过程。在教育现代化这一时代背景下以及第四代教育评价理论的关照下,当前的德育评价观念呈现以下新要求。

1. 发展性

德育是培养人的活动,因此德育评价也要秉持"发展人"的观念,应"以学生的发展为本",从对学校德育工作进行评价的角度来说,即对中小学德育目标、过程与效果进行评判的价值标尺之一就是其是否促进了学生全面而个性的发展;从对学生个体思想品德进行评价的角度来说,评价的尺度主要是看学生在思想品德方面的发展和进步。

2. 时代性

德育的内容具有时代性,当前我国德育根植于社会主义文化价值土壤之中，党的十八大提出，要把立德树人作为教育的首要目标，要把社会主义核心价值观贯穿于人才培养的全过程，因此德育评价应以其符合中国特色社会主义核心价值观为标准之一，即要求评价者正确地阐释社会主义核心价值观并将其融于整个评价过程。

另外，教育信息化的高速发展也是教育现代化的显著特征，利用大数据技术和信息技术等现代化的技术手段开展德育评价也是时代性的基本要求。

还需特别指出的是，时代性并不否认优秀的传统，我国的优秀传统文化也应是开展德育及德育评价考虑的重要方面。

3. 生活性

培养学生良好的道德意识和道德行为是为了让学生过更有意义的生活，学校德育评价也应从学生的现实生活入手，以学生现实生活作为基本关照，鼓励学生积极争取"好的生活"，在生活中寻找人生的价值和意义。因为一个懂得过有意义生活的人，在经历挫折时会积极面对和解决；在遇到困难和问题时会积极与他人沟通与交流，虚心向他人请教。在生活中他们懂得谦虚、谨慎、富有责任心，能尊重他人并诚实互信。只有具备这些品质，他们的生活才会幸福，他们与社会、与他人的关系才会和谐。

4. 多元性

一是评价主体的多元。在以往传统的德育评价中，学校德育工作评价方面往往由上级教育行政部门来实施对学校和教师的评价，对学生的评价，往往由教师来进行，这种评价是一种单一的路向，后者处于被动地位，很难发挥其作为学习与评价的主体参与其中的积极性，也很难对他们起到激励作用。因此，要想获得具有激励性和发展性的评价，应该鼓励学生、家长、学校、相关专家以及其他社会人士等共同参与德育评价的过程。

二是评价指标应该多元。因为思想品德的体现是多方面的，也不完全是可以量化的，因此，无论是对学生个体的评价还是对学校德育工作的评价，都不能简单地以某一个维度为标准。

5. 互动性

根据第四代教育评价理论，德育评价不是一个一维的、单向的过程，而是评价双方互动协商确定评价参数和界限的过程，评价的结果应是互动后的共识，在这个过程中，评价双方都扮演着多重角色，各方都在相互学习，每一方都会从中学到另一种观点。正是在彼此的深刻交流和互动中，双方才能达成基于问题并指向发展的共识，德育评价也才能实现"以评促建"的作用。

(四)德育评价改革着力点

根据不同的德育评价实施的关注点,形成了不同的德育评价模式,比如有的是从德育评价的理念入手,形成了发展性德育评价、主体性德育评价、生活性德育评价;有的从德育评价的内容入手,形成了"情感、态度、价值观、行为"四要素评价、凸显某一德育主题的评价;有的从德育评价的方式方法入手,形成了活动评价、网络评价、体验式评价;有的从德育评价的过程着眼,形成了形成性评价和过程性评价。而从德育评价实践的角度来说,德育评价关注的是模式、内容(指标)、方式(方法)、过程和结果运用的问题。

1. 德育评价内容

对于德育评价的内容,可以从德育工作和德育结果两个角度来进行。从德育工作的角度来说,学校德育的一些条件性要素,比如德育主体、德育条件、学校领导、相关组织机构等都可以纳入德育评价的范围。从德育结果的角度来说,可以从考查学生的思想品德发展水平入手。从德育效果来说,更直接面对的是学生,德育评价因而也具有了直接的育人作用和价值。当然,不管从哪几个维度进行德育评价指标体系的设计,都要将德育的时代要求融入其中,因为这是德育内容的潜在精神引领和方向指引。

2. 德育评价方式

德育评价的方式(方法)就是评估和检验德育效果所应遵循的程序、途径和办法。目前来说,研究者一致认同德育评价应该坚持定性和定量相结合的方法。定性法包括观察法、调查法、写实法、自述法、语评法、成长记录袋法、等级评定法等。常用的定量法包括加减评分法、综合测评法、自报公平法和集体评价法等。但是在德育评价实践中,对定量评价的运行要避免简单地以思想政治课理论考试的分数来代替对学生的德育评价,避免仅以教师主观印象进行程式化品德评语来代替评价的现象。另外,德育评价还可以有跨学科的视野,可借鉴诸如测量学、心理学、社会学以及现代信息技术等多领域的评价理念与方法,根据德育评价自身的特点与要求予以合理利用。

3. 德育评价过程

德育评价的过程是一个持续指向改进和发展的过程,这一过程不应该是封闭的、单向的,而应该是动态的、多元的、开放的。德育评价过程不应是被动的"被评估"的地位,在这一过程中每个参与者的地位都是平等的,比如教育行政部门、评价专家以及中小学校师生等,他们在德育评价中相互协商,互相深入了解,共同达成一致的认识,甚至引起共鸣,共同建构新的意义,为学校的德育发展提供更好的智慧。

4. 德育评价结果运用

德育评价的结果应该更有利于学校师生德性的成长。对学生的德育评价不能仅仅只局限于对学生的德育知识、行为等外显性方面的评价,也不是将学生进行品德分等,而是应将影响学生发展的各种因素,比如成长环境、师生互动等情况纳入评价的范围,并进一步将评价的结果深入学生的生活和学习,为后续的德育提供更好的借鉴。另外,对学校的德育评价不能仅仅局限于对学校德育工作的排序,也不应将德育的责任完全推给学校,还应该通过评价来明确社会应该做什么,政府应该做什么,促进德育责任的分享,并为改善中小学生德育过程提供政策依据。①

三、当前中小学德育管理和评价的问题及分析

德育管理和评价只有发挥应有的功能才能促进德育工作的有效落实。而在实际情况下,有些学校在德育工作中存在着对德育管理和评价的重视不够,学校德育管理和评价者的观念有偏差,德育工作管理和评价的实效性不高等问题。下面对其进行梳理和分析,以进一步提高德育管理和评价问题解决的针对性。

(一)德育管理问题及分析

德育作为学校工作的重要部分,不仅和学校其他工作有着密切联系并需要协调,其自身也有独特的内部协调机制。而当前很多学校存在的德育实效性不强、流于形式等问题,很多都源于德育管理的不力。

1. 德育目标的定位脱离学生实际

有些学校的德育在目标上过于"高、大、全",脱离了学生的实际。"高"为起点高,以未来社会需要为标准;"大"为目标远大,不大注重与现实生活相联系;"全"指追求完美,在道德上不许有半点瑕疵。② 这种立足于社会宏大价值追求的德育也被称为"境界道德",这种德育管理和中小学生的日常生活相脱节,也超乎了中小学生的理解,对学生的成长形成不了真正的触动和影响。究其原因,一是与我国长期以来崇尚"大我"、忽略个体的文化传统有关;二是学校开展德育的校本化不足,从而使学校的德育工作变得空洞。

---

① 刘静.第四代评估理论视角下的中小学德育评价[J].中国德育,2015(11):19-23.

② 张帮琴."境界德育"向"生活德育"管理转变的策略[J].广西教育,2013(4):16-18.

2. 德育管理体制陈旧落后

有些学校德育管理体制陈旧,学生个体多样性遭到忽视。德育的目标是引导学生更好地发展、成长,那么每个学生的发展和成长都应该受到关注和聚焦。但是在当前一些学校的德育管理中,他们过于强调对规则的关注,更倾向于用诸多规则来约束和限制学生。这种德育管理是一种集权化的管理思维,追求整齐划一的规范和标准,忽视了学生生命成长过程中需求和样态的多样性和差异性。

究其原因,一是学校德育管理的理念是"目中无人"的,以"控制"为出发点,而不是以人的发展为出发点;二是管理的刚性化、限制性和消极性,消解了德育管理的很多教育性,失去了育人的意义。

3. 德育管理缺乏实效

德育管理的形式化和表面化现象仍然存在。有些学校虽然在响应时代的德育要求,在对外宣传中也宣称将"社会主义核心价值观引进学校",但是仅仅落实在纸面上、落实在标语式的口号上,没有使学生产生真正的触动;有些学校虽然德育管理体制健全,但是岗位职责不明确,各项德育计划难以得到落实,得过且过和浮夸现象仍旧存在;等等。

究其原因,一是学校还没有真正对德育重视起来,还停留在做表面文章上;二是学校德育管理不得法,德育并不是向师生强加一套外在的价值规范体系的过程,也不是要求老师向学生灌输这些价值的过程,不能简单地把德育管理理解为去管住学生,德育无处不在,而学校并没有在"润物细无声"处做好功课;三是有些学校的德育管理者在此方面的专业素养还需进一步提升,尽快培养一支高素质德育队伍,尤其是加强对青年教师的培养显得更为重要。

4. 德育管理环境封闭

有些学校德育管理环境相对封闭,家庭、学校、社会无法形成合力。有人曾说,现在的德育效果是"5+2=0",也就是五天在学校的德育成效抵不过在家两天的影响,主要是因为有些学校的德育管理是封闭的,过多地囿于校内,缺乏学校、家庭、社会相互配合的有效机制。学校既不能与外界进行合理的信息交流,又缺少校外德育途径的参与,学校、家庭、社会难以在学生的德性培育上形成合力,使道德教育无法在自然的、真实的生态环境中进行。当面对社会生活复杂的道德问题、需要阐明和处理的新问题时,封闭的德育管理体系更是无能为力。①

究其原因,是学校将学校德育看作孤立的系统,但是德育环境的构成是受多因素制约的,也包含多个方面,既包括学校内各种对学生产生直接、间接影响的各种有形、无形的环境方面的因素,也包括由社会政治、经济、文化等各个方面构成的外部的社会环境,更包括家庭环境方面的影响,等等。因此,德育工作应加强学校、家庭、社区及其子系统的环境优化和教育协同,形成合力和系统放大效应。②

在中小学教育工作中,迫切需要进一步加强对德育管理的重视,转变德育管理的理念,改进和完善学校德育管理体系,加强管理队伍建设,改进并形成科学的、合理的、与时俱进地适应学生发展要求的德育管理的方法、途径,切实增强德育工作的主动性、针对性、实效性,这不仅是让学校发挥育人作用的必然要求,也是为学生全面发展和终身发展奠定坚实基础的重要使命。③

(二)德育评价问题及分析

德育的重要性不言而喻,德育效果的好坏不仅关系到学校办学水平,还直接关系到学生的成长,而德育效果如何则需要德育评价来判断,通过德育评价来了解学生的道德状况,了解学校的德育目标是否实现,了解德育方式、方法是否恰当,等等。从对学校德育工作本身的评价来说,有些学校虽然很重视德育工作,但是对成效却缺乏及时的评价或者不能有效去评价,结果导致德育工作这一艰辛的劳动得不到及时、客观、公正的反映,致使从事德育工作的老师也没有受到应有的重视。从对学生的评价来说,因为德育评价和学校其他学科的评价是不同的,其他学科评价可以通过评价学业成绩、问题解决能力等方面来进行,而德育的效果不是通过测试就能解决的,因此具有很大的难度,在实践中也容易出现各种各样的问题。

1. 德育评价目标忽视发展性

德育评价目标过于侧重于鉴定性,忽略德育评价应坚持的鼓励性和发展性。有的学校对学生的德育评价过于侧重对学生进行分等,强调得出一个量化的成绩,然后根据这个分数来对学生进行相应的奖励,过于侧重于德

---

① 戴岳.生态视角下学校德育管理观的变革[J].当代教育科学,2008(17):7-9.
② 戴岳.生态视角下学校德育管理观的变革[J].当代教育科学,2008(17):7-9.
③ 冉红芳.社会工作方法在中学德育管理中的应用研究——以重庆市松树桥中学为例[D].重庆:重庆师范大学,2012.

育评价的鉴定性,而忽视了德育评价的根本目的是促进学生的品德发展。

2. 德育评价主体单一

当前对学生的德育评价主要由教师来完成,虽然也考虑了评价主体的多元性,让其他同学也一起参与到评价过程中,但是主要还是由教师来承担。而学生的道德行为不只是在学校体现,在家庭和社区等其他地方也有体现,但是我们往往忽略了其他评价主体的参与。

3. 德育评价形式单一

有些学校德育评价形式过于单一,对学生的德育评价停留在对知识和行为的测查,学科化倾向明显。有些学校简单地将对学生的德育评价等同于其他学科的评价,采取考试的方式或者简单鉴定的方式,比如简单地用品德与社会课的成绩来代替,或者班主任根据学生日常表现给予综合性的鉴定。但是单凭一张成绩单或者一张鉴定书能否充分体现出一个学生的真实道德水平呢? 显然这是不全面的。

因此,如若没有科学的德育评价,不仅不能为德育目标的正确制定、德育内容的正确选择和德育方法、德育措施的有效采取提供客观的依据,也不能真正促进学生的发展。

第二节　学校德育管理和评价改革的实践样本

如何有效落实学校德育工作一直是学校在探索的主题,有些学校从德育管理和评价的角度,基于时代教育和人的成长发展的需要,从实效性和创新性出发开展德育工作,在实践中收到了好的效果,得到师生和社会的认同。现选取两所学校的德育管理和评价改革的典型案例,以引发更多的思考。

一、田莘耕中学基于"体验"的立体多维德育管理和评价创新

13～16 岁的初中生正处于生理与心理发展的关键时期,如果这一时期学生的负面情绪没有得到及时疏导与调控,就会引发各种情绪或心理、行为问题,严重影响学生的身心健康。而长期以来,学校的德育以及其他活动未及时关注学生的真实生活体验与生命成长。学生大多数为独生子女,自我中心现象特别严重,在生活、学习中,自信心与毅力不足,遇到挫折、困难往往胆怯退却,缺乏尝试与克服困难的勇气,精神面貌不阳光,与朝气蓬勃的

年龄阶段不符合。长期以来,受应试教育的影响,学校在开展德育活动的过程中,过于注重教师的讲授与知识的传授,缺乏让学生自主体验的机会,缺乏对学生真实需要的关注,德育实效性差,难以内化。

基于以上背景,宁波市海曙区田莘耕中学在"体验成长快乐,建设幸福家园"的办学理念指导下,从 2009 年开始,在"体验成长快乐,成就阳光少年"的德育理念指引下,推出了阳光少年评选活动。在此基础上,2013 年学校又推出了"100 件阳光成长体验"活动:在传统德育"知、情、意、行"维度的基础上,构建了体验式阳光德育活动体系,以体验为中心环节,培养学生热爱生活、勇敢坚强、充满理想、朝气蓬勃、善于合作、乐观向上、活力四射的阳光品质。为了确保体验式阳光德育活动的成效以及进一步完善,田莘耕中学还构建了阳光少年评价方案以及阳光少年评价指标体系。

(一)田莘耕中学德育管理和评价改革的主要做法

1. 关注学生体验的德育过程管理创新

(1)搭建多维导师团队,多角度关心学生

2015 年 1 月,根据鄞州区教育局《关于全面推进德育导师制工作的实施意见》,田莘耕中学不断深化学校、家庭和社会三位一体的全员育人模式,形成自身特色的德育团队结构:每个班级的导师团队由首席导师(班主任——心灵导师,侧重于体验和感悟)、导师 1(任课教师——梦想导师,侧重于规划和落实)、导师 2(家委会代表或社会知名人士——实践导师,侧重于陪伴教育)、校阳光少年(成长伙伴——侧重于反思和理解)组成。结合课堂教学中的小组建设,每两个小组配备一名教师导师,每个小组联系一位家长或社会知名人士作为社会导师,每个小组至少安排一名阳光少年作为成长伙伴。

(2)注重过程管理,在体验中提升德育实效

田莘耕中学的德育并不是孤立的,而是和学校的办学理念一体。学校本着"体验成长快乐,成就阳光少年"的育人理念,不断推出一系列体验式的德育活动。2013 年 10 月,田莘耕中学推出"阳光成长体验 100 件事"活动,这一活动由知、情、意、行和体五大类组成。第一类,知,旨在点燃学生的求知欲;第二类,情,培养学生的爱心、感恩心等;第三类,意,可锻造学生的坚强意志;第四类,行,用自然之美来净化学生的心灵;第五类,体,针对当前中学生存在的运动技能与动手操作等能力欠缺的现状展开,体现了追求健康的体魄与运动健康的希望与要求。比如给父母洗一次脚,打一次工,亲手卖出一件商品,到乡间的小溪去抓螃蟹、摸螺蛳,看一次日出日落的壮丽景

观等。

(3)营造全方位德育氛围,凝聚德育合力

首先,借助陪伴教育论坛激发家长热情。为了让体验活动得到家长的了解、支持和配合,田莘耕中学提出了陪伴教育的理念,提出了六个方面的陪伴:强壮体魄,运动中共成长;终身学习,读书中共成长;成长体验,实践中共成长;一日三省,反思中共成长;互诉心声,交流中共成长;面对挫折,担当中共成长,让家长有机地参与到学校德育中来。其次,学校进一步拓展德育平台,例如去宁波图书馆、敬老院等地开展志愿者服务,去石碶街道环卫站、鄞州银行、栎社交警队等地开展职业体验活动、与大师面对面的名家进校园活动等,以多元的平台营造德育氛围,并开发了微信公众号"阳光成长乐园",为师生家长了解学校开启了新的窗口,为学生提供了展示平台。最后,田莘耕中学也把建立完善规章制度放在德育工作的首位,制定了一系列学生和教师行为准则,也为德育评价提供依据。

2. 关注学生多维度成长的德育评价创新

(1)"四维评价",实现过程和结果的统一

通常情况下,在对学生的评价过程中,评价主体大都只是教师加同学(班干部),而缺失了学生的参与,学生往往处于被动状态;缺失了家长的评价,就会出现学生在校内和校外表现不一致的情况,评价容易以偏概全。鉴于这些问题,田莘耕中学对学生实行比较完整的关注和考核的四维评价,具体做法如下:学校给每位学生每一学年配发一本《学生成长记录册》,每半个月开展一次自我评价("我的半月谈")、伙伴(同学)评价、导师(老师)评价和家长评价。"我的半月谈"为学生自我总结和反思,"伙伴评价"和"导师评价"包含遵守纪律、同学关系、学习态度、参加活动和整体评价五个部分,"家长评价"包含孝敬父母、自强自立、学习态度、家务参与和整体评价五个部分。评价等第按照 A(优秀)、B(良好)、C(有待改进)三级评定,其中导师和家长评价,还有寄语部分,以具体要求和目标来引导学生的成长。学校的四维评价较好地消除了评价的盲区,从而使评价更加完整和科学,使终结性评价和形成性评价有机结合。

(2)"三阶评价",多层面构建指标体系

田莘耕中学从班级、学校和区级甚至更高层面对学生开展德育评价,即"三阶评价"。

第一,班级层面。每学期期末,每班都开展优秀班干部、学优之星、进步之星、诚信之星、工作之星、体育之星、文艺之星、礼仪之星、科技之星、孝顺

之星、读书之星和爱心之星等个人单项评比。每个单项荣誉都设置了具体条件。比如,评选孝顺之星的条件为:一是在校尊敬师长,在家孝顺父母和长辈。二是在家能经常做一些家务。三是能经常探望、打电话问候长辈,节假日能陪伴长辈散步、聊天。评选读书之星的条件为:一是阅读有计划、有选择地进行,平均每天能看书半小时以上。二是对阅读有浓厚的兴趣,能坚持写读书笔记,并有语文老师推荐签名。基本符合以上一条星级标准即为一星级阳光少年,依次累积。班级阳光少年候选人要求达到四星级阳光少年标准。

第二,学校层面。学校每年 10 月到 12 月,会开展大型的德育评价活动——阳光少年评选,阳光少年的评选就是对在班级评价基础上的提升,在遵守学校基本规范的基础上,提出五条星级标准:学习方面,学习态度端正,学习习惯良好,不断进取;在小组学习中能帮助其他同学。德育方面,自觉遵守学校各项纪律和制度,自尊自爱,文明礼让,尊敬师长,团结同学。尊老爱幼,诚实守信,乐于助人,富有爱心;有社会责任感和公德心,心灵阳光,自强自立。体育方面,身心健康,充满活力;积极参加各项体育活动,认真做好两操;认真完成阳光体育作业。体验方面,认真参与寒暑假社会实践等,积极参加各项阳光成长体验活动;积极参与班级、学校工作,有高度责任感,干一行、爱一行;在困难条件下和平凡岗位上长期尽职尽责,任劳任怨,默默奉献,服务优质,赢得师生广泛好评。才艺方面,多才多艺,有书法、科技、绘画或劳技方面的特长。学校阳光少年候选人要求达到五星级阳光少年标准,并和班级里的星级评选接轨。

第三,区级层面。田莘耕中学把学校的阳光少年评选和区级阳光学子评选有效接轨。把评选出的校级阳光少年作为候选人,进行再次的评价,推荐为区级阳光学子候选人。

(二)对田莘耕中学德育管理和评价改革的评析

田莘耕中学的德育管理和评价从学生的实际情况和身心发展需要出发,聚焦学生中出现的普遍问题,并且以学校的办学理念和培养目标为引领,从关注学生生命成长的角度出长,从学生的日常学习、生活入手,从身边的小事入手,强调通过学生的体验,潜移默化地将价值规范体系渗透在教育教学过程中;而且田莘耕中学注意到了德育环境开放性的营造,认为家庭、学校和社会的合力更有利于德育质量的提升,并通过一系列活动,让家长和社会深度参与,与外界进行合理的信息交流,将德育大系统和小系统有机结合起来。另外,学校对学生的德育评价以鼓励和发展为导向,不仅评价主体多元、评价形式多样,而且还设置了评价的多个维度和多个层面,争取让每一个学生都能发现自己的闪光点,以让学生在成就感中进一步积累自己人生的品德资本,不断向新的目标迈进,从而落实了德育实效性的问题。

二、东南小学凸显"童心责任"的形成性德育管理和评价创新

东南小学创建于 2008 年。创校之初,学校即以"让童心飞扬,为生命奠基"为办学理念,提出办"尊重儿童特性"的小学教育,还原快乐童年,使儿童在获取知识、开阔眼界的同时,提高品德修养和审美情趣,力求把每一个孩子培养成"志向高远、人格健全、基础扎实、特长明显"的建设者和接班人,并在努力提升孩子们道德素养的同时,让他们享受童年的幸福。基于此办学理念和育人目标,学校在德育工作中凸显"童心责任"主题,构建"童心德育"体系,以"全员育人、全程育人、全方位育人"为德育工作理念,以让孩子们沐浴更多的关爱为原点,构建德育导师队伍;以让孩子们享受成长的快乐为基点,探索德育课程;以让孩子们获取丰富的体验为支点,开拓德育阵地;以让孩子们健康全面地成长为重点,开展家校共营。渠道不断健全,教育形式不断丰富,育人团队不断壮大,学校的德育工作日益发展,并逐步形成了具有自己特色的德育工作模式。

(一)东南小学德育管理和评价改革的主要做法

东南小学围绕"童心责任"的德育主题,以德育课程体系为依托,以"全员育人、全程育人、全方位育人"作为德育工作的核心,通过校园环境的打造以及家校合作,在时空上统筹营造德育氛围,并以档案袋的方式评价关注学生良好品行的积累,在细小处落实德育工作。

1. 聚焦以"童心责任"为主题的全方位德育管理创新

(1)优化德育导师队伍建设

让孩子充满"童心"的基础是让孩子享受更多的关爱,为此,东南小学以"全员育人、全程育人、全方位育人"作为学校现阶段德育工作的核心。尤其是自 2015 学年起,全校施行德育导师制度,并且为保证德育导师制工作的实施,学校成立了专项领导小组,加强对实施"德育导师制"的组织领导,小组由校长领导,分管副校长负责,学生发展中心具体落实。

随着德育导师制度的不断完善,东南小学的德育导师团队也逐渐形成,具体导师团队形成方式如下:2~3 个导师组成一个团队共同管理一个班级,通过"男女搭配、新老搭配、学科搭配、性格搭配"的方式为一年级各班配备

了3名导师,为二至六年级各班配备了2名导师。首导与二导、三导的地位是平等的,首导主要是作为导师会议以及班级活动的召集人、主持人。每个导师又有自己的一个德育小班。德育小班的形成方式为:一个教育行政班级的学生,入学观察一个月后,以学生的个性、心理、品德情况为基本,兼顾学业,师生进行双向选择。导师团队根据双向选择情况,综合平衡,形成若干个"男女平衡、特长平衡、成绩平衡、地段平衡"的德育小班。德育小班的形成遵循"学生优先、个别认定、性格互补"的原则。

为帮助导师们实现全程育人的目标,学校通过"德育教育循序渐进""教育途径多元渗透"等方式实现德育导师的全方位、立体化育人工作。为提升导师们的育人水平,学校还通过专家进校引领和外出学习考察两个途径,对导师们进行全方位培训,促使导师们不断调整心态,加强学习,更新观念,力图打造一支结构合理、关爱学生、乐于奉献的导师团队。

(2)校园文化建设渗透德育氛围

东南小学注重德育环境的创设,融德育于无痕。学校的每一幢楼、每一间教室、每一堵墙、每一条梁都是童心德育的场所。

第一,学校在建成的"童乐城"的基础上,进一步制定绿化规划,建造绿色校园和绿色走廊,每个楼层设立阅读交流园,每个教室前设置班级风采牌。现已形成了艺术长廊、书画长廊、科技长廊等多个风格各异、文化气息浓厚的文化长廊,形成了浓厚的立体环境文化,使校园里的一草一木、一墙一板都能起到教育人的作用。

第二,抓好黑板报、宣传栏、校报的出刊工作,建立"红领巾"广播室,培养学生自主投稿、自主播音能力,同时开展少先队知识手抄报,庆六一、国庆节、元旦特刊评比,制作队知识宣传板报。

第三,注重家校共营,营造多方位育人环境。东南小学注重整合家庭教育和学校教育,形成教育合力,将学校、社会、家庭三方的教育力量进行了有机整合,构建了"家校共营·和谐发展"的立体化格局,在有效的沟通中建立了更和谐的家校关系,为孩子营造良好的德育环境。

2. 通过档案袋评价积淀学生德育积分的德育评价创新

为了促进学生的全面发展、差异发展和主体发展,东南小学力求德育评价角度多元化,凸显过程性评价,实现量化与质化相结合,实现评价的人文性与科学性,并为此成立了学校德育评价机构。

(1)构建"童责少年"积分标准

为培养少先队员们良好的行为习惯,使其养成责任意识,创造一个良好的学习环境,共建和谐、文明的中队,使全体队员在上课、作业、学习成果和日常行为方面都得到健康发展,东南小学实施了"童责少年"积分制度,根据积分,各班可推选最高积分者报送学校参评"童责少年"荣誉称号。"童责少年"的标准制定是从上课表现、作业表现、学习成果、日常行为四个维度来进行的,评价主体也是多元的:上课教师对学生的上课表现进行评价,学科代表、首席导师和各科教师对学生的作业表现进行评价,首席导师和各科教师对学生的学习成果进行评价,首席导师和中队委员对学生的日常行为进行评价。

为落实"童责少年"评价制度,东南小学设立了"童乐银行",借助童乐银行发行的金、银、铜三种"童乐币"评价"童责教育"的学习成果。学生通过完成任务,获取相应的童乐币,积累的童乐金币还可兑换相应奖励。在童乐银行,评价模式又分量化评价和质化评价两种模式:量化评价模式为凭借完成课程任务的数量换取童乐铜币;质化评价模式为凭借完成课程任务的质量换取铜币、银币或金币。此外,金、银、铜三种童乐币之间还能以 1∶3∶9 的比例进行兑换,以此吸引学生主动参与,快乐体验,提高教育实效性。

(2)以档案袋评价关注学生行为习惯养成

东南小学关注对学生的德育评价,既是对每个学生德育行为的测评,更强调对其形成良好行为习惯的引领。但这种关注不是仅仅对某一次或几次行为的关注,而是对其行为的持续关注。为此学校在实施"童责少年"评选过程中特设立了"童心成长档案制度",内容主要涵盖三类:一为学生基本信息,包括学生家庭及社会关系详细情况、学生心理生理健康状况;二为学生行为记录,记录学生的各种行为表现、学习过程、学习成果;三为师生成果评价,既有学生作品展示、自我反思,也有导师、家长的过程性评价和终结性评语。多元化的内容,使导师们不仅关注受导学生的学业成绩,更关注创新精神和实践能力,引导导师采用质性评价、发展性评价以及自我评价等多样化的评价方式。同时,档案袋评价使导师的评价不再局限在终结性评价,而是延伸到了学生成长的每一个时段,实现了评价的过程化。比如,根据每一门"童责课程"制作相应的《学生活动手册》,以一个学期为使用周期,学生可在活动手册的指导、帮助下顺利完成了解学习内容、参观实践活动、记录学习成果、展示交流等多个学习环节的任务。

(二)东南小学德育管理和评价改革评析

东南小学从学生的年龄特点出发,从关爱童心和学生身心发展的角度出发,紧密结合学校的办学理念和培养目标,将"童心"和"责任"有机地结合起来成为德育的主题,从而使德育工作成为学校整体教育工作的有机组成部分,也通过德育管理和评价的创新将德育工作落在小处和实处。让每一位老师都成为学生的成长导师,全面参与到德育工作中来。学校还围绕着"童心责任"构建了内容丰富、体系较为完善的德育课程体系,让学校的德育活动不局限于零散的活动安排,整体化和系统化的课程设计也为德育开展提供了有力的平台,增强了德育效果。学校还关注学生一点一滴的进步,以积分制度结合档案袋式评价,记录学生的成长,也促成学生良好行为习惯的养成和美好品德的培养。

第三节　教育现代化进程中学校德育管理和评价创新的对策思考

教育现代化进程中对德育管理和评价在理论研究和实践方面提出新命题,如何紧扣教育现代化这一背景,在理性分析德育管理和评价特点的基础上,需要进一步积极思考德育管理和评价的创新对策。

一、德育管理创新的实践策略

如上所述,教育现代化要求学校德育管理具有校本化、特色化、多元主体性、开放性的特色,那么如何体现这些特色,将德育管理落到实处、细处?学校需要在具体的德育管理工作中不断创新,以适应教育现代化对德育工作的新要求。

(一)关注师生生命意义的生成

真正的德育不是靠口号喊出来的,不是靠标语刷出来的,也不是靠某些人苦口婆心说出来的,而是在无声处、无形处悄悄浸润着学生的心灵,要在生活的细节处寻找德育的机会,因为德育是起始于生活而又为了生活的,德育管理要回归师生的生活。

首先,德育管理中要树立"德育是为了生活"的理念,促使道德成为学生构建自身生活的基本元素;对他们的标准也应该是建立在首先成为一个"公民",而不是一个"圣人"的角度上。

其次,德育管理要尊重学生的年龄、心理特征以及差异性。不同年龄段的孩子有不同的认知、心理发展水平,也制约着他们在德育过程中的理解和内化程度,回归生活的德育管理要关照学生的年龄和心理特点,也要关照他们的个体差异性,因为从个人发展来看,学生的德行品性不是按照统一的步伐来发展的。

再次,德育管理要注重贴近学生生活的德育内容建构。针对每个年龄段学生的特点,尤其是他们在生活和成长中的困扰,适时开展能解决他们成长问题的德育,比如心理健康教育、尊重生命教育、抗挫折教育,良好生活方式教育、和谐人际交往教育、品德教育,感恩教育、责任感教育、社会公德教育、独立思考教育,等等。还可以结合学校的办学理念,开发校本化的德育课程和活动,融入学校的教育教学活动。

最后,德育管理的过程要尽可能融入学生的生活、成为学生的生活。德育管理途径不应脱离学校的教育条件和资源而存在,而应最大限度地融入学生日常学习与生活。

(二)建构多层面的内容体系

当前,我们处在一个多元化的世界中,人们的价值观也呈多元化的倾向,但是,我们知道,德育内容的选择和组织要受到社会需求和人的发展两方面因素的制约,其中社会需求又划分为四种内容——道德规范、社会规范、国家利益、政治目标,[①]学校在选择德育内容时都会充分考虑这些因素,因此学校德育的方向基本是一致的。而恰当的,既反映学生成长需要,又反映学生现实的德育内容应是多层面的,在促使人发展的前提下,既有反映国家价值观的内容,也有基本道德价值观的内容,要使人的发展的知识、民族价值观和人类普遍的道德价值三个方面的内容有机结合;反映个体心理健康、道德品质、政治观点和思想认识四个方面的内容有机结合;反映基本知识学习、技能技巧的学习、行为习惯的学习以及知识能力发展四个方面的内容有机结合。[②] 除此之外,学校还可以根据办学理念和育人目标,从不同的方面选择不同的主题,并用不同方式进行表达,比如孝心、爱心、责任心,比如尊重和理解等。

(三)多主体参与和整合

学校的德育管理是一个系统工程,要注重发挥学校、家庭、社会的力量。

---

① 戴胜利.中外学校德育管理的比较与思考[J].上海师范大学学报(哲学社会科学版),1998(4):165-167.

② 戴胜利.中外学校德育管理的比较与思考[J].上海师范大学学报(哲学社会科学版),1998(4):165-167.

在学校,除了班主任之外,每一位教师都有教书育人的责任和义务,也是与学生接触比较多的人。所以,首先,学校要加强对教师德育方面的专业素养的提升,调动每一位教师开展德育的积极性。比如,案例中的学校所采取的"德育导师制",在学校构建了很好的德育组织和环境。其次,还要充分发挥学生作为德育主体的作用,苏霍姆林斯基指出:"没有自我教育就没有真正的教育。"要多给学生提供自我开展德育的机会和平台,让学生自我管理、自我设定标准、自我提高、自我发展,充分发挥学生的主体意识,也可以充分相信和肯定学生学习小组的力量,引导学生围绕小组建设目标,在分工合作中完善自主管理。

家长的行为规范直接影响着学生的言行,家长也是学生的第一位老师,学校除了要加强与家长的沟通交流,了解学生在家时的状况,还应根据家长的个人情况,帮助制定对学生进行品德教育的措施,甚至邀请家长一起参与学校的德育活动,使其成为德育的重要力量。

当然,我们还应引导学生走向社会,在社会实践活动中,将学校教育、家庭教育和社会教育相结合,在实践活动中体现品德教育的效果,让学生体验践行良好行为规范的快乐。

(四)建立和谐德育体系

很多时候,学校传统的德育管理体系已不能满足时代发展的需要,有些学校的德育管理观念陈旧,有些学校的德育管理方式简单粗暴,有些学校的德育管理环境保守、封闭,等等,与教育现代化的要求不相吻合。教育现代化要求学校建立一个共生、互融、开放的德育体系。

首先,从学校整体教育这一角度来说,学校的德育管理理念、德育管理目标、德育管理内容和德育管理制度、德育管理行为,不仅和社会对公民的要求有关,还应和学校的办学理念、育人目标紧密相关,假如以"人本"作为办学追求的学校制定的德育管理制度一味地在规章制度上做文章,过于追求规章制度细则化、标准化,而且还配合量化评分甚至经济制裁,把教师和学生管得很死,把依法治校变成了以罚治校,那么,人本化的意味何在?这种与学校追求不一致的德育管理行为也难以得到师生的支持。

其次,学校德育管理体系应是完善的。有的学校提出了德育管理理念,也搭建了德育管理的组织,但有的缺乏相应的制度建设,有的缺乏相应水平的教师队伍,还有的缺乏对德育管理效果的评价和关注,不完善的德育管理体系很难让学校的德育管理行为产生实效。

最后,学校德育体系的各个组成部分之间是有机协调的。不能说学校提出了具有先进性的德育管理理念,而在落实的过程中却采用片面、简单化的方式去落实;也不能说一提出"高大上"的德育目标,学校就去照章落实,在学校的德育管理环节,需要将"高大上"的德育目标结合学校自身实际进行校本化和个性化的呈现和表达,然后以贴切师生生活的方式进行落实。

当然,和谐的德育体系除了共生、互融的特点之外,还应具有开放性,应具有与时俱进的敏感性,对新时期德育问题捕捉的敏捷性,对新时期德育理念、方式方法正确定位的准确性,等等。

二、德育评价创新的基本路径

教育现代化要求德育评价具有发展性、时代性、生活性、多元性和互动性,要把这些观念落实在德育评价实践中,也需要在德育评价工作中进行创新。

（一）评价目标关注人性化

首先,对学生的德育评价是为了促进每个孩子发展,那么对待每个孩子都要尊重他们的心理特点和个性差异,让每个学生都能感受到成功的乐趣。

其次,对学生德育评价的标准应从刚性走向人性。德育评价标准不宜设置太高,而应该是大多学生通过努力就能达到的,学生只要有进步、有发展就能得到肯定,这样才能调动学生的积极性,才能让更多的学生得到鼓励。

最后,评价内容应具有多样性。苏霍姆林斯基的《给教师的一百条建议》中有一个故事:一个男孩成绩很差,而且还经常恶作剧把老师气得发抖,当男孩家长决定让他辍学时,老师如释重负。时隔半年,老师的电视机坏了,上门修理的师傅手艺高超,并开出了保修三年的单据,而他就是那位男生。老师羞愧于心:这完全不是当时在我课堂上的那个人啊。这个例子说明,老师要能经常性、多角度地观察学生,不以学生的学业成绩为唯一标准。再比如案例学校"阳光少年"的评选,立足于每个学生日常的生活与学习,让他们每个人都有机会在不同的方面呈现闪光点,成为自信的阳光少年。

（二）评价主体、标准和方式注重多元化

首先,注重评价主体的多元参与。以往对学生的评价往往由教师来完成,在某一种程度上也造成了对学生评价的片面性。要改变过去教师对学生的单一评价,让家长、同伴、学生本人甚至社区人士一起参与对学生的德育评价,这也是德育过程民主化、人性化的体现。其中,尤其要注重学生的主体参与,教师应鼓励学生参与对他人的评价和自我评价,这样学生就从传统的被评价者成为评价主体中的一员,而学生自我评价的意义对其发展价值具有重要的作用,学生在自我评价中,通过不断反思进行着自我教育,也有助于激活学生多重角色意识,增强责任感。

其次,注重对评价标准的多维度关注。评价标准并不总是由教师来制定的,可以和参与评价活动的各方人士共同制定,包括学生、家长和社区人士,各方在协商中共同商定;评价标准也应有程度区分,既要有面向所有学生的基本要求,也要有较高要求;既要有面向所有学生的整体要求,也要面向每一个同学可能的闪光点。

最后,注重选取多样化的评价方式。可以根据德育目标、内容等选择恰当的、综合的德育评价方法,比如可以采用外部评价和内部评价、形成性评价、诊断性评价和终结性评价。

(三)评价过程注重生活化

德育不是简单的说教,评价也不是简单地给一个等级,而是要在学生的生活中渗透,让学生在德育评价实践中积极体验。在德育评价中还应引入反映学生参加具体活动情况的指标,并多创设可以参与的活动,引导学生选择正确的途径和方式方法达到既定的目标,帮助和督促学生进行自我调整、自我激励、自我完善。

(四)评价结果运用注重发展性

从德育评价作为德育工作的一个组成环节来看,德育评价是对中小学德育目标、德育过程以及德育效果进行考察、判断、评价的过程,在这一过程中教育行政部门、评价者以及中小学校、教师、学生等利益相关者的地位都是平等的,评价的最终目的不是对学校或学生进行排序或甄别,而是促进德育责任的分享,并为改善中小学生德育过程提供政策依据。[1]

从德育评价面向学生这一对象来说,德育评价的目的不是惩罚,而是更好地鼓励学生发展。这就要求德育评价对促进学生的全面发展、智能发展和特长发展做出努力,同时也要求德育评价要充分体现全体发展、全面发展、主动发展的要求,抛却传统的以追求奖励、短期荣誉为目的评价方式,而

---

① 刘静.第四代评估理论视角下的中小学德育评价[J].中国德育,2015(11):19-23.

将德育评价看作促进学生发展的重要方式,评价结果不会对学生分等,不会对学生带来惩罚。因此,学校在构建对学生的德育评价体系时,例如关于个体道德品质状态的测评体系的构建,要使整个评价体系建立在积极鼓励的基础上,消除惩罚对学生心理的消极影响,强化正面刺激,使评价对象在得到肯定中明确其成才方向,努力提高自身的素质。

第五章 传统道德与德育创新

中国传统道德是以儒家为主要代表的传统道德思想和行为规范的总和。一代又一代的中国人受到优秀传统道德的影响、熏陶,形成了华夏民族的性格。中国传统道德以她独有的魅力,影响、感化、教育着中华儿女。千百年来,世界各民族的不断交融,造就了现代道德的多元融合,中国传统道德经过时间的锤炼和荡涤,越来越清晰地呈现其脉络、内涵和精髓。中国优秀传统道德剔除了"小农经济和宗法专制制度为基础的封建性糟粕"①,吸收了"具有普遍合理性的体现民族精神和符合民族文化心理特点的民主性精华"②,从而可以融入新构建的现代道德教育体系,使现代道德教育植根于民族文化,具有中国特色。

第一节 传统道德教育的时代内涵

学校德育工作,往往从中国优秀传统道德的教育开始,甚至把中国优秀传统道德教育作为重要内容之一。在传统道德教育问题上,学校德育工作者必须认真思考如何才能创造性地开展德育工作。传统道德教育创新的关键,应该是既立足传统,又立足国情。充分赋予传统道德以时代价值,实现社会主义核心价值观与传统道德教育的有机结合,是教育现代化进程中不

---

① 朱永新,任苏民.中国道德教育:发展趋势与体系创新[J].教育研究,2000(12):10.
② 朱永新,任苏民.中国道德教育:发展趋势与体系创新[J].教育研究,2000(12):10.

可忽视的重要环节。

一、传统道德教育的基本要素

中华文明上下五千年,中华民族的传统道德教育自成体系,中国历史上杰出的思想家、政治家、教育家无不濡染于优秀传统道德的涵养,同时也正是优秀传统道德造就了我们民族勤劳、善良、正直、勇敢的品性。那么,我们到底该如何来认识传统道德教育,其理论体系又是如何层层展开的呢?

(一)传统道德教育的立论基础和逻辑起点

孔子的教育没有停留在对西周等级教育制度的改革和对庶人的礼乐教育上,他已经开始思考"人之所以为人"的问题。"性相近也,习相远也。"(《论语·阳货》)正是他对"人之所以为人"问题思考后得出的一个重要结论,这一结论成为孔子对人的本质属性和社会属性的诠释。从人的本质属性提出"性相近",说的是人先天的道德素质是无差别的;从人的社会属性提出"习相远",说的是人后天主观努力与否造成道德和社会地位的差异。为了践行"性相近也,习相远也"的理论,孔子创办私学并制定了"有教无类"的办学方针,从而否定了上层统治者"独占"社会道德的权力。因此,"性相近也,习相远也"成为孔子教育思想的理论支点,也是他思考道德教育问题的逻辑起点。①

包括孔子在内,历代思想家往往都有其道德教育理论,而道德教育理论或思想的起点往往都有对人性的思考。

墨子以"素丝"比喻人性,提出"染于苍则苍,染于黄则黄","染不可不慎"(《墨子·所染》)的教育观点。无论是孔子的重习也好,还是墨子的重染也好,都认为人的先天道德素质是无差别的。孔墨之后关于人性的探讨出现了孟、荀两位学术大家尖锐对立的观点。孟子持"性善说",认为人天生具有恻隐、羞恶、恭敬和是非之心,主张要想成就尧舜这样的圣人,唯一的途径就是"存心""养心"和"求放心"。荀子从"性恶论"出发,认为人天生疾恶、好利、悦声色,如果能做到"伏术为学,专心一志,思索孰察,加日县久,积善而不息",就能成为圣人。孟子和荀子的道德教育思想似乎大相径庭,其实他们道德教育思想的出发点和归宿是相同的。无论是孟子的性善,还是荀子的性恶,都符合孔子的"性相近"。

真正对我国传统道德教育产生了深刻影响的人性观点是孟子的性善

---

① 张书丰.论中国传统道德教育的理论体系[J].当代教育科学,2006(11):3-9.

论。到了宋明时期,理学思想家们各有自己的思想,无论是程朱的客观唯心学派,还是陆王的主观唯心学派,都把孟子的性善论作为他们阐发理学思想的起点和立论基础。

孔子之所以提出"性相近",是基于人人都有受教育的权利的思想,从而解决社会现实问题。孟子深化孔子的观点,进一步探讨道德教育的途径和方法。程朱的"孟子有大功于世,以其言性善也"是看到了孟子性善论的道德教育价值。因此,由孔子"性相近"观点延伸而来的性善论是我国传统道德教育体系的立论基础和逻辑起点。

(二)传统道德教育的核心理念

传统道德教育的核心理念,可以从孔子的道德教育思想寻找答案,正如清代学者戴震所说,"一言尽也,仁而已矣"(《戴震集·原善》)。孔子的道德教育思想,主要体现在以"仁"为核心的四个方面:"仁者爱人""仁者,人也""克己复礼为仁""孝、悌、忠、恕、恭、宽、信、敏、惠"。这些都是仁者的基本道德品质。孔子分别从伦理、哲学、实践和基本道德品质等角度赋予"仁"以深刻的内涵,使"仁"字成为其道德哲学的最高范畴。孔子之后,经过历代思想家们的不断演绎和诠释,"仁"固化成了中国传统道德教育的核心理念。

首先,孔子认为爱人是仁的基本含义,也是待人处事的总前提。"仁者爱人"从伦理的角度诠释了"仁"的内涵。孔子在回答"何谓仁"的问题时答道:"爱人"(《论语·颜渊》)、"出门如见大宾,使民如承大祭"(《论语·颜渊》);在回答如何治理国家的问题时答道:"古之为政,爱人为大"(《礼记·哀公问》);在得知马厩失火时,他不问价值极高的马怎么样了,而只问"伤人乎"(《论语·乡党》),这里的"人"显然是指地位相对低下的养马之人,爱人之心溢于言表。

其次,孔子的"仁者,人也"(《礼记·中庸》),从哲学的角度诠释了"仁"的含义。他认为人都具有爱人的特性,所以人都具有实践仁的可能性,也就有了成为仁人的条件。孔子用"仁者,人也"四个字,解决了人实践仁、成就仁的可能性的问题。"仁者,人也"的观点是孔子对"人之所以为人"这一哲学命题思考的结果,解决了人区别于动物的人的本质属性的问题。

再次,孔子的"克己复礼为仁"从实践的角度阐释了人成就仁的必要条件和途径。孔子重视礼在道德教育中的作用,主张以礼规范人们的社会行为,要"齐之以礼",一切按照礼的要求去做。当弟子颜渊请教"何谓仁"时,他说:"克己复礼为仁。"(《论语·颜渊》)孔子认为礼与仁是密不可分的,仁为礼之本,礼表达了人内在的仁德。他重视以"克己复礼"为主要内容的道德实践,因此,他说:"人而不仁,如礼何?"(《论语·八清》)

最后,孔子提出了孝、悌、忠、恕、恭、宽、信、敏、惠等是仁者的基本道德品质的观点,从"仁"的内涵角度提炼了作为仁者的基本要义。"孝悌"是孔子道德教育思想的重要内容,"入则孝,出则弟(悌),谨而信"(《论语·学而》)是弟子学习知识的首要条件。"忠恕"是孔子道德教育思想中的又一重要内容,"己欲立而立人,己欲达而达人"谓之"忠";"己所不欲,勿施于人"谓之"恕"。① 此外,孔子还提出了"五者"的概念:"能行五者于天下为仁矣。"其所谓"五者",就是恭、宽、信、敏、惠。显然,孔子眼中的为人处世之道便是要遵循孝悌、忠恕等道德品质,强调具备了这些道德品质才能成为仁者,同时也是在告诉人们,要成就仁者,应当实践多维度的道德品质,从而多维度地体现仁。

孔子之后,其仁的思想经过其弟子以及历代思想家们的不断阐释,得到了新的发展。"以仁安人,以义正我"(《春秋繁露·仁义法》)、"博爱之谓仁"(《昌黎全集·原道》)、"学者须先识仁"(《二程集·河南程氏遗书》)、"学者须当立人之性。仁者人也,当辨其人之所为人。学者学所以为人"(《张载集·语录中》)、"天地之德,可以一言尽也,仁而已矣;人之心,其亦可以一言尽也,仁而已矣"(《戴震集·原善》),无不浸透了孔子仁的思想并注入了新的思想内涵,董仲舒、韩愈、程颢、张载、戴震等历代思想家们对"仁"的探讨成为一门学问,称为"仁学"。到了近代,更有谭嗣同著《仁学》,并演绎"杀身成仁"之壮举;蔡元培则以"仁者爱人"比附西方的"博爱",认为"仁"是一切道德之根源。

(三)传统道德教育的施教内容

中国传统道德教育一以贯之的主导内容是"四维"和"八德",传统的以德治国的思想主要是以治国言"四维",以道德言"八德"。

所谓"四维",就是礼、义、廉、耻。"国有四维,一维绝则倾,二维绝则危,三维绝则覆,四维绝则灭。倾可正也,危可安也,覆可起也,灭不可复错也。何谓四维?一曰礼,二曰义,三曰廉,四曰耻。"(《管子·牧民》)《管子》从治理国家的角度认为礼、义、廉、耻是国家得以维系的四条准绳,这与儒家的治国思想是一致的。孔子主张以德治国,"道之以政,齐之以刑,民免而无耻;

---

① 张书丰.论中国传统道德教育的理论体系[J].当代教育科学,2006(11):3-9.

道之以德,齐之以礼,有耻且格"(《论语·为政》)。意思是说,用道德引导民众思想,用礼统一民众行为,民众会明辨是非,懂得羞耻,自觉归于正道。可见孔子不仅重视礼在治理国家中的重要作用,而且已经注意到羞耻之心是以德治国的心理基础。同时,孔子也强调了道德引导和礼义规范是民众产生羞耻心理活动的前提条件。礼义是社会道德规范,可以使不同阶层的人和谐相处;廉耻是行善的心理基础,可以使个人的行为不超出社会道德规范。①

所谓"八德",就是忠孝、仁爱、信义、和平,这是孙中山先生对中国传统道德的归纳。孙中山说:"讲到中国固有的道德,中国人至今不能忘记的,首是忠孝,次是仁爱,其次是信义,其次是和平。这些旧道德,中国人至今还是常讲的。"(《孙中山选集·三民主义》)孙中山认为,忠孝、仁爱、信义、和平是中国特有的"驾乎外国人"之上的道德传统,是"特别好的道德";是我们的民族精神。只有保存并且使之发扬光大,我们民族的地位才可以恢复。

"四维"和"八德"的价值取向主要是培养整体观念,它们对中华民族的世界观、价值观等产生了重要影响,并逐步孕育了饱含整体观念的天人合一的自然观、和而不同的社会观以及家国至上的国家观。

中国传统道德教育的自然观崇尚天人合一。天,即自然,而人源于天,所谓"天人关系"即指人与自然环境的关系。遵循"与天地合其德,与日月合其明,与四时合其序"(《易传·文言》),才能完成人性的自我实现。人类只有尊重自然("知天命"),合理地开发和利用自然,并保护好自然,才能达到人与自然和谐共生,才能达到相知、相通的"天人合一"的美好境界。

中国传统道德教育的社会观追求和而不同。在处理天地人关系时,留下了"天时不如地利,地利不如人和"(《孟子·公孙丑下》)的理念;在处理国与国之关系时,留下了"礼之用,和为贵"(《论语·学而》)、"四海之内,皆兄弟"(《论语·颜渊》)的信条;在处理人与人之关系时,留下了"君子和而不同,小人同而不和"(《论语·子路》)的名句。

中国传统道德教育的国家观信奉家国至上。"天下之本在国,国之本在家,家之本在身"(《孟子·离娄上》),字字透着家国主义精神;"国尔忘家,公尔忘私""以公灭私,民其允怀"(《书经·周官》)、"先天下之忧而忧,后天下之乐而乐",无不教育人们为天下、家国的利益而牺牲个人利益就是值得的。中国传统道德教育的重要特色,正是由这种家国主义、集体主义和爱国主义

---

① 张书丰.论中国传统道德教育的理论体系[J].当代教育科学,2006(11):3-9.

的情感像涓涓细流一样滋润和熏陶着一代又一代的中国人。这种整体主义的情怀，为国家的稳定统一提供了精神动力，有助于人们形成家国至上的基本价值取向，进而为传统道德教育积累了大量精神财富。

二、社会主义核心价值观引领传统道德教育

传统道德教育与弘扬社会主义核心价值观之间存在着密不可分的联系。中共中央政治局第十三次集体学习时，习近平总书记强调指出："培育和弘扬社会主义核心价值观必须立足中华优秀传统文化。牢固的核心价值观，都有其固有的根本。抛弃传统、丢掉根本，就等于割断了自己的精神命脉。博大精深的中华优秀传统文化是我们在世界文化激荡中站稳脚跟的根基。"在教育现代化的进程中，传承优秀传统道德理念，围绕弘扬社会主义核心价值观，正确处理传承和创新的关系，特别应当做好创造性转换和创新性发展工作，使社会主义核心价值观与中国优秀传统文化共鸣，与中国优秀传统道德共振，成为全社会自觉遵守的行为规范和道德准则，内化于心、外化于行。

（一）社会主义核心价值观源于并超越优秀传统道德观

社会主义核心价值观不会凭空产生，中华民族五千多年的文明历史，包容博大的文化体系，源远流长的传统道德，灿烂辉煌的文化成果，这些全都成为社会主义核心价值观的重要思想和理论来源。可以说，中国优秀传统道德积淀着中华民族最深层的精神追求和价值取向，并逐渐形成有别于其他民族的独特标识，为中华民族的国脉传承提供了肥沃的养料和土壤。中国优秀传统道德所蕴含的道德理念和道德精华，成为历代中国人的心灵家园、精神港湾，成为社会主义核心价值观的重要源泉。[①]

社会主义核心价值观植根于中国优秀传统道德。中国优秀传统道德的基本价值观主要包括：讲仁爱、重孝道、守诚信、崇正义、尚和平、求一统等，是社会主义核心价值观的思想源头，社会主义核心价值观与之关系密切。

社会主义核心价值观在国家层面倡导的"富强、民主、文明、和谐"的价值目标，渊源于传统道德中"刚健有为、自强不息""国家一统""天下为公""民惟邦本""和而不同、贵和尚中""以和为贵"等国家观念；社会主义核心价值观在社会层面倡导的"自由、平等、公正、法治"的价值取向，渊源于传统道

① 颜世元.自觉传承优秀传统文化中的道德理念　大力弘扬社会主义核心价值观[J].东岳论丛,2014(12):5-8.

德中"民胞物与""天人合一""允执厥中""隆礼重法"等社会观念;社会主义核心价值观在个人层面倡导的"爱国、敬业、诚信、友善"的价值准则,渊源于"勤俭廉政、精忠爱国""仁爱孝悌、谦和好礼""见利思义、诚信为本""天下兴亡,匹夫有责""经世致用,知行合一""言而有信"等公民观念。

社会主义核心价值观必将成为优秀传统道德在教育现代化过程中,国人遵守的道德新常态。悠长的五千多年文明史,无论历史变迁也好,社会变化也罢,由优秀传统道德构成的价值观念,从来都是中华民族延绵不绝、生生不息的精神动力。中华传统美德,从来没有也永远不会过时,在教育现代化进程中的今天,这些美德将更加发扬光大、熠熠生辉。因此,我们培育和践行社会主义核心价值观,就必须大力弘扬中国优秀传统道德,挖掘其时代价值,对传统道德坚持去糟取精的态度,赋予中国优秀传统道德以新的时代内涵。

社会主义核心价值观通过对中国传统文化"取其精华、去其糟粕",继承了中国传统道德的合理内核,并根据时代特点和历史要求,吸收当代先进文化,实现了对中国传统道德的超越。一方面,社会主义核心价值观继承了中国传统文化的合理内核,具备民族性、本土性和历史性,成为中国特色的价值体系和信仰体系;另一方面,社会主义核心价值观实现了对中国传统道德的升华和创新,具有时代性、开放性和世界性。中国传统道德思想虽然博大精深,但它毕竟是封建时代以自然经济为基础的、封闭的社会形态产物,具有封建性和狭隘性[①],只有对其进行创新和超越,才能根除其封建性、封闭性和狭隘性的特征,在当今时代得到弘扬和发展。培育和践行社会主义核心价值观必须充分挖掘和汲取中华优秀传统文化的宝贵资源,吸纳精华,总结提升,促进其在当代社会的现代性转换。24字社会主义核心价值观,在继承中国优秀传统道德的基础上,与中国特色社会主义发展要求相契合,与人类文明优秀成果相承接,充分彰显了它的时代性和先进性。[②]

(二)把传承优秀传统道德作为社会主义核心价值观教育的切入点

中国优秀传统道德博大精深、源远流长、绵延不绝,从格物到致知,从诚意到正心,从修身到齐家,从治国到平天下,其内涵也好,外延也好,形成了方方面面的传统道德,其中爱国情怀、孝道理念、民本思想、创新精神、诚信

---

① 徐红林.继承和超越:社会主义核心价值体系和中国传统文化的关系探析[J].前沿,2012(10):37-38.

② 韩华球.文化视域下我国德育课程改革反思[J].教育学报,2014(2):65-69.

精神和和谐理念尤为国人所推崇。五千多年的悠久历史,绵延不绝的传统文化,积淀了中华民族最深层次的精神追求,代表了中华民族区别于其他民族的独特的精神标识。以中国优秀传统道德教育作为培育和弘扬社会主义核心价值观的切入点,是再合适不过了。

第一是爱国主义教育。自古以来,爱国主义一直都是中华民族永恒的话题,中华民族历来就有一种忧国忧民、为国为家的情怀,无数仁人志士都希望将自己的人生价值在为国谋福、为民谋利中得到升华,身体力行地坚持"天下兴亡,匹夫有责"的伟大思想。"爱国"二字早在奴隶社会末期到封建社会初期就已出现,《战国策·西周策》中谈到"周君岂能无爱国哉"。爱国主义已流淌在中华民族的血脉之中,镌刻在人民的内心深处,成为人皆有之的最深厚、最纯洁、最高尚、最神圣的情感。当前,中国人民正走在实现中华民族伟大复兴的征程上,没有爱国主义作为基础,民族复兴是不可能实现的。①

第二是传统孝道教育。弘扬社会主义核心价值观,不是对中华民族传统孝道照单全收,而是有选择性地扬弃。要坚守养亲、敬亲、尊老、爱老等传统孝道的精义,摒弃"父母在不远游""光宗耀祖""埋儿奉母"之类的愚孝。要把传统孝道与时代特征相结合,赋予其新的内容。包括把孝敬父母的传统孝道引申为热爱祖国、热爱人民的"大孝";把继承父志转化为继承先辈振兴中华的大志;把立身立功转化成为国家现代化建设建功立业的不懈追求;把事君忠君转化为对党和国家、对人民的忠诚感恩,等等。只有这样,才能使孝敬的内涵具有更鲜活的生命力和浓郁的时代感,真正成为涵养社会主义核心价值观的道德源泉。②

第三是民本思想教育。在中华传统文化中,民本思想一直居于十分重要的地位,古代思想家认为"天之生民,非为君也,天之立君,以为民也",人民是社稷治乱兴衰的关键,是君王布政施治的标准,统治者要以民为本、以安民为务。"民本"一词始见于《尚书·五子之歌》所载的"皇祖有训:民可近,不可下。民惟邦本,本固邦宁",即人民是国家的基础和根本,统治者应

①　黎昕,林建峰.优秀传统文化的传承与社会主义核心价值观的凝练[J].福建论坛(人文社会科学版),2012(9):163-167.

②　颜世元.自觉传承优秀传统文化中的道德理念大力弘扬社会主义核心价值观[J].东岳论丛,2014,35(12):5-8.

该亲近善待人民,只有人民安居乐业,国家才能长治久安。①

第四是创新精神教育。中华优秀传统文化中蕴含着深厚的创新精神的内涵和底蕴,中华文化之所以在数次历史劫难中能够浴火重生,永葆生机,避免了盛极一时的古埃及文化、巴比伦文化、玛雅文化最终衰落乃至毁灭的宿命,正是因为中华文化能够包罗万象,勇于创新,使中华民族的血脉得以不断延续,中华文明得以代际传承,并且重铸辉煌。中华民族的创新精神最早产生于西周末年,主要是对"变"的问题进行阐述而形成关于创新发展的"易"理,只有刚健自强、德行天下的人才能在自然和社会中求得生存和发展,正是这种废旧立新的创新精神激励着国家不断走向强盛。②

第五是诚信精神教育。弘扬社会主义核心价值观,要拓宽诚信的主体范围,赋予其新的时代内涵,使诚信成为更高基础上、更广范围内的价值共识。诚信包含着"诚"与"信"两个方面的内容,二者相互贯通并互为解释,构成整体意义上的道德规范。"诚"主要是指"内诚于心",更多的是对道德个体的单向要求,其作用主要在于约束自己;而"信"主要是指"外信于人",更多的是针对社会群体提出的双向或多向要求,其作用也主要在于规范社会秩序。诚信对于我们当下社会来说,不仅没有过时,而且具有十分重要的时代价值和非常紧迫的现实意义,而且是社会主义核心价值观倡导的重要价值准则。③

第六是和谐理念教育。中华民族自古以来就是一个崇尚和追求和谐的民族,和谐理念是中华传统文化的思想精髓和内在气质。早在先秦时期,我们的先民们在生产和生活过程中就开始思考着人自身、人与人、人与自然以及人与社会等之间的关系,以追求世间万物有机和谐为最高境界,并且薪火相传,不断传承和超越,提出了"和而不同""和合中庸""天人合一""政通人和""协和万邦"等丰富多彩、意蕴深远的和谐理念,强调要与人为善,通过个人身心的修养和完善促进人际关系的信任和睦。④

---

① 黎昕,林建峰.优秀传统文化的传承与社会主义核心价值观的凝练[J].福建论坛(人文社会科学版),2012(9):163-167.

② 黎昕,林建峰.优秀传统文化的传承与社会主义核心价值观的凝练[J].福建论坛(人文社会科学版),2012(9):163-167.

③ 颜世元.自觉传承优秀传统文化中的道德理念 大力弘扬社会主义核心价值观[J].东岳论丛,2014,35(12):5-8.

④ 黎昕,林建峰.优秀传统文化的传承与社会主义核心价值观的凝练[J].福建论坛(人文社会科学版),2012(9):163-167.

第二节 学校传统道德教育的实践样本

宁波市中小学传统道德教育,从育人内容来说,主要集中在"慈孝教育"和"国学教育"等方面,但不同的教育内容呈现出不同的特点。从育人载体来说,主要通过墙体、橱窗宣传和校本教材、读本编印等形式多样、各有特色的载体,营造出浓郁的育人氛围。

一、学校传统道德教育的宁波调查

以"慈孝"为主要内容的传统道德教育,表现出相对集中的地域特色,在宁波主要集中于江北区、慈溪市和镇海区,这些区域或是慈孝民间文化积淀深厚的地区,或是受慈孝文化辐射影响较深的邻近地区。以"国学"为主要内容的传统道德教育,在宁波市各学校尤其是各小学开展得比较普遍,以课程开发、"细水长流"为主要特点:有的学校国学课程开发自成体系、不同学段学习内容由浅入深,层层递进;有的学校国学教育"细水长流",润物无声,潜移默化。

(一)立足地域优势,开展慈孝教育

慈城,是古慈溪县城,后划归宁波市江北区管辖,是宁波有名的慈孝之乡,历史上出现过许多慈孝故事。慈城历代出现了许多的孝子(女),千百年来的历史积淀形成了具有明显地域特色的慈孝民间文化。"百善孝为先,孝为德之本。"长久以来,"慈孝"就是中华民族代代相传的传统美德。从汉代大儒董仲舒的六世孙董黯与其母的经典慈孝故事传说开始,慈城的山山水水就与"慈"结下了不解之缘。据史料记载,慈城自设县以来,受到皇帝旌表的孝子(女)就有 30 多人。其中,汉代的董黯、南宋的孙之翰、唐朝的张无择最为出名。他们的孝行和感天动地的故事,在民间广为流传,他们成为当时社会伦理的模范,形成了独具特色的慈孝文化。在民国时期,慈城镇更被称为"孝中镇",可见其慈孝文化的深厚。

由于慈城与慈溪的历史渊源,以及慈孝文化在民间的不断传播,宁波市下辖的江北区和慈溪市的慈孝文化深入千家万户民众的心中,在学校教育中自然地形成了带有地域特点的以慈孝教育为主要内容的传统道德教育。慈孝文化对镇海区等周边地区的辐射作用也十分明显。

走进慈城镇中城小学,我们看到学校秉持的"诚、谨、勤、俭"的校训,以

弘扬慈孝文化为抓手,不断探索有效的育人手段,创新育人模式,逐渐形成慈孝教育品牌。该校组织力量在专家的指导下编写了一本既通俗易懂、切合学生阅读习惯,又能全面反映慈孝文化内涵的《慈水涓涓——慈孝文化读本》,开展学生读"慈孝"文章、悟"慈孝"文化、做"慈孝"之人活动。

走进江北区新城外国语学校,校长告诉我们:"我和我的同行们深感压力和责任,庆幸的是我们身处宁波江北,一个慈孝文化之乡,这使我们学子的血液中都天然地流淌着慈孝元素,也使我们的教育有更多的素材和资源。"该校利用各种平台,如橱窗、宣传栏、学校正门电子大屏幕等宣传孝德箴言和孝德故事,举办专题班级黑板报比赛,宣传"孝德教育"的内容和意义,利用学校网站展出孝德经典故事等。

走进慈溪市掌起初中,"礼孝文化"融入于校园环境,校园内安放着文化石并刻有礼孝主题的名句,布置有"礼孝文化"墙,开设了"礼孝"宣传窗,学校还编纂了礼孝读本,使学生在校园各个角落都能受到礼孝文化的熏陶。

走进慈溪市周巷镇潭北小学,操场上、教室里、墙壁上满是"会说话"的漫画、手工作品。全校有 45 个艺术兴趣班,并因此成为慈溪市首家获中央专项彩票公益金支持的"乡村学校少年宫"。①

(二)开发国学课程,弘扬国学精粹

浙东学人的一个重要传统,是继承和发扬以国学经典为主要内容的传统文化。其中浙东学派继承、发展了浙东学术史上的优良传统,不守门户之见,博纳兼容,贵专家之学,富创新精神,倡导"经世致用",主张学术研究要为社会服务。受到浙东学派滋润的浙东后人们以国学教育的形式,开展传统道德教育。大力倡导以《三字经》《弟子规》《道德经》《论语》等为主要内容的经典诵读活动,传承中华优秀传统文化。

走进江东区镇安小学便可见一道高高的中式新大门,门楣上悬挂着"甬城国学堂"五个大字,立柱上、走廊旁是《三字经》《道德经》《论语》的经典名句……仿佛走进了一部立体的、会说话的国学经典教科书。镇安小学开展国学教育,推出了"启智怡情"国学文化课程、"养正毓德"德育国学课程和"修身养性"国艺活动课程等三大课程体系。学校还编纂了一套小学国学读本,上下两册分别对应高低年级段,青少年在优秀传统文化的潜移默化中调

---

① 周敏杰,徐炜,邵滢.没有课堂的"德育课"——慈溪 136 所中小学校德育教育纪实[N].浙江日报,2015-12-28(7).

整价值认同和行为倾向。①

　　走进海曙区范桂馥小学,"父母呼 应勿缓 父母命 行勿懒 父母教 须敬听"的琅琅读书声萦绕在校园中。学校开设"漫步国学"拓展课程,让学生从小接受传统文化熏陶,培养其健全的人格,为成才奠定坚实的基础。该拓展课程主要选择《三字经》和《论语》作为孩子阅读的材料,寄望于孩子们通过学习经典净化心灵、升华灵魂。

　　奉化区尚田镇中心小学开展国学教育的主要做法,是课前安排 3 分钟时间进行经典诵读,引导学生感受国学经典魅力,养成每日诵读经典、学习国学的习惯。鼓励教师立足学生实际和成长规律,根据国学特色德育目标,组织开展综合实践活动,诵经典、学经典、用经典,领悟国学精粹,弘扬传统文化。

二、慈孝教育:以宁波江北新城外国语学校为例

　　江北新城外国语学校,坐落在慈城新区慈孝大道旁。学校所在地慈城素有慈孝文化传统。近年来,该校作为江北区慈孝教育试点学校,根据区文明委关于开展"五慈五爱"主题活动的要求,配合区教育系统孝德教育活动的实施,发挥慈孝地域优势,大力弘扬中华民族传统美德,深入开展慈孝教育活动,取得了丰硕成果,形成了具有本校特点的慈孝教育模式。

　　(一)慈孝教育与校园文化建设相结合

　　慈城具有丰富的本地慈孝文化资源,学校在开展慈孝教育的同时努力实现与校园文化建设的有机结合,以慈孝教育为主要内涵构建校园文化特色,寓慈孝文化于校园环境之中。

　　第一,慈孝文化的有形化建设。在校园环境建设中,慈孝文化的有形化建设变得尤为重要。该校利用各种平台,如橱窗、宣传栏、学校正门电子大屏幕等宣传慈孝箴言和慈孝故事,举办慈孝专题班级黑板报比赛,宣传慈孝教育的内容和意义,利用学校网站展出慈孝经典故事等。

　　第二,慈孝文化的校本课程开发。开展慈孝教育活动,有个十分重要的环节就是学习"慈孝"。整合学科资源,将慈孝教育课程化,在语文课堂、社会思想品德课堂中渗透慈孝教育。利用早自习时间,全体学生共学《弟子规》,在语文课堂里学经典、品经典、悟经典。同时,集中专家团队,充分挖掘

---

　　① 谢晔,陈醉.一所没有班干部的学校——宁波江东镇安小学道德教育二三事[N].浙江日报,2015-05-12(2).

慈城慈孝文化根基,研究和收集本地慈孝文化和慈孝故事资源,研究《千字文》《三字经》《论语》等国学经典中的慈孝文化,集结成5万多字的《慈孝文化经典国学》,作为校本课程加以推广,从而使学科资源最大化利用。

（二）慈孝教育与学生主题实践活动相结合

慈孝教育的推进过程更多地需要通过专题活动来体现,根据慈孝教育活动实施计划,通过母亲节专题活动、读书节亲子共读活动、暑期慈孝专题活动、慈孝专题班会活动等一系列主题系列活动,推进慈孝教育的有效开展。

第一,"母亲节,把爱带回家"活动。该活动向全校学生发出倡议,倡议每一位学子通过自己的行动把爱带回家。由孩子自主选择表达爱的方式,可以是一朵花,可以是一次家务,可以是一个拥抱,可以是一张自制卡片,可以是一顿自己亲手做的饭。有学生亲手自制丝袜花、节日贺卡、纸质康乃馨,有学生情真意切地给妈妈写信,有学生选择朴实地帮妈妈做家务或者说一次"妈妈,我爱你!",都得到了妈妈感动的回应。通过这样的活动,更好地架起孩子和母亲之间心灵的桥梁,让孩子们懂得感恩、懂得孝道。

第二,读书节"亲子共读"活动。该活动要求学生和家长共同参与,得到了家长们的积极配合,两代人其乐融融共同享受阅读的快乐,留下珍贵的瞬间,体会亲、孝的内在含义。

第三,慈孝教育"五个一"活动。即讲一个慈孝故事;做一件孝敬父母的事;看一部与慈孝相关的电影并写影评;算一笔亲情账;写一封感恩信。通过"五个一"活动,诠释和丰富了"慈孝"的含义。

第四,"孝德大讲堂"系列讲座。该活动与江北区关工委宣讲团活动进行有机整合,邀请宣讲团讲师和本校教师进行孝德大讲堂的讲座,全体师生共同学"孝"、感"孝"。

此外,学校还开展了全校范围的慈孝演讲比赛、慈孝手抄报比赛、慈孝之星评选等活动,通过知孝、讲孝、践孝层层推进,使慈孝教育活动真正成为德育创新的一大亮点,真正使学生显孝心、践孝行。

（三）慈孝教育与价值观教育相结合

该校学生大多出生在宁波江北,一个慈孝文化之乡,学生的血液中都天然地流淌着慈孝元素,也使慈孝教育有了更多的素材和资源,而如何在教育中巧妙地利用慈孝文化,结合价值观教育,让它切合时代的要求,以取得最佳的育人效果,这是育人者需要认真考虑的问题。为了使慈孝文化能融入当前的素质教育,学校重视生命教育、感恩教育和责任心培养等,赋予慈孝教育以时代内涵。

第一,通过生命教育感恩父母。利用慈孝文化教育,专门在校本课程中开设生命教育这一内容,由心理学专职教师编写教材并执教,每周一课时,课程内容包括"欣赏生命""做我真好""生于忧患""应变与生存"等四个单元,通过教师讲授、学生讨论、书写感想等,让学生体会到生命的无常,珍惜生命,关怀别人以及了解生命的意义,感恩惜福,以此作为言慈行孝的前提。

第二,通过"校长推荐"进行"无声"教育。该校改变传统的教师对学生"说教""训话"等有声形式,通过视频欣赏、专题辩论、社会实践、校长推荐、演讲家报告以及家长、社区的参与等"无声"形式进行慈孝教育。其中,"校长推荐"起到了"润物细无声""教育无痕"的效果。校长每两周向学生推荐一篇文章,这些文章或是优美故事,或是感人事件,或是哲理小说,共同特点是短小、有思想但不说教,要求学生在规定时间看完,但不要求写读后感,只要看就行,在没有任何压力的情况下,有所感悟,滴水穿石,潜移默化,长时间温馨的慈孝文化浸泡必将超越疾风暴雨般的带有明显痕迹的教育运动。

第三,创办"家长学校"向家长借力。该校十分重视"家长学校",培训好家长这个工作不是尽力而为,而是全力以赴,校长亲自讲第一课,目的就是统一家长的思想,使学校和家庭成为一个教育的共同体,做到家校相互理解、相互支持,形成合力。学校请来各类家庭教育专家和有成功经验的家长等,给家长讲学和交流,突破时空的限制,全天候、立体式,大大增强了教育的效果。

第四,学生担任"校长助理",拓展慈孝教育内涵,培养学生的责任心。学校对学生主人翁意识、责任意识的培养,可以促进学生孝德的长进。于是,该校便有了"还政于生"的"校长助理"职位,让学生真切地感觉到学校是他自己的,一种校荣我荣、校辱我辱的责任感便会油然而生。创新学校管理方式,放手让学生成为学校管理的主人。

三、国学教育:以宁波江东镇安小学为例

国学教育不仅要学而知,更要学而行。这方面,宁波市镇安小学做出了有益的尝试。2011年9月镇安小学挂出了颇具古韵的"甬城国学堂"大匾额,正式将国学教育作为学校的办学特色,该校的国学教育主要体现了以下三个特点。

（一）国学教育与校园文化建设相结合

校园文化是育人的隐性教材，学校将国学教育与校园文化建设有机结合，以国学精神为内涵构建文化特色，寓传统文化于环境之中，使校园成为一本立体的、会说话的传承国学经典、养正毓德的教科书。

第一，搞好环境布置，打造高雅书香校园。以国学精神为底色构建学校文化特色，在校园环境布置上体现古典韵味，让学生眼所观、行所致、手所及皆为国学所感染，从而自觉地融入国学并调整自己的言行举止。古色古香的校舍向学生展示了中国古代文化的精髓，孔子的立像告诫师生教与学的根本所在；校门口的对联"元亨利贞，天地一机成化育；仁义礼智，圣贤千古立纲常"道出了学校的教育追求；立柱上的古训告诫师生为人处事的真谛；随楼梯而上的匾额、操场边的诸子百家文化砖引领孩子树立正确的人生观和价值观；教学楼外墙的经典名段润泽着孩子的心灵世界；大门右侧的文化长廊，既是社会了解学校国学教育的窗口，也是体现学校以生为本的教育管理智慧的缩影；大屏幕上每周一句经典国学语句及注解，不断充盈着每一位师生的国学素养；诚信书吧、文化长廊、义工栏、毓德堂等精心设计的活动平台，都精彩地演绎了"润物细无声"的教育效果。

第二，建设精神文化，丰厚校园国学底蕴。学校同时还建立了一套独有的校园精神文化，如校训为"勿以善小而不为，勿以恶小而为之"；校风为"博学之、审问之、慎思之、明辨之、笃行之"；教风为"学而不厌、诲人不倦"；学风为"学而不思则罔、思而不学则殆"。整个校园文化皆体现了国学的特质，丰厚了学校的国学文化底蕴。

第三，建设专题网站，营造浓厚国学氛围。充分发挥网站宣传、交流、互动作用，普及中华民族传统文化，发挥国学教育的作用。一是设计网站页面，体现国学韵味。一进入学校网站，就感觉一股古朴、典雅的国学气息扑面而来。二是增设板块，加大国学宣传力度。学校网站专门开辟了"国学苑"栏目，"做一个有道德的人"主题网站，突出了学校国学教育的亮点，充分发挥网站交流平台的作用，加强宣传与互动，扩大影响力，提高知名度，使学校文化建设特色成效得到更大范围的社会认可。三是各班级利用班级博客，开设国学专栏，向学生推荐经典美文，让学生发表读后感言。同时加强与家长的交流互动，让家长也参与到国学教育中来。①

① 顾秋红.国学养正　毓德树人［J］.中小学德育，2012(10)：70-71.

（二）国学教育与课程体系建构相结合

学校开设了"修身养性"国艺课程，如"中国印"篆刻社团、书法社团、京剧兴趣班、民乐社团、武术兴趣小组等课外组织。这些社团组织均以学生的兴趣爱好为依据，自由组团，学生自主参与。通过组建国学社团，让学生感受国学的魅力并主动学习国学技艺，传承国学文化。校园网上设置了"群星展厅"栏目，展示社团成果，在社团活动中表现突出的孩子都可以在校园网"群星展厅"展示、宣传才艺。群星展厅展出的既有孩子们的书法、国画、篆刻作品，也有孩子们演唱京剧、演奏民乐、表演武术等精彩掠影。"群星展厅"不但让孩子们的所学有了一个展示的舞台，也激发了更多孩子的学习兴趣，同时也让家长们更关注孩子国学技艺的习得，对学校"修身养性"国艺课程的开设给予了更多的支持。

学校开设了"养正毓德"国学德育课程，编撰出版了一套国学校本教材——《养正毓德》，确定了"爱国""诚信""孝敬""为学"等 12 个主题，各个主题围绕一句国学经典名句展开教材编写。所选内容的主题皆与社会主义核心价值体系和现代文明价值体系相吻合。《养正毓德》读本的课程安排在班队课和思想品德课进行，由班主任老师和思想品德老师执教，每月安排1～2次授课活动。

学校还开设了"启智博雅"国学经典文化课程。精选经典，设计读本示例。遵循"广博性、趣味性、精简型、系统性"原则，根据小学生的身心特点，精选了中华传统文学中的《弟子规》《三字经》《大学》《中庸》《论语》《孟子》《道德经》等经典篇章，编写并正式出版了《小学国语读本》。读本每一单元的文本内容以主题贯穿，每一单元前增设了单元导读。在"实践园"的设计中，注入了更多符合小学生身心特点的内容，如学生感兴趣的对对联、猜谜语、讲故事、做游戏等环节，使读本更吸引学生。"启智博雅"课程设置为每周安排一节国学课，由语文老师承担《小学国语读本》的教学。《小学国语读本》融文化的民族性、教育的时代性、孩子的发展性、学习的趣味性于一体。更突出经典的文化价值，用思想经典培育语文的思想之树。学习这些国文经典，积累的是语言，培养的是诗性，汲取的是智慧，蕴含的是精神，练就的是文化气质。

（三）国学教育与主题实践活动相结合

丰富多彩的主题文化活动旨在行动中重植民族根本，让优秀传统文化精髓内化于孩子之心、外显于孩子之行。

1. 经典润泽童年系列活动

学校结合重大节日，举行了"相伴国学经典，传承中华文明"国庆经典诵读比赛、"诵国学经典，传民族文化"元旦文艺会演。通过经典诵读、舞蹈、小品、相声、歌曲、情景剧、朗诵、国学体操等形式对学生进行爱国主义教育和民族精神教育。各班开展了"诵读三字经""阅读伴我成长"征文展、"读经典明智慧"优秀手抄报展等活动，举行了"书画贺新年，翰墨迎学期"活动，以读经典、写感受、动手做等形式接受国学经典的熏陶。

2. 传统文化节日系列教育活动

中国传统节日蕴含并体现着中国传统文化的精髓，学校组织春节、清明节、端午节、中秋节和重阳节等最具广泛性和代表性的节庆活动，体现民族文化和突出传统节日的文化内涵，积极营造尊重民族传统节日、热爱民族传统节日、参与民族传统节日的浓厚氛围。

3."凝廉洁之气，铸国学之魂"系列活动

"文化而润其内，养德以固其本。"利用网站、广播站、墙体板报、宣传橱窗等阵地，通过漫画、电脑小报等形式，有针对性地进行反腐倡廉知识宣传；结合思想品德课及其他人文学科教学，挖掘学科教材相关内容；开展"百善孝为先"童谣创编，制作"小手拉大手劝廉卡"、撰写"我家的廉洁故事"、家庭廉洁公约签名等实践活动。

4. 典礼仪式教育

古代有很多的传统习俗、典礼仪式，不少是极具仪式感召、外力唤醒作用的。学校举办"感恩"开笔礼、"绿叶对根的情谊"毕业典礼、"九十"华诞校庆等典礼仪式，通过目标指向和引导，抓住教育的触点，唤醒每一个孩子对生命、人生的重大体悟。

镇安小学的国学教育，并不仅仅局限于经典诗文的诵背上，而是站在"童蒙养正、立德树人"的角度，古为今用，将国学文化与现代社会的普适价值观和人类发展趋势相契合，将国学的内蕴要求与学生的日常行为规范和养成教育相融合，将文句诵读与精神移植相结合，让学生在"铭言、知理"的基础上不断"塑形、矫行"。顾秋红校长告诉我们，学校就是想以此培养"尚雅崇信，笃行创新，既具浓郁民族情怀，又具国际视野"的现代小公民。

第三节　传统道德教育创新的理性思考和实践路径

中国优秀传统道德以其特有的文化内涵和精神价值成为中华文化的主要组成部分,融入了中华民族的共同文化和共同心理之中,深深地影响了中华民族的精神生活和思维方式,集中彰显了中华民族共同的精神风貌,其"修身、齐家、治国、平天下"的入世理想,千百年来造就了无数既能安身立命,又能兴邦治国的中华英杰。今天,我们在中小学中继承弘扬中国优秀传统道德教育思想,对于当代中国青少年的道德建设,具有十分重要的现实借鉴意义。[①]

一、充分发挥传统道德教育独特的德育功能

社会变革是学校的"晴雨表",学校是社会的"影子"。今日之学校早已不再是"社会的孤岛",社会上发生的事件以及相关的价值信息都能快速融入学校和学生的生活中。这就需要学校的道德教育必须是面向现实的、开放的和动态的。作为学校德育的重要组成部分,传统道德教育主要通过弘扬"仁义"传统道德教育观、提倡"义利"道德教育观、继承"诚信为本"的道德教育观等方面发挥独特的教育功能。

（一）弘扬"仁义"传统道德教育观,培养有德有才、德才兼备的人才

中国历史上的思想家、教育家都非常重视教育在育人和治国中的作用,并把它提高到治国安民的高度来认识,把道德修养和道德水准看成是兴邦治国的基础。特别是儒家认为,人的天赋素质并没有多少差别,人之所以成为不同的人,主要是后天的学习和环境造成的。而学习和教育的目的是培养人的理想人格,重在人格上"超我"意识的涵养,构建"成仁"的最高境界,即知、情、意与真、善、美的和谐统一。青少年是国家的希望,未来的事业要靠他们去拼搏、去实现。因此,继承与弘扬中国传统道德思想并以此来启迪和引导学生,坚持不懈地进行优秀传统道德教育,教育学生把主体意识和人生价值追求同国家和社会的使命感、责任感紧密结合起来,把实现自我价值与奉献社会和人民结合起来,做到"仁智"统一与德才兼备和做人的理性自觉,真正成为有理想、有道德、有文化和有能力的栋梁人才。

---

① 　易丽.儒家传统道德教育思想与当代青少年道德建设[J].理论与当代,2009(4):42-43.

（二）提倡"义利"道德教育观，培养现代价值取向

儒家思想对"义"与"利"关系的表述体现了中国古代哲学的价值观，同时也充分凸显了中华民族的价值观。所谓"义"，就是道义、正义或是国家、社会的整体利益和责任。所谓"利"，就是个人名誉、地位、权力、金钱和其他物质形态的个人利益。如何处理义和利的关系，一直是千百年来道德领域始终争论不休的话题。儒家传统道德是重"义"的，强调"义以为上"，"义然后取"。表现在公私、人我关系上，就是强调舍己从人、先人后己，克己奉公。

在市场经济物质利益的驱动下，社会上的一些人价值观扭曲，拜金主义、享乐主义和极端个人主义滋长，"见利忘义"等违背道德的不正常现象时有发生，一些消极腐败现象屡禁不止等，都不同程度地影响社会公民，特别是对青少年的成长产生了极大的负面影响。正因为如此，学校传统道德教育立足当前，正确引导和教育青少年处理好义和利的关系，进一步端正价值导向。坚持社会主义核心价值观，强调集体主义、整体观念和大局意识，坚持个人利益、局部利益服从国家利益和整体利益。把儒家传统的"义利观"与中国特色社会主义的道德价值观有机结合起来，进一步培养青少年的现代价值取向，推动青少年道德建设不断向前发展。

（三）继承"诚信为本"的道德教育观，涵养"诚实守信"的社会美德

诚信问题实质上就是道德问题，是一个人自律和品德修养的问题。因此，结合青少年自身成长的特点，对青少年进行传统道德教育，涵养"诚实守信"的社会美德，坚持以人为本的原则，重在教育，重在培育，以达到细雨润无声和潜移默化的功效。

人而无信，其所言所行不符合真实无妄的本性，其言其行也根本不可能行得通。人要讲究信义，做到言而有信，行而有信。只有做到诚信，别人才会信任你。所以，言必诚信属于人与人之间交往相处的最基本道德范畴。社会主义市场经济是诚信经济、信用经济和法制经济，人们只有做到诚实、守信和守法，才能做到相互信任，达到人与社会和谐、人与人的和谐。因此，学校传统道德教育从道德的最基础抓起，教育广大青少年在做人做事方面，要坚持"诚信为本"这一中华民族的传统美德，努力构建社会主义新时代的人际关系，使"诚实守信"真正成为永远的社会美德。①

---

① 易丽.儒家传统道德教育思想与当代青少年道德建设[J].理论与当代，2009(4)：42-43.

二、实现传统道德教育资源创造性转换发展

在中小学德育中，应当充分利用中华传统道德的思想资源优势和道德实践优势，充分利用中华民族丰富的道德资源、深邃的道德思想和可贵的道德精神，认真汲取和大力弘扬传统道德的精髓，增强文化自信、道德自信和价值观自信。同时，善于从中汲取营养，并结合时代要求，进行创造性转化和创新性发展，使之与自由、平等、公正、法治的现代社会相协调，成为涵养社会主义核心价值观的重要源泉，成为社会主义社会发展的强大助力。

（一）取其精华，去其糟粕，批判继承，古为今用

中华传统道德教育资源并非全是精华，还含有不少糟粕。例如，在中国传统文化中，"孝"历来被看作是最基本、最重要的德行之一。孔子认为："孝悌也者，其为仁之本欤。"意思是说，孝顺长辈、尊敬兄长是能够爱别人的前提和根本。但封建社会片面强调子女对父母的孝，甚至变成"愚孝"，成为束缚人的思想和行为的枷锁。今天我们在对中国传统道德教育资源加以利用之时，必须加强甄别能力，做到取其精华，去其糟粕，批判地继承。

（二）融入以改革创新为核心的时代精神，赋予其时代意义

时代精神是时代的产物，是适应时代发展的需要而形成的，是在推动时代前进的实践中形成的。改革是当代中国的鲜明标志，是当代中国发展进步的活力源；创新是一个民族进步的灵魂，是一个国家兴旺发达的不竭动力。以改革创新为核心的时代精神，蕴含了中国共产党和中国人民的基本价值理念，具有多方面的功能和价值[①]。将以改革创新为核心的时代精神融入中国传统道德教育资源，可以使其与时俱进，具有鲜明的时代意义和时代价值，更好地推动当今社会主义社会的建设和发展。

（三）转变传播方式，实现创新型传播

首先，要创新学校传统道德教育内容、方式，使学生们接受新型的传统道德理念。从传播的源头上，对传统道德教育资源进行创造性转换和创新发展。其次，可以利用现代媒体和网络新媒体等平台，利用现代先进的传媒技术，对传统道德教育资源进行创新性的呈现和传播。

---

① 杨金海,等.以创造性转化和创新性发展　推动中国文化现代化(十人谈)[J].党建,2014(4):20-21.

（四）实现与现代社会的互补优化

推动传统道德教育资源创造性转化和创新发展的一个重要途径就是立足于社会实践，推动其逐渐实现与现代社会的互补优化，例如和与争的互补优化。当代的社会竞争乃是一把双刃剑，它既是社会发展的动力，也可以带来某种消极的作用，如一定社会资源的无效损耗，一定程度经济秩序的失常等。竞争的消极作用，从一定意义上说乃是竞争参与者之间缺少必要协调与合作引起的。而传统"贵和"思想在这方面可以给竞争以补益。孔子说："礼之用，和为贵。"《中庸》提出"和也者，天下之达道也"，认为"和则相生"，"致中和"就可以"天地位焉，万物育焉"，追求和谐，注重合作。如果把贵和思想引入社会竞争机制中，以和的生成性来补益争的损耗性，以和的规范性来调节争的失序性，以和谐的心态来淡化争的紧张与异化，达到以和济事，和争互补，就可以使竞争争而不乱，争而无伤，既充满活力，又健康有序地发展。

兴中华之大业，需植根中华民族五千多年历史之深厚源泉；谋中国之万事，需传承中华民族五千多年道德之精神基因。当代中国价值观念，渊源于五千多年中华文明的历史发展；培育社会主义核心价值观，离不开中华传统美德最深层的道德支撑。[①]

今天，我们要大力挖掘中国传统道德教育资源，实现创造性转换和创新发展，深入阐发讲仁爱、重民本、守诚信、崇正义、尚和合、求大同、止至善的道德精神、道德自信和永恒价值，深入阐发社会主义核心价值观与中华传统道德的历史承接，深入阐发当代中国价值观念的深厚价值底蕴和独特魅力，筑牢当代中国价值观念和社会主义核心价值观的道德根基，用当代中国价值观念和社会主义核心价值观牢牢支撑实现中国特色社会主义现代化和实现中华民族伟大复兴中国梦的共同价值追求。只要中华民族一代接着一代地追求美好、崇高的道德境界，我们的民族就永远充满希望。[②]

三、探索学校传统道德教育创新的实践路径

五千多年的历史长河中积累起来的中华优秀传统道德，为我们中小学德育提供了丰富的教育资源。只有在实践中不断探索创新，才能赋予这些

---

① 魏志奇.让道德软实力激发正能量[N].北京日报,2014-3-10(2).

② 杨金海,等.以创造性转化和创新性发展 推动中国文化现代化(十人谈)[J].党建,2014(4):20-21.

传统道德教育资源以时代价值。

（一）家庭社会政府参与，营造浓厚的传统道德教育氛围

社会要着力创造传统道德教育的良好氛围，形成大力弘扬优秀传统道德教育的舆论导向。政府应强化优秀传统道德的宣传教育，制定切实可行的措施，通过树立生活中的传统道德典型、开展传统道德评比活动等，在全社会营造传承优秀传统道德的浓厚氛围。优秀传统道德的传承需要有家庭良好的"敬老孝亲""父爱母慈"情感氛围的滋养，家长自己必须以身作则，从生活中点点滴滴的细节上孝敬老人，关爱他人，在家庭温情敦厚氛围的耳濡目染中真正成为子女模仿的榜样和典范。家长还要树立正确的家庭教育理念，掌握科学的教育方法，应走出重智轻德的误区，树立先做人再做事的观念，关注孩子的全面发展尤其是道德品质的形成与人格的完善，培养热爱劳动、勤俭节约、孝敬长辈的品质，养成孝敬父母、热爱社会、珍惜生活的好习惯。

（二）强化学校主导，构建完善的传统道德教育网络体系

首先，整合课程教学，加强传统道德认知教育。发挥课堂教学尤其是德育课在传统道德教育中的主渠道作用。进一步扩充中小学德育课程的内涵，把体现时代特征的新道德充实进课程内容之中，使传统道德成为中小学学生的必修课。同时，注重校本德育课程开发，以丰富多样、富有生活气息的德育内容提高传统道德教育效果。

其次，利用各种渠道，加强传统道德情感教育。一是开展形式多样的传统道德主题教育活动。可以设计不同的教育主题，采取不同的活动形式，多侧面挖掘传统道德的丰富内涵。二是挖掘传统节假日的文化元素进行传统道德教育。传统节日是传统道德的重要载体，大多承载着施惠、感恩等元素。学校以这些节日为契机对学生广泛开展优秀道德教育活动，强化学生继承优秀传统道德的意识。

最后，协调各方力量，加强传统道德环境教育建设。建立家校联系机制，实现家校互动，向家长普及正确的家庭教育知识与方法，帮助家庭营造良好的教育氛围。改革学生品德评价办法，将优秀传统道德纳入学生的操行评定系统，把学生的行为表现作为考核学生思想品德的重要依据。同时，建立教师的德育档案，把传统道德教育工作成绩纳入教师工作考核之中。学校应充分利用校园教育资源，营造全方位的校园道德教育环境，形成良好的学习生活环境与和谐的人际关系,使学生在潜移默化中受到熏陶和影响。[①]

(三)完善教学内容和教学方法,开拓传统道德教学新模式

思想品德教育内容是中小学德育教育的重要组成部分,也是思想品德教师向教育对象实施教育的具体要素,在现阶段,我国中小学思想品德教育内容包括马克思主义指导思想、中国特色社会主义共同理想、以爱国主义为核心的民族精神和以改革创新为核心的时代精神、社会主义荣辱观等多方面具体内容。完善教学内容,以小学和中学思想品德课为例,可以将中国古代传统美德作为专题内容引入德育教育课堂,赋予传统道德新内涵,例如在进行基本国情教育的时候,可以以公忠为国的爱国精神作为专题内容进行着重讲解,"忠"作为中国古代重要的道德规范之一,不仅是中国传统道德的基本价值取向,也是弘扬民族精神的核心,爱国主义的重要表现就是要有忠于祖国、忠于人民、忠于家庭的道德观念。在进行道德观教育的时候,可以渗透"百善孝为先"的家庭道德、"诚实守信、谦敬礼让"的社会公德、"忠于职守、敬业奉献"的职业道德等,将传统美德作为善恶的评价标准,来培养学生的道德情操。在进行社会主义荣辱观教育的时候可以引用《大学》中的"慎独"思想,将"修身""克己""格物""致知""知耻""律己"等君子境界作为引导学生保持崇高气节的理想人格。

思想品德教育方法是中小学思想品德教师对受教育者实施教育影响的基本手段,对于达到德育目的、完成德育任务具有重要意义。通过理论宣讲法,采用有利于受教育者学习和接受的形式,将传统道德和国学引入课堂,既要以古鉴今,还要联系实际。通过实践锻炼法组织、引导学生积极参加各种实践活动,努力改造自己的主观世界,不断提高思想觉悟和认识能力,养成良好的思想品德。如进行社会调查、参观访问和参加社会公益活动,深化对理论和政策的认识,增强社会责任感,引导学生掌握传统道德规范,培养文明的行为,锻炼高尚的道德情操。通过案例分析法把当今社会出现的道德问题进行拟真,可以借助传统美德案例来论证抽象的理论,让学生尝试在分析具体问题时独立地做出判断和决策,以培养学生解决实际问题的能力。

① 王永强.传统文化视域下中学生孝德缺失问题及对策思考[J].教育探索,2012(2):119-120.

（四）利用现代化教学技术，开展虚实结合的传统道德教育

随着互联网时代的到来，日新月异发展的网络已成为当今中小学学生生活的重要组成部分，以互联网为代表的网络技术广泛渗透到社会中的各个领域，其中中小学校园也已经成为网络实践与应用的载体，网络技术已在教学领域、管理领域、学生生活等领域得到普及。"90后""00后"的学生是伴随着我国网络环境的形成与发展应运而生的群体，也是当今上网的主要人群，同时还是网络的广泛参与者和推动网络发展的生力军，网络已经介入学生的学习和生活中，逐渐成为他们获取知识和信息的重要渠道，因此互联网及现代化技术已经成为德育教育新的场所和途径。

在网络技术飞速发展的今天，中小学德育教育也应该与时俱进，充分利用和发挥互联网这一现代化技术传播渠道的作用来发展德育教育，增强德育教育的时效性和针对性。通过在"网上"和"网下"同时开展传统道德教育，及时地把握住德育教育的主动权，增强思想政治教育的吸引力和感染力，形成虚实结合的德育教育工作体系。

第六章　红色文化与德育创新

　　党的十八大以来,党中央高度重视弘扬爱国主义精神、加强爱国主义教育。2015 年 12 月 30 日,习近平总书记在中央政治局第二十九次集体学习时指出,爱国主义是中华民族精神的核心,弘扬爱国主义精神,要从青少年做起,这方面工作是管长久的、根本的。在各级各类学校中深入开展爱国主义教育,是落实立德树人根本任务、深化教育领域综合改革的重要内容,是培养社会主义建设者和接班人的内在要求。2016 年 1 月 19 日,中共教育部党组印发《关于教育系统深入开展爱国主义教育的实施意见》(教党〔2016〕4号)。意见提出,要把党的教育方针细化为学生发展核心素养,把爱国主义精神有机融入大中小学德育、语文、历史、地理、体育、艺术等各学科课程标准、教材编写、考试评价之中,纳入教育教学实践环节。

　　红色文化是深化爱国主义教育的瑰宝。加强爱国主义教育,必须既立足中华优秀传统文化,又传承红色文化基因。爱国主义教育是红色文化教育的精髓之一,深挖红色文化的价值,让中小学生在接受德育教育时充分吸收红色文化的精神营养,对于培养中小学生的爱国主义精神具有十分重要的现实意义。

第一节　学校红色文化教育内涵分析

　　教育现代化背景下,红色文化及红色文化教育的概念如何界定,学校红色文化教育包含哪些内容和方法,学校红色文化教育的现状怎样,存在什么问题,这些问题背后又有什么原因,这些都需要我们做深入分析。

一、红色文化和红色文化教育

红色文化伴随着建党、新中国成立和建设发展过程而形成,它以革命战争年代及和平建设时期所遗留的纪念地、标志物及其承载的革命历史、革命事迹和革命精神为基本载体和重要内容,是教育青少年一代的鲜活教材。

(一)红色文化的定义及内涵

"红色"代表着希望、胜利、创造、勤劳、勇敢、自力更生、艰苦奋斗、不怕流血牺牲等,中国共产党带领人民在革命、建设、改革的伟大实践中创造了独特的红色文化。[①]　关于红色文化的定义,学术界尚无定论。一些学者认为红色文化有广义的和狭义的理解。刘红梅认为,广义的红色文化是指1840年以来,为了实现民族独立和民族解放,为了实现人民富裕和民族复兴,中国人民在反帝反封建的过程中,特别是在中国共产党成立之后,领导广大人民在新民主主义革命、社会主义革命和建设时期以及改革开放以来创造的先进文化;而狭义的红色文化是指自1921年中国共产党成立以来,以马克思主义为指导,在整合、重组、吸收、优化古今中外的先进文化成果基础上,中国共产党领导广大人民群众创造的先进文化。[②]　也有学者将广义的红色文化拓展到更广的空间和更长的时间跨度中。赖宏、刘浩林认为,广义的红色文化是指世界社会主义运动历史进程中人们的物质和精神力量所达到的程度、方式和成果,狭义的红色文化是指中国共产党在领导中国人民实现民族的解放和自由以及建设社会主义现代中国的历史实践过程中凝结而成的观念意识形式。[③]　曹玉章认为,红色文化从广义上而言,应该指世界范围内共产主义运动和社会主义实践中形成的全部人类进步文化,狭义上是指中国共产党领导下的人民群众,在新民主主义和社会主义建设进程中,以马克思主义先进思想为指导,继承中华优秀传统文化,借鉴世界优秀文化,吸纳社会实践成果,形成的正面的、积极的、先进的社会文化[④]。更多学者倾向于红色文化特指新民主主义革命时期以来,在中国共产党的领导下,人民群众在长期的革命斗争和实践中创造出的先进文化。如曾喜云认为,红色文化

①　张全景.从红色文化中汲取精神动力[N].人民日报,2015-11-13(7).

②　刘红梅.红色旅游与红色文化传承研究[D].湘潭:湘潭大学,2012.

③　赖宏,刘浩林.论红色文化建设[J].南昌航空工业学院学报(社会科学版),2006(4):66-69.

④　曹玉章.延安红色文化资源开发利用研究[D].延安:延安大学,2013.

就是广大人民群众在中国共产党的领导下,党和人民群众从党与人民军队的创建到土地革命、红军长征、解放战争各个时期所留下的足迹以及所取得的伟大功绩,以及在取得功绩的过程中所涌现出来的先进人物的伟大人格、革命事迹和崇高精神。① 程潇潇认为,红色文化是中国人民在中国共产党领导下以马克思主义为指导,继承弘扬民族优秀传统文化和积极吸纳人类先进文明的产物,从新民主主义革命开始,在长期的革命实践和斗争中以及在中国特色社会主义建设的不同时期所形成的特有文化形态。② 张元婕认为,红色文化是在革命战争年代,由中国共产党人、先进知识分子和人民群众继承了中华民族优秀传统文化的精神特质,在中国大地上共同创造并具有中国特色和鲜明时代特色的文化,蕴含着丰富的革命精神和厚重的历史文化内涵,是中国特色社会主义文化的一个重要组成部分。③ 周宿峰认为,所谓的红色文化指的是中国共产党自成立以来,领导中国人民在长期的革命战争、社会主义建设和改革开放大潮洗礼的过程中逐渐形成的,反映中国共产党和最广大劳动人民的理想、信念、道德、价值,对美好生活的追求和向往,以多样化的文化方式的传承、记载、歌颂这一历史过程和现实的文化综合体。④

综上所述,这里将红色文化的概念界定为广大人民群众在中国共产党的领导下,以马克思主义为指导,经过新民主主义革命、社会主义革命和建设以及改革开放洗礼,逐渐形成的先进文化。红色文化的产生以马克思主义为理论基础,以新民主主义革命为实践基础,是马列主义、毛泽东思想与中国革命实践相结合的产物。红色文化借鉴了世界优秀文化,继承了中华民族优秀传统文化,它融民族性、科学性、先进性、革命性和创新性于一体,包含物质文化、制度文化和精神文化三种形态。物质文化包括对革命有一定影响力的革命志士和为革命献身的革命烈士及其遗物,革命战争的遗址、纪念地等;制度文化包括党在革命战争时期所创立的路线方针政策以及纲领性和理论性的文字成果;精神文化包括反映革命战争史实的红色经典作

---

① 曾喜云.红色文化资源开发利用中存在的问题、原因及对策[D].武汉:华中师范大学,2008.

② 程潇潇.红色文化与未成年人思想道德教育研究[D].南昌:华东交通大学,2010.

③ 张元婕.红色文化的育人价值与实现路径研究——以大别山红色文化研究为例[D].武汉:武汉理工大学,2013.

④ 周宿峰.红色文化基本问题研究[D].长春:吉林大学,2014.

品、影视剧、红歌等,还包括革命志士或烈士实事求是、艰苦奋斗、百折不挠、全心全意为人民服务的革命精神和革命道德传统,如井冈山精神、长征精神、延安精神、西柏坡精神和改革开放精神等。[①]

(二)红色文化教育的特征及价值

红色文化教育指的是教育主体根据教育客体的身心发展规律,以红色人物、事迹、纪念物、标志物为载体,以红色精神为内涵,选择适当的红色文化教育内容,借助一定的教育手段和方法,有计划、有目的、有组织地对教育客体进行的理想信念教育、革命传统教育和爱国主义教育。

2015 年 10 月 3 日发布的《中共中央关于繁荣发展社会主义文艺的意见》提出,要深入挖掘昂扬向上的红色文化。红色文化以其鲜明的政治立场、崇高的价值取向、深厚的群众基础、坚决的奋斗精神等,为实现中华民族复兴的伟大事业提供强大精神动力。[②] 红色文化是中国共产党价值追求和中华民族精神内涵最生动的象征,在学校开展红色文化教育,能够帮助学生汲取昂扬奋进、团结拼搏的精神动力。

1. 红色文化教育的特征

如前所述,红色文化融民族性、科学性、先进性、革命性和创新性于一体,包含物质文化、制度文化和精神文化三种形态。红色文化教育以红色文化为特殊载体,具有区别于其他类型教育的鲜明特征。

(1)导向与现实相结合。红色文化教育通过革命先辈的榜样行为和感人事迹,引导学生将红色精神内化为自身的精神品质,激发学生的学习动力,激励学生在现实的学习生活中不断进步。当学生在现实生活中遇到困难和挫折,教师引导学生以革命先辈为榜样,学习革命先辈吃苦耐劳、艰苦奋斗的精神,鼓励学生乐观面对挑战,勇敢克服困难。

(2)抽象与形象相结合。红色文化资源丰富,载体多样,如博物馆、纪念馆、名人故居、纪念碑、烈士陵园、革命遗址、史料馆等。以宁波市为例,据统计,全市市级以上爱国主义教育基地超过 80 个,其中全国级基地三个,省级基地 18 个。这些红色文化资源生动形象地展示了红色文化的魅力,发挥了独特的红色文化教育作用。从表面上看,这些资源仅仅提供了外在的物质上的展示,而事实上,学生能够了解到遗址遗物所承载的革命历史、革命事

[①] 王爱华,王刚,刘丽,等.多维视野下的红色文化[M].成都:西南交通大学出版社,2011:22.

[②] 张全景.从红色文化中汲取精神动力[N].人民日报,2015-11-13(7).

件所包含的革命思想,领略到革命先辈所具有的红色精神。在红色文化教育过程中,抽象与形象相结合,以形象化资源为载体,寓抽象于形象之中。[①]

(3)理论与实践相结合。红色文化既包含物质文化和精神文化,又包含制度文化,即党在革命战争时期所创立的路线方针政策以及纲领性和理论性的文字成果。开展红色文化教育,必然要求学生学习马克思主义理论和红色文化基本知识,熟悉新民主主义革命历史。在理论学习过程中,也必然需要学生结合自身实践,用所学理论知识回答和解决学生面对的各种问题,指导学生自身思想、学习、生活的实际行动。

2. 红色文化教育的价值

红色文化教育的价值,就是指它存在的意义。具体而言,学校开展红色文化教育,具有政治价值、经济价值、文化价值和管理价值。[②]

(1)政治价值。红色文化所倡导的红色精神深入人心。弘扬红色文化,能够为学生提供正确的价值导向,规范学生的日常行为,并帮助学生树立坚定的理想信念。用先进的文化教育学生,还能使学生增强民族精神和爱国情感,用实际行动拥护、支持中国共产党,进而巩固共产党的执政地位。

(2)经济价值。红色文化教育可以改变人的精神面貌,激励人们积极学习,为经济的发展提供精神动力和智力支持。红色文化教育为经济发展营造和谐健康的社会环境,有助于经济科学全面发展。

(3)文化价值。红色文化是先进文化的重要组成部分。通过挖掘并利用红色文化资源,能够让红色文化深入社会生活的各个领域,从而形成良好的文化氛围。通过红色文化教育,既能传承红色文化,又能使红色文化得到发展和创新。

(4)管理价值。红色文化教育能够发挥革命先辈重要的榜样示范作用,提高人的精神品质,锻炼人们的意志,培养人们的艰苦奋斗精神和团队协作精神;还能丰富人的精神境界,利于实现效率和情感的平衡,落实以人为本的管理原则。

二、红色文化教育的内容与方法

红色文化承载了丰富的内涵,以红色文化为载体的红色文化教育也因此包含着丰富的内容,开展红色文化教育要探索多种有效的途径和方法。

---

① 肖灵.当代大学生红色文化教育研究[D].南京:南京师范大学,2014.
② 黄天华.高校"红色文化教育"路径研究[D].南昌:南昌大学,2012.

（一）红色文化教育的内容

红色文化内涵丰厚、载体多样，红色文化教育的内容也因此十分丰富。黄天华从红色文化教育精神内涵的视角提出，红色文化教育包括理想信念教育、爱国主义情感教育、艰苦奋斗精神教育、开拓创新精神教育和集体主义精神教育。① 葛丽华认为，红色文化的核心内容是红色文化所承载的革命精神和革命道德传统，即共产主义的理想信念、为人民服务的革命宗旨、艰苦奋斗的革命精神和实事求是的科学态度。② 曾杰提出要从理想信念维度、政治认同维度、价值引导维度、道德规范维度四重维度探讨对当代大学生的红色文化教育。③ 针对中小学校开展的红色文化教育，我们认为其内容主要包含以下几个方面。

1. 理想信念教育

红色文化教育，首先就是理想信念教育。坚定的理想信念是中国共产党的精神支柱。在革命年代，我们党带领全国人民团结奋斗、奋勇拼搏，正是崇高的理想和坚定的信仰支撑着无数革命先辈不惧艰难险阻，最终赢得了革命胜利。在当前的和平年代，学校也需要结合新的形势，与时俱进，既要挖掘红色文化中的理想信念教育资源，又要赋予理想信念教育新的内容。通过理想信念教育，帮助学生树立崇高的理想信念，引导学生明确目标，为实现自己的理想坚韧不拔、努力奋斗。

2. 道德规范教育

红色文化蕴含着社会主义道德的规范，在红色文化形成和发展中涌现的先进人物都是践行社会主义道德规范的先进典范④，如红色文化产生时期的李大钊、方志敏、龙思泉，红色文化传承时期的雷锋、焦裕禄、高德荣等。他们的言行都彰显了崇高的道德境界。在经济快速发展的当今社会，有些学生的行为显露出道德失范的苗头，因此革命先烈榜样的力量对学生的道德修养和道德观起到了积极的培育作用，能够引导学生将其内化为自身的道德追求。

3. 爱国主义教育

在革命历史时期形成的红色文化，本身就蕴含了爱国主义精神。无数

① 黄天华.高校"红色文化教育"路径研究[D].南昌：南昌大学，2012.

② 葛丽华.红色文化教育研究[D].保定：河北大学，2012.

③ 曾杰.论当代大学生红色文化教育的四重维度[J].遵义师范学院学报，2015(4)：23-26.

④ 曾杰.论当代大学生红色文化教育的四重维度[J].遵义师范学院学报，2015(4)：23-26.

革命先烈怀有强烈的爱国主义情感,他们为了取得革命胜利,不惜牺牲自己的生命。这些革命事迹充满着感染力,会激发学生的爱国热情。中小学生是祖国的建设者和接班人,学校在进行德育教育的过程中,应该充分发扬红色文化中的爱国主义精神,潜移默化地影响学生,培养他们的爱国主义情感。同时,要注重把握爱国主义的时代内涵,给爱国主义精神增添新内容,不断创新爱国主义精神,切实有效地做好爱国主义教育。①

4. 艰苦奋斗精神教育

艰苦奋斗是中华民族的传统美德,也是无产阶级革命精神的重要内容。红色文化中蕴含着相当多的艰苦奋斗的事迹。毛泽东同志曾告诫全党"务必使同志们继续地保持谦虚、谨慎、不骄、不躁的作风,务必使同志们继续地保持艰苦奋斗的作风"。中国共产党能够取得全面胜利,艰苦奋斗精神发挥了重要作用。艰苦奋斗精神随着时代的变化而不断变化和发展。我们既要教育学生继续发扬革命前辈的艰苦奋斗精神,又要勇于创新,不断赋予艰苦奋斗精神新的内容,教育学生在享受幸福生活的同时不忘艰难,吃苦耐劳,自觉抵制好逸恶劳、贪图享受的不良作风。

5. 集体主义精神教育

集体主义精神是红色文化中重要的精神内涵之一。无论是革命历史时期形成的井冈山精神、长征精神、延安精神、北大荒精神,还是和平时期形成的九八抗洪精神、抗击"非典"精神、抗震救灾精神等,无一例外都充分体现了中国共产党强烈的集体主义精神,体现了中国共产党为了国家和民族的利益,不惜牺牲个人利益的伟大精神。② 集体主义是个人利益和社会利益、局部利益和全局利益、当前利益和长远利益的辩证统一。要继承和弘扬集体主义精神,就要对学生开展集体主义精神教育,加强学生的集体主义观念。

6. 开拓创新精神教育

开拓创新是国家和民族的灵魂,是国家和民族不断发展的动力源泉。开拓创新精神也是红色文化的重要内涵之一。中国革命建设的奋斗历程,也是中国共产党领导人民不断开拓创新的历程。我们党正是凭借开拓创新精神,破解了中国革命和建设中的一系列难题。学生要想提升自身的综合素质,在将来激烈的竞争中脱颖而出,就必须拥有开拓创新精神。提炼红色

① 黄天华.高校"红色文化教育"路径研究[D].南昌:南昌大学,2012.
② 黄天华.高校"红色文化教育"路径研究[D].南昌:南昌大学,2012.

文化中的开拓创新精神、对学生开展开拓创新精神教育,能够激励学生勇于进取,不断追求,不断创造。

（二）红色文化教育的方法

红色文化教育是学校德育教育的重要内容,要根据学生的成长特点和规律,采用喜闻乐见、生动活泼的方式开展红色文化教育。

1.学科渗透

课堂是德育教育的主阵地。教师可以在课堂上展示与课程相关的红色文化资料,可以挖掘红色文化元素开展主题教学活动,可以结合本地红色文化资源开发校本教材,以各种形象生动的方式将红色文化与课堂教学结合起来。遵循学生的身心特点,将红色文化渗透到学生德育课程和其他学科课程中,潜移默化地对学生进行红色文化隐性教育,避免灌输式教育,从而实现红色文化"进教材、进课堂、进头脑"[①]。

2.榜样教育

榜样的力量是无穷的。革命先烈生动感人的光荣事迹和榜样以其真实性和典型性能够感染和激励学生的爱国热情,帮助学生树立正确的世界观、人生观和价值观。学生还能在与榜样的比较中,发现自身与榜样的差距,从而克服困难,实现自我的提升和完善。学生通过聆听革命传统报告、县情乡情报告、当代英模报告,学习革命史、革命前辈和当代英模的事迹,走访老红军、老战士,受到的感染无疑是最直接、最快捷的。

3.艺术活动

文艺工作者根据新民主主义革命时代的感人事迹、英雄人物、模范人物,融入红色文化元素后,创作出了许多经典的文艺作品。这些作品形式丰富,有电影、电视、戏剧、舞蹈、小说、诗歌等多种形式。在学生中举办诸如红歌会、红色经典电影赏析、红色故事会大赛、红色经典芭蕾舞剧、红色图片展等活动,可以让学生在鉴赏优秀文艺作品的同时,受到良好文艺形象和氛围的影响和熏陶。

4.体验教育

围绕重大活动日、节庆日、纪念日,依托本地红色资源,带领学生参观红色革命传统教育基地,引导学生追寻先烈足迹,寻访家乡的纪念碑、名人故

---

① 严炜,郑红宇.美国大学生爱国主义教育的特点及启示[J].武汉科技大学学报(社会科学版),2007(6):627-631.

居、革命遗址等。① 学生通过身临其境的观察和体验,学习革命传统,陶冶道德情操,能更好地体会红色精神的真谛。

5. 实践锻炼

学校要创造机会组织学生参加形式多样的红色文化教育社会实践。可以是社会服务,让学生为社会提供力所能及的服务,增强他们的社会责任感;可以是劳动实践,让学生到贫困的革命老区、到农村、到工厂企业参加劳动锻炼,体验劳动人民的艰苦生活②;也可以是军事训练,让学生深入军营,亲身经历严格的军事化管理,体验军人严明的纪律;等等。学生在实践锻炼中知行合一、身体力行,将红色文化内化为具体的行动,提高了思想道德素质。

6. 媒体教育

学校要优化舆论环境,发挥环境育人的作用。一方面,要在校内充分利用黑板报、宣传栏、晨会、班会、广播等宣传舆论工具传播和弘扬红色文化;另一方面,要借助网络进行红色文化的传播,利用红色网站、微信、微博等新媒体工具,让学生最大限度地感受到红色文化的魅力,提高红色文化教育的实效性。③

三、学校红色文化教育存在的问题及原因

学校红色文化教育已引起越来越多的关注,许多学校也开展了红色文化教育活动,但是,学校红色文化教育还存在不少问题。

（一）学校红色文化氛围不浓

学校对红色文化宣传力度不强,学生对红色文化教育关注度不高,校园内较难营造浓厚的红色文化氛围。究其原因,主要有以下几条。

1. 家庭不重视非智力因素

国内的应试教育以及人才选拔机制已经潜移默化地影响着家长的理念,他们把学习成绩作为评判孩子的唯一标准。家长过分重视智力教育,而往往忽视道德教育、法治教育和心理健康教育等非智力因素的影响,不重视孩子德智体全面发展。事实上,红色文化教育可以弥补孩子任性、自私等不

① 邓川,邓辉.弘扬红色文化　创新红色教育——关于推进红色文化进课堂的思考[J].新课程研究(中旬刊),2014(10):65-67.

② 肖灵.当代大学生红色文化教育研究[D].南京:南京师范大学,2014.

③ 巩宁.红色文化在小学教育中的发展现状及对策研究[D].锦州:渤海大学,2015.

良性格缺陷,培养孩子坚韧、勇敢、自信等优秀品质,树立正确的人生观、价值观。如此珍贵的精神财富,却往往得不到家长们的重视。

2. 学校重智育轻德育

由于升学制度的制约,学校出现"教学"与"育人"相脱节,往往是花大力气抓智育,却忽视德育。有的学校认为教育只为升学和考试服务,红色文化教育与考试无关,所以没有必要搞。

3. 学校重布置,轻落实

红色教育流于形式,使得红色文化不能发挥其应有的功能。有的学校缺乏配套制度和政策,红色教育没有长期规划,开展活动只是热闹一阵子,没有系统、定期地活动,难以给学生留下深刻印象。

4. 政府和教育行政部门缺乏对红色文化教育活动的管理和指导

上级部门应该对红色文化教育的目标和实施方案提出指导性意见,并且要对德育师资队伍进行培养,确保红色文化教育活动顺利开展。

(二)学校红色文化教育实效性不强

红色文化教育活动虽然在各个学校或多或少地开展,但是实际效果不明显,教育实效性理想的学校比较少。

1. 学校红色文化教育形式单一,创新不够

红色文化教育主要的形式不外乎就是参观革命博物馆、瞻仰烈士陵园、扫墓、听讲座等。单一的形式和教育手段,单调、按部就班、毫无创意的内容,使德育变得空泛化、形式化和应试化。现有红色文化教育不与实践相结合,缺乏体验类、交互式的教育形式,较少运用现代教育技术,忽视了学生自我感悟、自我体验和道德自主性的培养,对学生来说缺乏吸引力和感染力,难以发挥学生的主观能动性,理想信念教育、集体主义教育、社会公德教育和艰苦奋斗教育不能内化为自己的崇高的理想、坚定的信念。

2. 教育不深刻

大部分教师在课堂上的授课只是停留在简单的红色文化知识的传授层面,课堂上枯燥的、说教式的灌输教学,难以打动学生,效果不佳。学校组织的唱红歌、观影片等活动也只停留在教育表面,学生很难深刻领略红色文化精髓。学校带领学生参观基地,通常是走马观花,学生只能感知红色资源的表面,不能进行全面、深层次了解,不能用心去深刻感受红色资源内在教育意义。

3. 榜样过于完美

理想化和神圣化的榜样缺乏亲近感,不具有可参与性和效仿性,让学生

敬而远之,学生难以接受。开展榜样教育时,没有适应学生的心理特点,没有遵循学生的身心发展规律,学生不能入耳入心,反而觉得厌烦和排斥,无法引起学生共鸣,教育效果不佳。

(三)缺乏优秀的红色文化教育校本课程

目前,中小学德育主渠道是开设思想品德课程,课程内容大纲化,依赖国家统一规定的教材,教材内容较为单调,多是空洞乏味的大道理。结合当地红色文化资源的红色文化教育课程,讲述在学生熟悉的地点发生的红色故事,具有较强的亲和力,既能成为学校的一大特色,又能帮助学校开展红色文化教育,激发学生爱乡爱国之情。然而,优秀的红色文化教育校本课程或乡土课程却比较缺乏。有的学校不支持自行开发红色文化校本课程,认为会增加教学内容,增加学生负担;有的学校认为开发红色文化教育课程会挤占教师教学时间,加剧教师负担;更多的学校心有余而力不足,开发红色文化资源课程的师资力量不够。教师空余时间有限,而且教师的教育教学理论素养、课程资源开发技能,在课程资源的鉴别、开发、建设、利用和评价方面的技巧的缺乏等都会影响课程开发的质量,教师很难将红色文化的精神内涵内化为课程资源。

(四)红色文化资源利用不充分

我国红色文化资源绚烂丰富,可是很多红色文化资源并没有得到充分开发和利用。相反,红色文化资源在不断地流失或是遭到破坏和滥用。有些已建成的红色文化实践基地利用率也不高,在重大节日或是纪念日才会有学校组织学生到基地开展活动,其他时间开展活动的相当少。这与红色文化实践基地宣传力度不够大、学校开展实践活动意识不强、基地缺乏技术和资金加强红色文化资源的保护等都有关系。

第二节　学校红色文化教育的实践样本

将红色文化用于学校德育,探索新形势下依托本地的红色文化资源建设独特的校园文化,是学校德育创新的重要领域。余姚市梁弄镇中心小学和余姚市泗门镇中心小学开展特色红色文化教育的实践做法与经验,值得学习与借鉴。

一、红色传承：以余姚市梁弄镇中心小学为例

习近平总书记多次在调研、视察中指出要利用红色资源、发扬红色传统、传承红色基因。2013年2月，习近平在兰州军区视察时指出，要发扬红色资源优势，深入进行党史军史和优良传统教育，把红色基因一代代传下去。2014年10月31日中午，习近平在福建上杭古田出席全军政治工作会议期间，边吃"红军饭"，边回顾老红军艰苦卓绝的战斗岁月，他语重心长叮嘱青年一代传承好"红色基因"。2014年12月，习近平到南京军区机关视察时，叮嘱军区领导要把红色资源利用好、把红色传统发扬好、把红色基因传承好，教育官兵学传统、爱传统、讲传统，始终保持老红军本色。

余姚市梁弄镇中心小学是位于革命老区的百年老校。学校挖掘地域红色文化优势，积极开展"扬红色文化，做红色传人"红色文化主题教育活动。

（一）宣讲红色历史，坚定理想信念

1. 组建红领巾宣讲团

利用丰富的红色文化资源，开展少先队活动。学校组建红领巾宣讲团，到中共浙东区委旧址、浙东行政公署旧址、四明山革命烈士事迹陈列馆等基地开展红色精神宣讲。

以所属片区少先队大队为单位，挑选中高段的队员，在导游的指导培训下，例如在让贤片区的浙东区党委旧址、浙东行政公署旧址、浙东抗日军政干校旧址、《新浙东报》报社旧址、浙东银行旧址内；在梁弄片区的四明山革命烈士陵园、浙东游击纵队司令部旧址、韬奋书店、浙东敌后各界人民代表大会旧址内；在湖东片区的前方战斗英雄纪念碑等红色阵地学习如何讲解。在假期里、在红色文化开放日里为前来参观的游客和自己大队中的低年级队员做讲解，学校通过这样的活动不仅让中高段的队员增长了自己的见识，锻炼了自己的胆量，训练了自己的口才，也让低年级的队员提前学习了所属大队里红色阵地的相关知识。

2. 聆听革命传统报告

梁弄是革命老区，为培养"红色小传人"，让学生热爱家乡，了解家乡的红色文化，用少年儿童身边的鲜活事例、喜闻乐见的方式、易于接受的语言，对少先队员进行理想信念教育。邀请市委党校老师举办红色精神等方面的讲座、报告会，宣讲红色精神，邀请"五老"人员到学校讲红色故事，忆红色历史，传红色精神。

3. 阅读红色经典书籍

以推进"书香校园"建设为载体,切实推进红色教材进课堂、进头脑。利用韬奋书店、原中共浙江省委书记薛驹同志为该校设立的"薛驹书记捐书专柜"和《火红的梁弄》《我们在梁弄》《红色记忆》《四明红歌》等余姚抗战史料及德育校本教材《可爱的家乡》,挑选有关两万五千里长征和浙东人民抗日及反映革命英烈校友的红色经典书籍、读本、宣传册,抓好红色经典诵读活动,筛选学生能讲愿讲的故事,着力创新经典诵读活动的内容和形式。充分利用班队课、晨读课、节假日等时间诵读经典,结合清明、六一儿童节、七一、国庆、元旦等节日、纪念日和校园"读书节",组织开展"祖国在我心中"等经典诵读比赛。

(二)拓展红色阵地,传承红色精神

学校利用余姚梁弄丰富的爱国主义教育示范基地资源优势,积极传承红色精神。

1. 瞻仰革命遗址,重温革命历史,激发爱国主义热情

以全国、省级爱国主义教育示范基地——中共浙东区委旧址、浙东游击纵队司令部旧址、浙东行政公署旧址、四明山革命烈士陵园为平台,以弘扬四明山精神为主题,从思想教育入手,组织师生参观学习,开展爱国主义、四明山精神红色教育。

每年组织师生到四明山革命烈士陵园敬献鲜花、祭扫烈士墓,缅怀先烈,重温中国革命史;组织师生到中共浙东区委旧址、浙东游击纵队司令部旧址、浙东行政公署旧址、四明山革命烈士事迹陈列馆参观,在师生中广泛开展社会主义核心价值体系学习教育,把社会主义核心价值体系体现到师生教育管理全过程,融入师生日常工作学习生活中,引导广大师生弘扬民族精神和时代精神,自觉践行社会主义荣辱观,培养高尚道德情操和健康生活情趣,保持昂扬奋发的精神状态。

2. 走红色之路,做红色传人,培养艰苦奋斗精神

梁弄是全国百个红色旅游经典景区和全国十大红色旅游景区之一,依托红色旅游,组织学生开展"走红色之路,做红色传人"体验式活动,穿红军装,经历红色革命情景,重走"红色之路"。通过这种体验活动,学生能够体会革命战士的艰辛困苦,触摸荡气回肠的革命历史,感悟共和国创立者们的伟大信仰、不懈追求和高尚情操,并从中受到深刻的革命教育。

（三）丰富教育形式，弘扬红色文化

1. 结红色对子

梁弄地处山区，家境贫寒的队员、外来务工子女、留守儿童比较多。通过少先队这一平台，让外来务工子女、留守儿童一起和其他小伙伴通过开展"红色文化助成长"系列活动，让队员结成红色对子。小手拉小手互助，小手拉小手成长，学习生活中互相帮助，奉献爱心，一起接受红色文化的熏陶，消除外来务工子女的孤独感、陌生感，让留守儿童摆脱自卑感，孤独感，让这些孩子在余姚梁弄这块红色的土地上共同成长，争做"红色接班人"。

2. 开展红色艺术活动

（1）红色歌曲传唱活动。在全校广泛开展经典红歌大家唱活动，印发《红军小学之歌》《红星歌》《我们是共产主义接班人》《学习雷锋好榜样》《让我们荡起双桨》《四明山，我来看你》《四明红枫》等简明易唱的红歌；通过音乐课教唱、课前演唱、集会前演唱、校园广播定时播放等形式，全面推动红色歌曲传唱文艺活动，并在六一儿童节、国庆、元旦等节日及校园"艺术节"举办"唱红色歌曲·做红色传人""颂歌献给党"等演唱活动，组织学生七一前夕在四明山革命烈士陵园举办了"童心向党"歌咏活动，扩大红歌传唱的影响力，掀起传唱红歌的热潮。为了符合年龄特点，少先队要求一至三年级的队员人人会唱《中国少年先锋队队歌》《闪闪的红星》《团结就是力量》等简单的歌曲；四至六年级的队员人人会唱《让我们荡起双桨》《学习雷锋好榜样》《没有共产党就没有新中国》等歌曲。红色歌曲传唱活动既丰富了音乐教学内容，又宣扬了红色文化。

（2）观红色影视。影视是学生最为喜欢的欣赏形式之一，学校紧紧抓住学生的这一特点，将其作为红色教育的重要形式。以雏鹰电视台为平台，以教室内的多媒体为载体，定期播放适合学生观看的《开国大典》《闪闪的红星》等红色影视作品，要求一至三年级的队员人人观看《闪闪的红星》《王二小》等符合低年级孩子接受能力的红色影视，四至六年级的队员人人观看《开国大典》《血战台儿庄》《上甘岭》等符合中高段学生接受能力的电影。学校还邀请校外电影放映队来校放映红色影视，除此之外，积极组织学生参与中央电视台《中华长歌行·端午》、宁波电视台迎接党的十八大《难忘的旋律》等影视作品的拍摄活动。

（3）创作红色书画作品。用书画、剪纸的方式把梁弄的红色文化展现出来。在梁弄举行的余姚市农家乐风情展上，孩子们把自己的作品集合于一个展示台进行展览。同时为了符合年龄特点,一至三年级的队员能够人人画一幅展现"家乡美"的绘画作品,用铅笔字书写一幅红色诗词作品;四至六年级的队员能够在指导老师的帮助下创作一幅以红色文化为主题的剪纸作品,用毛笔字书写一幅红色诗词作品。

3. 组织少先队火炬队旗传递活动

在学生中广泛开展"我们开始新长征,四明精神万代传"少先队火炬队旗传递活动和"童心向党"主题教育实践活动。

加大宣传工作力度,通过电视、广播、网络、活动等多种形式开展宣传,营造良好氛围。收集整理红色故事,谱写红色歌曲,举办征文活动、演讲比赛,编红色主题舞蹈,丰富红色教育材料。2011年7月,学校承办了宁波市少年儿童庆祝建党90周年颁奖典礼;同年10月,学校组织了省级"让红旗永远飘扬在革命老区"主题队会,来自全省11个市的有关负责人,80多所高校、宁波市各县(市、区)负责人共170多位领导莅临观摩。同时在校园教学楼前、操场边、路灯杆等处悬挂红色内容宣传牌,内容涉及红军小学、四明山抗战史、革命英烈事迹,以渲染氛围,强化红色主题教育效果。

4. 参与管理红色基地

余姚梁弄拥有得天独厚、多种多样的红色阵地资源。让学生参与管理阵地资源,协助开展红色文化教育活动,不仅有助于学生自身能力的提高,还在潜移默化中对他们进行了教育,真正体现"以人为本"的教育理念。

红色阵地是学生开展活动的主要场所,管理内容有:阵地背景介绍、管理小队分工与职责上墙;由大队的卫生委员管理阵地的卫生环保,学习委员介绍阵地的相关知识;由宣传委员、组织委员、红领巾讲解团成员组成讲解团,定期开放讲解;组织队员在阵地内开展活动,在重大节假日内开展大、中、小队活动,制定活动方案,整理活动资料。

学校充分利用当地的红色资源,开展了丰富多彩的红色教育活动,使学生接受了更好的爱国主义教育和革命传统教育。让广大师生感受到红色教育的无穷魅力,进一步增进了师生爱党、爱国、爱社会主义的情感,教育学生珍惜幸福生活,争做"四好少年",将来为祖国的繁荣富强做出自己的贡献。

二、诚意校园:以余姚市泗门镇中心小学为例

余姚市泗门镇中心小学是我国早期卓越的马克思主义教育理论家、杰出的青年运动领导人、坚定的共产主义战士杨贤江的高小母校。学校在举办之始,就以"诚意"作为办学的基础,开启了校园文化建设的先河。百年来,学校虽历经沧桑,屡更校名,但诚意精神代代相传,不断发扬光大。新时期,学校学习先辈的教育思想,积极构建新时期的诚意校园文化,把"诚意正心"作为修学之始、立教之基、办学之本、育人之魂。

(一)建设诚意生态环境

古人云:"近朱者赤,近墨者黑。"学校的校容校貌表现出一个学校整体精神的价值取向,是具有引导功能的教育资源。

1. 营造诚意校园环境

以"诚信"为办学理念,建设诚信育人的校园环境。充分利用校园网络、校园电视、校园广播、校报校刊,展示诚信文化。在校风建设、教风建设和学风建设中,引入诚信要求,使诚信成为学校的主导观念和主流文化。

(1)诚意校园文化

作为一所以"诚意"为精神内核的百年名校,学校在建设中十分重视诚意文化的传承和发扬。

让每一面墙壁、每一块土地说话,学校布置处处体现诚意文化。学校精心设计"诚信教育"宣传长廊,使校园形成潜移默化和具有导向性的学习教育场所:校门——诚意校训,杨贤江塑像;班级宣传栏——班级公约、班级照片、班级口号;校园宣传窗——"诚意正心"校训解读、诚信的名人名言、诚信故事;校史陈列室——"诚意学堂"的历史、学校发展的轨迹;艺术长廊——诚意书屋,琴棋书画、民间艺术、科技博览等专业教室。校园物质文化的每一个实体,以及各实体之间结构的关系,无不反映了诚信的教育价值观。

学校逐步完善诚意校园标识系统。具有个性的、地方特色的,功能与美观相结合的标识标牌,是现代校园一道重要的风景线。一个学校应有一个形象标识,而校园内的所有标识形象都应对这一形象进行延展,塑造出个性鲜明的校园文化氛围。学校紧紧围绕"诚意正兴"四个字,逐步完善校园标识系统。学校的校徽是由五种颜色组成的"诚"字,寓意"诚意"乃学校建设的灵魂所在,教师的听课笔记、活动记录,学生的星级证书、奖状喜报均围绕"诚"字进行设计。标识无形之中改变了学生的生活习惯,让学生的生活变得更加便利,使校园变得更加整齐和谐。

(2)诚意班级文化

班级文化是一种潜在的无形的教育力量,是通过潜移默化的形式引导学生成长的一种文化氛围。班级文化延续了课堂上的知识内容,使学生在一种愉悦的文化活动氛围中得到学习和教育,形成课内外相互促进、协调发展的良好循环,以利于学生的健康成长。学校引导各个班级形成良好的诚意班级文化,如班级黑板报、班训、专栏、条幅等都可以围绕诚信内容制作,又如通过制定班级诚信道德基本范畴目标、评选"班级诚信之星"、举办"诚信主题手抄报"等多种形式,对学生进行诚信教育,促使学生自觉地从上课、作业、考试、值日等小事做起,做到言行一致、表里如一,校内校外一样、人前人后一样,自觉塑造自身的良好形象。

2. 优化诚意校外环境

(1)引导家庭重视诚信教育

在家庭教育中扮演着最为重要角色的仍是父母。正是父母的爱与关怀给予了儿童最初的情感与道德体验,在儿童的心中种下了爱和信任的种子。父母应注意在家庭生活中对孩子进行诚信教育,着眼于日常生活中的陶冶,让孩子在接触社会上不诚信的行为时有足够的判断力。学校和教师经常与家长进行沟通,了解学生的品行状况,和家长一起改进诚信教育的方法。

学校定期举办"家长学校",通过"专家讲座""亲子乐园""课堂观摩"等几个模块,向家长渗透科学合理的教育方法,为家校沟通搭建了桥梁。学校曾应《家庭教育》杂志社邀请参与"未成年人家庭教育研究"子课题"小学高段家庭诚信教育的研究",获得中国教育学会家庭教育委员会一等奖。以课题为引领,通过调查、研究、实践一系列活动促进家校沟通,为家长的家庭教育提供有效策略。

(2)构建社校诚信共建机制

挖掘社区诚信教育资源,在社会的大环境下体验诚信。学校是社区的一部分,对学生进行道德教育、落实《公民道德建设实施纲要》、建设社会主义精神文明是学校和社区的共同义务和责任。学校充分挖掘社区丰富的道德经验和道德素材,让学校和社区充分合作发挥其各自德育资源优势。如学校要求学生利用假日自我组织、自我管理、自请辅导员、自己记录,开展诚信假日小队活动,在活动中,有的同学来到敬老院慰问孤寡老人,有的来到公共场所打扫卫生,有的在街道里免费为行人供应茶水,有的帮小区出宣传板报。

(二)弘扬诚意优秀传统

诚意校园文化的精神主要体现在校风、学风、班风和学校人际关系上。因此培养一批高素质的人才,弘扬诚意优秀传统,是学校开展诚意校园文化构建的核心内容。

新课程追求让每位学生都能得到自主、平等、和谐的发展,让每位学生都具有主见思维、主体意识、主动创造的能力和精神。因此学校必须为学生构建以人为本的自主管理模式,营造人文教学、人性化管理、人情化服务的自我教育氛围,引导学生争做"诚意少年"。

1. 自我管理做主人

通过个体或集体的组织形式,引导学生从他律逐步走向自律,从而树立主人翁意识,成为生活的小主人。

完善学生自我管理网络,让学生做学校的小主人。在班级管理中,实行了班干部竞选制、轮值班长制、学生文明行为自评互评制、小电教员负责制,提高了学生自主管理能力。少先队大队部实行了光荣升旗手竞选制、苗苗电视台小主持竞选制、红领巾广播小播音员竞选制、大队委员自荐制。在这样的竞争平台上,小能人纷纷亮相。在学科教学的课堂上,形成组长与组员合作互动的课堂学习自我管理网络,有分工、有合作地参与讨论、操作、研究、学习。

沟通家校交流渠道,让学生做家庭的主人。利用家长学校阵地,让家长进学校、进课堂、进办公室,了解孩子的精神风貌、学习生活,与教师形成育人共识。让学生不仅在学校有自我管理能力,而且在家里也会自主安排生活时间和生活内容,成为家庭的小主人。

开展生活实践活动,让学生做社会的小主人。春秋两季进行"手拉手,走向大自然"远足拉练活动,寻找大自然中的知识和乐趣。调查老师的双休日,感受老师工作的辛苦。开展"污染在哪里"环保调查活动,增强"社会小主人"的社会责任感等。

2. 自主学习做能人

让学生走进个性化学习,锻炼自主学习能力。倡导个性化学习,从"四自""四允许"入手。"四自"即自读,通过各种自学方式,读通教材,读懂教材;自探,让学生自己探索问题,学生相互探讨问题;自练,在教师的指导下,学生自己练习,锻炼能力;自结,通过学习,学生自我进行总结评价,形成新的认识。"四允许"即允许学生以各种不同的方式去学;允许学生在学习中出现错误;允许学生质疑问难;允许学生在课堂上充分表达自己的见解。

让课堂走进生活体验,培养自主学习情趣。让课堂以生活为大背景,使课堂学习与学生的生活经历、生活经验相结合。创设唤起学生愉悦投入探究的问题情境,学生能在课堂中直面生活问题,体验生活过程,积累生活经验,甚至可以根据自身个体特征、情绪状态等自主创造适合自己的学习情境,进行发展性、创造性的积极学习。

3. 自由发展做新人

营造宽松、民主的人文环境,让学生有个性地发展。学校构建自然、清新、充满灵气的物质环境,营造自由、平等、互尊的人际心理环境,学生从被动走向主动。

开设综合实践活动课,让学生有选择地发展。学校开设的选修课和综合实践活动课程,较少强调学习知识的功能和方法,而更关注激发学生参与的兴趣,特别是培养实践能力的方法和途径,让学生在综合实践活动过程中有选择、有判断、有运用,从而有所发现,有所创造,使学生在选择过程中逐步朝着最佳方向发展。

开辟特色阵地,让学生自由地发展。让学生充分张扬个性,展示才华,体验成功,为之搭建舞台,开辟阵地,提供选择的空间。剑桥英语、小星星英语、民乐、铜管乐、计算机程序设计、书法、乒乓球、足球、象棋、民间艺术、剪纸、布贴……一个个规范优质的兴趣小组,满足了不同个性特长的学生对学习的需求。

(三)规范诚意制度文化

规范是一所学校真正成熟的重要标志,也是促进学校教学质量不断提高的重要保证。一所学校发展到一定阶段之后,必须走规范化办学之路。因此,学校将"规范＋特色"作为办学目标。怎样做到规范管理? 重要的一点是学校花大力气抓好制度建设。当然,制度并不是万能的。制定制度的目的并不仅仅是管住人,更是发展人。因此,在制度建设的四个阶段(制定、遵守、淡化、超越)中,学校始终追求的是最后一个阶段,并且也一直向着"严明的制度,宽松的心理"这样的管理境界发展。

教育的根本在于培养人。学校关注学生心灵,培养学生个性,促进学生幸福成长。学校建立"诚意少年"培养机制,在日常的育人过程中,注意继承传统,尊重儿童,遵循规律,关注学生的个性差异,把握育人的细节,努力把学生培养成人品正直、身心健康、乐于求知的合格人才。

1. 定期开展诚意活动

在活动中锻炼人。这是培养人、选拔人的宗旨。在多年的实践中,学校逐渐形成了一些特有的"传统活动项目"。

体艺节活动:每年 4—5 月学校定期举行体艺节活动,每次活动,学校少先队、教研组都会推出一系列的诚信主题活动,如诚信故事演讲赛、小雷锋活动日、诚信征文比赛等。

假日小队活动：每年的寒暑假期前，少先队大队部会提出组建假日小队的建议，提出活动要求，假期结束还会进行评比表彰。假期学生会自由组队，开展丰富多彩的活动，如前往敬老院帮助老人，帮助社区打扫卫生，开展义卖活动。

"诚意之星"评比：学校设立"诚意之星"主题活动，为每一位队员设立"诚信档案袋"，要求各中队结合学校工作计划开展活动，并记录活动内容，以档案的形式保存到班级档案袋、学生"诚信档案袋"中，学校根据各中队活动情况，评比出每月的"文明班级"和"诚意之星"。

主题队会：少先队结合节日，开展主题队会活动。如在中秋节开展"我为老人送杯茶"活动，在国庆节开展"祖国在我身边"活动，在植树节开展"我为小区添绿色"等活动。

诚信教育重点在知行统一，关键在践行。因此，学校精心安排了贴近生活、贴近实际、贴近学生的诚信教育活动。

2. 完善诚意评价机制

改变过去只注重"终结性"的评价机制，建立科学的、能体现"学习评价旨在促进人的发展"、着眼于促进学生学习进步的发展性评价体系，是推进新课程改革，构建诚意校园文化的重要因素。

学校一直对学生的评价机制进行不断改革，概括为"1变""1卡""1星"，即"1变"为改变观念，明确评价的目的；"1卡"为用"星级卡"取代"学生素质总录"；"1星"为每一学期班级评比"闪亮星"优化学生评价机制。具体内容如下。

(1)转变评价观念

评价的目的就是要体现素质教育的精神实质，以"促进发展"为最终目的。长期以来对"诚意"的认识简单肤浅，认为一个人只有做到了"诚实守信"，才算得上是"诚意"。其实，诚意内涵极为丰富，端正的做人做事态度、良好的行为习惯等都是"诚意"的体现。因此，在评价中我们注重促进学生全面、和谐的发展。评价时应采用过程性评价与终结性评价相结合、定性评价与定量评价相结合的方式进行。

(2)一人一张"星级卡"

每学期学校给学生发一张星级卡。星级卡囊括十多项内容，有文明星、劳动星、卫生星、文学星、写字星等，每个月学科任课教师就会根据班级人数的20%确定当月的最亮星，给予签名盖星。学期末，班主任根据得星多少推荐学校"闪亮星"。"星级卡"的实行,激发了学生的学习生活兴趣。在夺星的过程中,学生的素质得到全面发展。

(3)班班都有"闪亮星"

"闪亮星"是校园每学期都要评比的一项重要荣誉。班主任根据班级星级卡得星情况进行推荐,学校择优评定。在学期的总结会上,"闪亮星"集体接受表彰。

诚意文化是一种形象、一种气质、一种个性、一种特色、一种品牌。几年的研究实践,极大地促进了学校德育课程的改革,营造了一种诚实守信、积极向上的和谐校园文化。

三、学校红色文化教育的实践启示

纵观余姚市梁弄镇中心小学和余姚市泗门镇中心小学开展学校红色文化教育的实践经验,以下三个方面的启示值得借鉴。

(一)因地制宜,挖掘地域优势

不同的学校、教师和学生,红色文化教育存在巨大的差异性。学校在进行红色文化教育时,应充分"发挥地域优势,强化学校特色,展示教师风格,发挥学生个性"①,注意时间、空间、人力、物力上的现实性和可行性,因时、因地、因人的不同而及时有效地调整红色文化教育策略。要根据学校实际和学生发展的需求,及时捕捉、搜集和归类整理、深入挖掘当地红色文化资源,并运用到教学中,形成学校自身特色和风格。②

红色文化资源是革命先辈留给我们的宝贵精神财富,是我们了解历史,学习先辈革命精神,进行爱国主义教育和革命传统教育的生动教材。当地红色文化资源包括革命遗址、纪念场馆等红色文化教育基地,革命历史、革命英雄人物、红色戏剧影视歌舞、红色精神等都是优质的教育资源,学校应充分挖掘和利用当地红色文化资源,构建符合学校特色、贴近学生生活的红色文化教育体系,让当地红色文化资源进校园、进课堂、进教材、进课外活动。例如,举行红色文化进课堂活动,让学生了解本地红色文化资源,激发学生热爱家乡、热爱人民、热爱祖国的情感;带领学生参观红色教育基地,让学生在游览中重温革命历史、感受革命传统、砥砺理想信念;引导学生在家乡参与调查了解、互助合作、走访慰问活动,让学生更多更好地了解家乡历

---

① 宋振韶.学校课程资源开发与利用的原则与途径[J].中小学管理,2004(12):9-11.

② 尹文剑.江西永新县中小学红色文化课程资源开发研究[D].重庆:西南大学,2011.

史,真切感受革命传统,使爱校、爱乡、爱国教育真正落到实处。

(二)形式多样,创新教育载体

"00后"学生注重对事物的感知,他们没有亲历过革命历史,单纯生硬的灌输容易引起他们的抵触甚至逆反,应该深度把握当代学生的需求特点,坚持严肃性与趣味性相结合,单纯强调思想宣传和严谨的叙事和逻辑会减弱教育的感染力和生命力。例如,设计体验式的教育活动,将革命历史、红色文化有机地渗透、融合进去,让学生在体验中感知,在感知中接受。采用学生喜闻乐见的、诗性和艺术性的表达方式进行教育,而不是单纯注重政治性、理论性的"布道式"说教。余姚市梁弄镇中心小学组织学生开展"走红色之路,做红色传人"体验式活动,使学生体会革命战士的艰辛困苦;组织学生与外来务工子女和留守儿童结成红色对子,互帮互助,一起接受红色文化的熏陶;组织学生进行志愿服务,参与管理红色基地,协助开展红色文化教育活动,不仅有助于学生自身能力的提高,还在潜移默化中对他们进行了红色文化教育。这些活动形式学生乐意积极参与,均达到了较好的教育效果。

要利用和创新红色文化教育的多样化载体,这些载体融合了报纸、红色经典文学作品、革命回忆录、书画、动画、广播影视音像制品、舞台剧、公益广告、红歌、"红段子"、网络和手机等各种传播平台。要在教育活动中推广更多富含中国文化精神、承载中华优秀文化传统、包含时代特点,内容健康、艺术性强、创新度高,广大学生乐于接受的红色文化精品。

红色文化是鲜活的德育教材,要将多媒体技术、课外实践、参观游览等教学手段有效地利用起来,通过组织学生参观纪念馆、观看红色电影、唱红色歌谣、参加红色旅游等,使得学生能够参与、互动,充分开发和利用红色文化的德育功能,让学生在潜移默化中接受德育。总之,红色文化教育必须既打组合拳,多种形式齐抓并举,又要因地因时因事因人制宜,把好学校和学生的脉,"对症下药",才能取得良好效果。

(三)规范制度,保障教育过程

规范的制度能够保障红色文化教育落到实处。学校应制定相应的管理制度,对红色文化教育进行系统全面管理,在红色文化教育开发规划、目标制定、内容实施、形式方法、效果评价、信息反馈等方面实施有力的支撑,对于时间安排、人力分配、活动安排等关键环节要有详细行动方案,完善激励机制、运行机制和评价机制。余姚市泗门镇中心小学制定了诚意制度,学校定期开展体艺节活动、假日小队活动、"诚意之星"评比等诚意活动,并构建诚意评价机制,将过程性评价与终结性评价相结合、定性评价与定量评价相结合。

同时,学校要不断提升教师政治理论水平、红色文化认知水平和业务能力,提升教师红色文化课程资源开发能力,为红色文化教育活动的顺利开展提供师资保障。学校还要为课程资源开发、活动开展、课题研究提供资金支持和保障。

第三节　学校红色文化教育的实践创新

2011 年 11 月,习近平给蒙阴县小学生吕文凯复信,对同学们在沂蒙精神激励下茁壮成长感到十分欣慰和高兴,殷切希望同学们德智体全面发展,长大后成为中国特色社会主义事业的建设者和接班人。这表明了中央对普及和加强红色文化教育的高度重视。[1] 学校作为开展红色文化教育活动的主体,要加强红色文化教育,就必须在教育主题和活动途径上有所创新。

一、挖掘地方红色资源,创设红色文化教育主题

革命战争给我们留下了丰富的红色文化资源,红色文化资源记录和承载着辉煌的革命历史,蕴含和传达着崇高的红色精神,是学生进行爱国主义教育的宝贵文化遗产。各地红色文化教育基地数量众多,学校应整理当地红色资源,挖掘地方红色文化,为红色文化教育活动创设新颖的主题。这样既能让学生乐于参与活动,又能体现学校的教育特色。围绕红色文化教育主题,学校既要将红色文化纳入学科课程和德育课程教育教学活动中,又要注重校园物质文化和精神文化建设,营造浓厚的红色文化氛围。

如余姚市泗门镇中心小学是我国早期卓越的马克思主义教育理论家、杰出的青年运动领导人、坚定的共产主义战士杨贤江的母校。杨贤江取得不平凡的发展之后,道出"一切根基皆培植于诚意"的体会。为让杨贤江精神代代相传、发扬光大,学校积极构建"诚意"校园文化。学校营造诚意校园环境,优化诚意校外环境,弘扬诚意优秀传统,规范诚意制度文化,将"诚意"精神作为红色文化教育的主题,取得了较好的教育效果。余姚市梁弄镇中心小学地处革命老区余姚梁弄。位于梁弄正蒙街的正蒙学堂,是浙东敌后

---

① 贾瑞君.习近平给蒙阴小学生复信　寄语沂蒙少年儿童长大后要把祖国和家乡建设得更加美好[N].大众日报,2011-11-11(1).

各界临时代表大会的旧址,从正蒙学堂演变而来的余姚市梁弄镇中心小学继承了光荣传统,积极开展"扬红色文化,做红色传人"主题教育活动。学校组建红领巾宣讲团,带领学生聆听革命传统报告,倡导学生阅读红色经典书籍,通过宣讲红色历史,坚定学生理想信念;学校带领学生瞻仰革命遗址,重温革命历史,激发学生爱国主义热情,组织学生走红色之路,做红色传人,培养学生艰苦奋斗精神;学校还开展结红色对子、红色艺术活动、少先队火炬队旗传递活动等丰富多彩的各种活动。学校以红色基因的传承作为活动主线,产生了较大的影响力。

二、强化学校课堂教育,将红色基因融入课程

课堂是学生接受教育的最重要平台,由于红色文化课程独特的教育性质,课堂在红色文化教育中理应发挥主阵地的作用。在课堂上可以充分利用一切条件,使红色文化课程资源的功能和价值得到最大的发挥。要继续重视学校课堂教育中"显性课程"的教育效果的强化、要让课程设置更加合理化、教学方式方法更加生动活泼,以利于学生接受,要在各学科中充分挖掘红色文化资源,有效地将红色基因融入课程中;也可以充分利用课堂教学的优势,深度挖掘地方红色文化课程资源,编成具有浓郁地方特色的校本课程,使青少年学生接受系统的红色文化教育,受到红色文化的熏陶,在他们的心灵深处播下红色文化的种子。

史学教育是红色文化教育的最优途径之一,因此要强化历史学科教育。中国共产党历来十分重视弘扬和培育红色文化。加强红色文化教育是为了"要帮助广大干部群众特别是广大青少年,充分认识我们民族的历史和传统,深入了解近代以来我们民族的深重灾难和我们党领导人民进行的英勇斗争,深刻理解社会主义中国的历史性进步和光明前途,不断增强民族自尊心、自信心和自豪感"[①]。这就离不开史学教育。历史学科是对人类发生、发展的进程的记载和描述,"它的知识包容度在各门学科中是最高的,它所要求的思维方法也最具宏观性"[②]。红色文化教育,既有记录性的描述,也有精神层面的概括与升华,既要忠于历史真实,又要结合学生口味和特点进行深入浅出的表现与展示,而兼具这些功能的历史学科最为适合。学生如果缺乏对红色历史的了解,那就更加缺乏对红色精神内涵的了解,缺乏对红色精

---

① 胡锦涛.在全国宣传思想工作会议上的讲话[N].解放军报,2003-12-08(1).

② 余伟民.培养高素质人才必须重视历史教育——论历史教育"边缘化"的社会根源及提升历史教育地位的途径[J].探索与争鸣,2003(11):4-6.

神的核心及其历史发展的基本理性认识,那就更谈不上对其深层次的理解和思想认识,更难有对革命精神继承、发展、创新的自觉行为。

同时要鼓励学校充分利用当地红色资源,积极编写红色乡土教材,开发红色文化校本课程。据调查,余姚市梁弄镇 20 岁以下的青年儿童对当地红色历史非常了解的人数占被调查青少年儿童的 62.50%,但是两极分化较严重,其中 12.5% 对梁弄镇红色历史完全不了解。[①] 要通过深化宣传、加强红色乡土课程教育,对全体青少年进行全面的红色文化教育普及,尽量扭转两极分化现象。同时,采用针对性的宣传手段,对完全不了解红色文化的青少年儿童进行针对性教育。大力推进红色文化进校园,把红色基因融入学校教育,《井冈山精神》《100 个红军故事》等 50 多本红色乡土教材相继走进课堂,让广大青少年学生在润物无声中自觉坚定理想信念、校正价值追求。[②]

三、运用多种宣传媒体,延展红色文化教育的时空性

2016 年 1 月 19 日,中共教育部党组印发《关于教育系统深入开展爱国主义教育的实施意见》(教党〔2016〕4 号)。意见要求各级各类学校着力运用微博、微信等网络新媒体,创新爱国主义教育方式和途径,生动传播爱国主义精神。教育部表示,各级各类学校应创新爱国主义教育方式和途径,有效拓展课堂内外、网上网下、平台载体的爱国主义教育引导。着力运用微博、微信等网络新媒体,充分利用文化馆、纪念馆、博物馆、旅游景点、部队营地等资源和举办运动会、体育比赛等活动,开展爱国主义教育,生动传播爱国主义精神。同时,应将爱国主义精神有机融入大中小学德育、语文、历史、地理、体育、艺术等各学科课程标准、教材编写、考试评价之中,纳入教育教学实践环节。

红色文化教育需要在深度和细节上加以强化。各地丰富的红色文化资源为深入开展红色文化教育提供了便利条件。要积极拓展符合时代要求的红色文化传播渠道。应充分利用报纸、电视、电台、网络等多种宣传媒体,特别是新媒体,建立红色文化宣传阵地,加大宣传力度,拓宽宣传广度。网络传播具有信息量大、传播面广、传播速度快、传播信息种类多样等优势,要创新改进网上宣传方式,运用网络传播规律,弘扬主旋律,激发正能量,充分利用丰富的红色文化资源,结合网络传播优势,用学生乐于接受的方式传承好

---

① 陈海懿.关于余姚市梁弄镇红色文化建设现状的调查研究[J].网络财富,2010(10):107-108.

② 姚亚平.传承红色基因 滋养精神家园[N].人民日报,2015-02-15(5).

红色文化,让红色文化成为涵养和培育中国特色社会主义核心价值观的重要源泉。

要加大现代信息技术的运用,将红色文化纳入网络课堂,通过建设红色文化教育网站,开通红色文化教育微博、微信公众号,发布珍贵图片、文字,对红色文化相关的文字、图片及文物的电子信息等进行加工处理,制作成图、文、声、像信息,能包含更多的受教育主题,增强趣味性,突破地域时空的限制,充分调动学生的学习兴趣,让学生利用方便、快捷的网络途径进行学习,并惠及更多学生。同时要创新红色文化的网络教育内容,顺应学生的心理需求,追求观赏性、通俗性、交流性,使红色文化能对学生"怡情益智",让学生在潜移默化中接受熏陶。

红色文化与富于时代性、更加人性化的广播影视、电子终端产品、网络多媒体、手机短信息结合起来,从现实世界进入了虚拟世界。"红色文化"网站、"红色文化"软件、"红色文化"影视产品、"红色文化"网络游戏等载体具有传输速度快、容量大、便捷省时、节约成本等优点。更重要的是针对学生活泼好动、乐于探索的特点,红色文化的创新形式既具时代特点又极富感染力、吸引力,为新时期学生的德育工作提供了开阔平台。红色文化由此脱去严肃的外壳,散发自己独特的魅力,继续感染一代又一代的中国人。

四、利用地域优势,加强红色文化教育基地利用

红色文化教育基地虽然数量不少,但是在基地的利用方面存在不少问题。一是利用频率低。青少年只是每逢清明等节日才会在学校的组织下来到红色教育基地。二是展示方式落后。展览形式较为单一,纸质、影音的内容较少,学生缺乏参与性和体验性。展柜中只是摆放一些资料和图片,学生感到枯燥。三是教育的效果不太理想。很少有学生自发前往红色教育基地,去接受革命传统教育。大多数学生对红色教育基地的印象,仅仅是"在学校组织的参观展览、集体扫墓时去过"。四是红色文化教育基地分散,与学校教育的联动较少。五是不少红色教育基地分布在较偏僻的地方,组织学生集体外出,学校和家长担心发生意外。同时,学校目前的升学率竞争压力较大,学校时间安排上存在问题。

学校可以与当地红色文化教育基地合作,共同加强基地利用,以强化红色文化教育效果。

一是实现校园文化与红色基地文化有效融合和交流。利用各个纪念日、主题班会等机会组织活动,吸引青少年参观红色基地,或者为学生宣誓

加入少先队、共青团的时候提供场地。

二是加强地方红色历史的教育。在参观红色文化教育基地前,应该让学生了解相关历史,学生只有在了解历史的基础上,才会对带有历史烙印的展览产生兴趣。"活历史"才能吸引青少年。在参观红色教育基地时,也不能只停留在听解说、看展品的阶段,要让孩子了解展品背后的故事。

三是开发寓教于乐的红色旅游项目。顺应青少年的兴趣特点和思维方式,把红色教育基地纳入毕业游、亲子游等旅游线路,开展"我当一天讲解员""某地解放一日游"等针对青少年的主题活动,并附带场景模拟、知识问答等小活动。

四是由以往单一的参观学习、瞻仰祭扫向多形式转变。采用"走出去,请进来"等方法,拓展红色教育的覆盖面,吸引青少年前来接受革命传统教育。可请讲解员走进学校举办讲座,并让流动展览深入校园。以展出宣传展板、散发宣传折页、现场售书等多种宣传形式,多方面介绍红色文化基地概况。建立红色书屋,提供相关书籍,推出具有纪念馆特色的旅游纪念品。

五是开展课题小组研究性学习模式。对基地红色资源进行挖掘和整理,以基地丰厚的内涵作为学生们研究性学习的内容,开展红色文化教育与传承方面的研究,这种方式的学习更容易激发学生的兴趣,更有利于调动学生主动的探究意识,更能达到良好的红色教育效果。

六是让学生参与管理基地。学生担任基地的兼职讲解员,参与保护基地珍贵的文物,参与制作影音作品,通过各种高科技手段、设备,再现革命情境,重温红色经典,增强教育手段的新颖性和生动性,有利于传播红色文化。

第七章　时代精神与德育创新

时代精神是在新的历史条件下形成和发展的,是体现民族特质、顺应时代潮流的思想观念、行为方式、价值取向、精神风貌和社会风尚的总和。不同的时代、不同的事业造就不同的时代精神,而任何一种独特的社会精神气质又都反映出当时的时代背景、社会发展趋势和人们所从事的伟大事业的历史内涵。

第一节　时代精神的内涵分析

在我国改革开放和经济社会发展实践中孕育而成的时代精神,全面体现了时代精神的基本要素,具有丰富的内涵、鲜明的特征和独特的本质。我国现阶段应建立以改革创新为核心的与时俱进、开拓进取、求真务实、奋勇争先的时代精神。

一、时代精神的特征及价值

时代精神是一个时代人民的生活态度、信仰和信念,是社会不同发展阶段的具有特定历史内涵的生活的意义标志,是先进文化的精髓。

（一）时代精神的基本内涵

1. 时代精神的概念界定

关于时代精神概念的界定,是进行时代精神研究的基本理论问题。黑格尔认为,时代精神是每一个时代特有的普遍精神实质,是一种超脱个人的共同的集体意识。尽管马克思主义经典作家和西方学者早已从不同角度对时代精神进行过一定的阐述，然而由于精神问题的复杂性和变化性，目前学术界对时代精神并未形成公认的概念，依然是众说纷纭。从研究的总体情况来看，对时代精神概念的界定大致可以分为四类。

第一，从实践的角度对时代精神进行界定，认为时代精神是一个在社会最新的创造性实践中孕育和激发出来的，反映社会进步的方向、引领时代进步的潮流，为社会成员所普遍认同和接受的思想观念、道德规范、行为准则和价值取向，是一个社会最新的精神气质、精神风貌和社会时尚的综合体。[①]

第二，从物质和意识的辩证关系上对时代精神进行了界定，认为时代精神是体现于社会精神生活各领域的历史时代的客观本质及其发展趋势。或者说，是指集中体现于社会意识形态中的那些代表时代发展潮流、标志一个时代的精神文明，对社会生产的发展产生积极影响的思想。[②]

第三，从个人与集体的关系上给出时代精神的定义，认为时代精神体现在一个时代大多数人的精神风貌、民族气质、风俗习惯、行为规范、价值追求以及所有活动之中，是贯穿于其中的原则和灵魂。[③]

第四，从历史追求的角度对时代精神进行了解读，认为时代精神是一个民族特定时代中的特殊追求，以及在追求中激发出来的、有助于实现追求目标的精神力量和实践活动。[④]

实际上，从我国改革开放和经济社会发展实践中孕育而成的时代精神具有丰富的内涵、鲜明的特征和独特的本质。第一，时代精神要反映出一定时代的社会存在、社会实践活动的本质和特征。第二，时代精神要反映出一定时代的社会存在、社会实践活动变化发展的总趋势和总潮流。第三，时代精神要起着推动社会存在、社会实践活动前进的作用。总之，所谓时代精神，就是一个在社会最新的创造性实践中孕育和激发出来的，反映社会进步的方向、引领时代进步的潮流，为社会成员所普遍认同和接受的思想观念、道德规范、行为准则和价值取向，是一个社会最新的精神气质、精神风貌和社会时尚的综合体现。

---

① 包心鉴.时代精神与当今人类文明[J].江汉论坛,2007(8):5-8,97.

② 薛文治.把握时代精神 弘扬时代精神——学习江泽民大力弘扬"五种精神"的体会[J].山西高等学校社会科学学报,2001(Z1):58-59.

③ 薛广洲.时代精神、民族精神与精神文明建设[J].特区理论与实践,1997(5):19-21.

④ 冷铨清.论时代精神[J].理论与创作,1991(2):20-23.

2. 当代中国时代精神的基本内涵

要明确当代中国时代精神的基本内涵,首先必须明确"当代"的时间限定。对于这一问题,学术界基本认同党的十一届三中全会是"现代中国"与"当代中国"的时限划分。换句话说,当代中国的时代精神是特指我国改革开放以后在政治、经济、文化、社会等各个方面发生的根本性变化过程中形成的精神风貌。

对于如何把握当代中国时代精神的主要内涵,有学者以我国改革开放和市场经济发展实践为侧重点,认为我国当今的时代精神包括主体精神、平等精神、自由精神、开放精神、民主精神、权利精神和科学精神。在当今中国,要大力弘扬这些精神。[1] 有学者根据科学发展观的要求,注重人本精神的培养,提出以改革创新为核心的时代精神是同富有创新精神的中华文化、民族精神相互交融而又相互区别的,它至少应包含以人为本、崇尚科学、与时俱进、对外开放四个方面。[2] 也有学者认为,与构建社会主义和谐社会这一重大战略任务相适应,时代精神的内容可以概括为"求真务实、改革创新、和谐发展、以人为本"四个方面。其中,求真务实是前提,改革创新是核心,和谐发展是规范,以人为本是目的。[3] 还有学者认为时代精神的内容应该是一个以改革创新为核心的多种精神构成的综合体。在这一综合体中,核心是改革创新,特征是与时俱进,本质是以人为本,表现是竞争意识与效率追求、开放意识与世界理念、自主意识与民主觉悟、法治意识与和谐精神。[4]

此外,更多学者认为 2001 年江泽民同志在全国宣传部长工作会议上大力倡导和弘扬的"五种精神",就是 21 世纪的时代精神,即解放思想、实事求是的精神,紧跟时代、勇于创新的精神,知难而进、一往无前的精神,艰苦奋斗、务求实效的精神,淡泊名利、无私奉献的精神。因此,在论述时代精神时,侧重于对江泽民所提出的时代精神进行理论上的诠释和实践上的践行。

(二)时代精神的主要特征

尽管学术界对时代精神基本特征的表述各有侧重,但从总体上来看,已经形成了这样的理论共识,即党的十一届三中全会以来所形成的以改革创

---

① 杨德平,李娜.时代精神的界定与当今中国的时代精神[J].中国人民大学学报,1999(5):75-80.

② 杨叔子.校园文化与时代精神[J].中国高教研究,2007(3):3-7.

③ 邢云文.论当代中国的时代精神[J].理论探索,2007(5):53-54.

④ 包心鉴.时代精神与当今人类文明[J].江汉论坛,2007(8):5-8,97.

新为核心的时代精神。因此,学者们认为时代精神的基本特征主要可以从以下几个方面来分析。

一是历史性。以改革创新为核心的时代精神虽然形成于改革开放时期,但它具有很强的历史继承性。中华民族是一个勇于创新、开拓进取的民族,在悠久的历史发展进程中,创造了灿烂的物质文明和精神文明。面对传承下来的精神财产,"我们应该取其精华、去其糟粕,结合时代精神加以继承和发展,做到古为今用"[①]。这是马克思主义中国化理论成果的创新,又是党的历代中央领导集体对时代精神的培育和概括,都体现了以改革创新为核心的时代精神的历史性。

二是实践性。以改革创新为核心的时代精神的培育、弘扬,均立足于我国改革开放和中国特色社会主义建设的具体实践。为推动中国的发展、实现人民的富裕而开启改革开放伟大进程的基本前提就是邓小平提出的"实践是检验真理的唯一标准"的重要论断。无论是后来提出的社会主义初级阶段论、社会主义市场经济论,还是依法治国论、社会主义和谐社会论等,都鲜明地体现出以改革创新为核心的时代精神的实践性特点。

三是民族性。以改革创新为核心的时代精神在不同的领域,针对不同的具体实际,会有不同的表现形式,但总体上表现出中华民族的民族品格和气质,并成为"中国模式"的重要内涵和组成部分。正因如此,在社会主义核心价值体系中,以爱国主义为核心的民族精神和以改革创新为核心的时代精神才能统一在一起,共同作为社会主义核心价值体系的精髓。由此可见,民族精神是时代精神的源泉和基础,而以改革创新为核心的时代精神是民族精神在改革开放时期的体现和升华,引导整个社会铸造自立自强、开拓进取的民族精神品格。

四是前瞻性。以改革创新为核心的时代精神虽然注重对历史的继承,但更重要的是注重对未来的前瞻。因此,前瞻性又是它的另一鲜明特征。20世纪70年代,世界形势发生了巨大变化,邓小平高瞻远瞩地指出"和平与发展"已成为当今时代的主题。由此,通过改革创新,把党的工作重心转移到经济建设上来,开辟了建设中国特色社会主义的新道路。党的十三届四中全会以来,以江泽民同志为核心的党的第三代中央领导集体,创造性地提出了"三个代表"重要思想。党的十六大以来,以胡锦涛同志为总书记的党中央根据时代发展的新特点,创造性地提出了科学发展观等一系列重大战

---

① 江泽民文选:第三卷[M].北京:人民出版社,2006.

略思想,引领中国特色社会主义事业不断前进。习近平总书记在庆祝中国共产党成立九十五周年大会上的讲话中指出,我们要弘扬社会主义核心价值观,弘扬以爱国主义为核心的民族精神和以改革创新为核心的时代精神,不断增强全党全国人民的精神力量。由此可见,前瞻性是以改革创新为核心的时代精神得以成为推进我国社会进步和人的全面发展的动力的重要原因。

五是开放性。开放性是中国共产党领导中国人民进行改革开放的一个重要特征,也是由此产生的以改革创新为核心的时代精神的鲜明特征。时代精神既是民族的,又密切关注世界发展潮流与态势。尤其是在实行改革开放进程中,党中央不但充分利用全球化所形成的世界资本市场,尽快提高我国的现代化水平;而且以兼收并蓄、海纳百川的胸怀,大胆借鉴和吸收人类社会创造的一切文明成果,并引导整个中华民族在弘扬以改革创新为核心的时代精神的伟大实践中尊重差异、包容多样。事实上,以改革创新为核心的时代精神之所以能够成为推动我国经济和社会发展的不竭动力,其原因就在于改革创新成为全党和全国各族人民共同的"语言"和共同的思想基础。

(三)时代精神的核心价值及作用

建设有中国特色社会主义伟大事业是一项充满艰辛、充满创造的壮丽事业。目前,我国正站在实现"十三五"规划、全面实现小康社会、建设社会主义和谐社会的新起点。学者们一致认为,不论是民族精神,还是时代精神,都是一定社会思想文化的核心内容,是一个民族赖以生存和发展的精神支柱,因而是思想文化建设的重中之重。弘扬时代精神的当代价值及作用主要体现在时代精神具有的激励作用、导向作用、凝聚作用和驱动作用。

1. 激励作用

时代精神作为中国先进文化的精华,具有求真向善趋美的基本性质,对全社会产生强烈的激励作用。正是有了时代精神的支撑和激励,先进文化才能孕育人们强烈的自尊、自信和自强的文化心态,增强民族的向心力。

2. 导向作用

时代精神有利于促进全民族科学价值观的形成。当代中国反映时代精神的先进文化,蕴含着的强大道义力量和精神智慧,确定了与时代发展要求相一致的中国社会主导价值导向,将引导着中华民族坚定不移地进行新的历史性长征。

3. 凝聚作用

时代精神有利于形成全社会的共同理想和精神支柱。时代精神作为社会发展中健康向上力量的最突出表现,它将民族文化的传统精华灌输到每一个民族成员的心灵中,使全民族凝聚成牢不可破的坚强堡垒。

4. 驱动作用

时代精神有利于给现实生活以永不枯竭的推动力。当代中国社会时代精神的驱动力首先表现在它能激发中国人民建设社会主义的劳动热情和创造精神;其次表现在能提高劳动人民的科学文化素质,开发人的智力资源,更好地发挥时代精神对现代化建设事业的推动和促进作用。

二、现代化背景下时代精神的演变与展望

弘扬以改革创新为核心的时代精神,是新时期建设中国特色社会主义的需要,也是促进人的自由全面发展的需要。在弘扬这一精神的实践过程中,应根据时代条件的变化,既要继承,又要创新。[1]

（一）我国时代精神的历史演变

以改革创新为核心的时代精神作为党领导中国人民进行改革开放而形成的精神品格和精神财富,主要产生于改革开放时期,但其演进过程贯穿于建党以来的全过程。具体而言,可将其划分为初步形成、继续深化和全面拓展三个时期。

1. 以改革创新为核心的时代精神的初步形成时期

从一定意义上说,中国共产党成立本身就是改革创新的结果。早在1919年,李大钊在传播马克思主义思想时就提出:"必须要研究怎么可以把他的理想尽量应用于环绕着他的实境。"[2]而作为党的第一代领导核心,毛泽东在领导新民主主义革命和社会主义建设过程中,把对改革创新的认识与实践推到了新的高度。

在1978年12月召开的党的十一届三中全会上,邓小平在《解放思想,实事求是,团结一致向前看》的讲话中指出:"只有解放思想,坚持实事求是,一切从实际出发,理论联系实际,我们的社会主义现代化建设才能顺利进行,我们党的马列主义、毛泽东思想的理论也才能顺利发展。"[3]1992年1

---

① 李大钊.李大钊文集:第三卷[M].北京:人民出版社,1999.
② 李大钊.李大钊文集:第三卷[M].北京:人民出版社,1999.
③ 邓小平.邓小平文选:第二卷[M].北京:人民出版社,1994.

月,邓小平同志发表了南方谈话,与时俱进地指出:"改革开放迈不开步子,不敢闯,说来说去就是怕资本主义的东西多了,走了资本主义道路。要害是姓'资'还是姓'社'的问题。判断的标准,应该主要看是否有利于发展社会主义社会的生产力,是否有利于增强社会主义国家的综合国力,是否有利于提高人民的生活水平。"①"三个有利于"标准的提出,冲破了禁锢人们多年的思想禁区,解决了困惑中国多年的改革难题,为思想解放指明了路径,也为经济社会的繁荣发展指明了方向。

以邓小平同志为核心的党的第二代中央领导集体,领导全党和全国人民对中国特色的社会主义道路进行了新的实践和探索。邓小平同志指出:"把马克思主义的普遍真理同我国的具体实际结合起来,走自己的道路,建设有中国特色的社会主义,这就是我们总结长期历史经验得出的基本结论。"②这不但在党的发展史上具有里程碑的意义,而且对于以改革创新为核心的时代精神的最终形成亦具有决定作用。由此,在继承传统又与时俱进的基础上,以改革创新为核心的时代精神初步形成。

2. 以改革创新为核心的时代精神的继续深化时期

党的十三届四中全会以来,以江泽民同志为核心的党的第三代中央领导集体继续推进改革创新,既对党的第一代中央领导集体带领之下形成的长征精神、延安精神、大庆精神、两弹一星精神等进行了新诠释;又赋予党的第二代中央领导集体带领下形成的实事求是、解放思想、大公无私、艰苦奋斗、开放包容的时代精神以新内涵;还结合具体实践提出新时期要在改革创新的过程中发扬"五种精神",即"解放思想、实事求是的精神""紧跟时代、勇于创新的精神""知难而进、一往无前的精神""艰苦奋斗、务求实效的精神""淡泊名利、无私奉献的精神"。同时,江泽民强调,"创新是一个民族进步的灵魂,是一个国家兴旺发达的不竭动力"③,并在实践中创立了"三个代表"重要思想。

在理论创新的基础上,"三个代表"重要思想指明了我国社会主义建设发展的基本着眼点,由此以改革创新为核心的时代精神得到了继续深化。

3. 以改革创新为核心的时代精神的全面拓展时期

党的十六大以来,以胡锦涛同志为总书记的党中央,站在历史的新起点

①　邓小平.邓小平文选:第三卷[M].北京:人民出版社,1993.

②　邓小平.邓小平文选:第三卷[M].北京:人民出版社,1993.

③　江泽民.江泽民文选:第二卷[M].北京:人民出版社,2006.

上,继续推进理论创新与实践创新,提出了贯彻落实科学发展观、构建社会主义核心价值体系等重大战略思想,对原有的发展模式和社会建设模式进行了重大的改革创新。在 2007 年召开的党的十七大上,胡锦涛又将建设社会主义核心价值体系纳入报告中,同时他还旗帜鲜明地提出,要"以改革创新精神全面推进党的建设新的伟大工程"①。由此,中国特色社会主义事业形成了全面、协调、可持续的发展格局,以改革创新为核心的时代精神的内涵、外延得到了不断丰富与拓展。

2013 年 3 月 17 日,习近平总书记在第十二届全国人民代表大会第一次会议上的讲话中提出:"全面建成小康社会、建成富强民主文明和谐的社会主义现代化国家的奋斗目标,实现中华民族伟大复兴的中国梦,就是要实现国家富强、民族振兴、人民幸福。"而为实现中华民族伟大复兴的中国梦,还必须深化改革,勇于创新发展。2013 年 11 月召开的中国共产党第十八届中央委员会第三次全体会议,审议通过了《中共中央关于全面深化改革若干重大问题的决定》,其核心就是要进一步解放思想、发展创新,为实现中国梦指明了改革方向。在走中国特色社会主义道路的实践中,改革创新始终是我们党的核心理念,并在改革创新中走出了一条符合中国国情的中国特色社会主义道路。因此,在改革中创新中国特色发展社会主义、实现中华民族伟大复兴的中国梦是时代精神不变的核心。

(二)时代精神教育的缺憾与问题

时代孕育了时代精神,需要道德教育去弘扬;时代提出了新的命题,需要道德教育去解决。任何道德教育都在一定的时代背景下展开;然而,每一个时代的时代精神总有实然和应然两种形态、积极和消极两种成分。它们的存在一方面对道德教育起到了引领与发展社会主导性的积极作用,如平等自由精神、主体人本精神、尊重包容精神、改革创新精神等;另一方面也为道德教育增加了难度。

1. 大众化带来的道德平庸、责任落寞与行动乏力

当今时代的大众化特征赋予道德和道德教育以真实、尊重、公正的时代精神。然而,大众时代所带来的对道德教育的挑战也很明显,这主要表现为道德崇高的失落、道德责任的落寞和道德行动的乏力。

---

① 胡锦涛.高举中国特色社会主义伟大旗帜　为夺取全面建设小康社会新胜利而奋斗[M].北京:人民出版社,2007.

2. 多元化带来的道德相对主义与道德一致性的消解

多元文化提倡尊重差异、理解、宽容，但它的消极影响也不容忽视，那就是易滋生相对主义，失去道德一致性的基础。曾经流行的价值澄清主义即为明证。在多元化时代，还有没有公认的价值精神？这已成为迫切需要回答的问题。

3. 泛娱乐化带来的"娱乐至上"与低智商倾向

当代社会越来越呈现出"娱乐至死"的倾向和消费主义趋势。娱乐即是世界，享乐即为人生。无论喜与悲，一切都可以拿来娱乐，一切都可以用来消费。人们变得盲从、越来越不会思考，整个社会正逐渐变成一个"低智商社会"。

4. 网络化带来的道德冷漠与人格分裂

现代科技的迅猛发展大大改变了人们的生活方式与行为方式，它在给人们带来便利的同时也带来了挑战。网络既在人与人之间打通了一条通道——虚拟世界的交流；又筑起了一堵高墙——现实生活中人与人交流普遍减少，彼此漠不关心。

（三）时代精神教育的展望

时代精神反映着时代前进的方向，表现了中华民族和当代中国社会的先进文化。构筑当代中国社会的时代精神是有中国特色社会主义文化建设的核心内容，也是建设和发展中国特色社会主义先进文化和核心价值观一项紧迫而重要的任务。当前时代精神教育重点应抓好以下工作。

1. 创造具有时代特征的先进理论文化

理论文化是文化形态诸要素中最为核心的部分，是时代精神的文化火种。缺乏先进理论文化支撑的文化形态谈不上先进文化，更不能成为形成时代精神的文化内核。在革命、建设和改革的伟大实践中，富有理论创新精神的中国共产党，在把马克思主义同中国的实际相结合的过程中，实现了两次历史性飞跃，产生了毛泽东思想和邓小平理论两大理论成果，创造了中国先进文化的核心部分，为我们党进一步创造和发展理论文化奠定了坚实的文化根基。实践充分证明，先进的理论文化是胜利实现社会主义现代化的精神之源。只有建设先进的理论文化，坚持科学理论的指导，才能构筑精神支柱，我们的事业才能始终沿着正确的方向前进。

2. 培育体现时代要求的思想道德文化

社会主义道德文化是有中国特色社会主义文化的核心和灵魂，集中体现着当代中国社会特定的价值系统、思维方式、道德规范及其精神风貌。为此,要在全社会树立起共同的理想信念,深入持久地开展以为人民服务为核心、集体主义为原则的社会主义思想道德教育。在当代中国社会要把先进性要求同广泛性要求结合起来,大力培育一切有利于解放和发展社会生产力的思想道德文化,一切有利于追求真善美、抵制假丑恶、弘扬正气的思想道德文化,一切有利于用诚实劳动争取美好生活的思想道德文化,构建中国当代社会积极、健康、高尚的道德精神,不断提高全民族的思想道德水平。

3. 弘扬中华民族的优秀传统文化

中华民族在几千年的久远历史中创造了灿烂辉煌的文化,对全人类文化做出了杰出贡献,不仅表现出中华民族的高度智慧,而且孕育了中华民族独特的个性品质。因此,在新的历史时期用先进文化构筑时代精神,就要继承和弘扬优秀民族文化,赋予民族文化新的时代内涵,着眼于古为今用,推陈出新,从民族精神、道德传统、文化遗产等方面对中国优秀传统文化加以扬弃,并把它们融合进当今时代的价值观念、生活方式和治国方略中。

4. 吸收人类各民族智慧的一切优秀文化

当今世界,各种思想文化相互激荡,有吸纳又有排斥,有渗透又有抵御。面对这样的形势,建设中国特色社会主义,必须大力发展先进文化和优秀文化。从文化发展的规律而言,大胆吸收和借鉴表现人类各民族智慧的一切优秀文化是先进文化形成和发展的重要途径,也是时代精神形成和发展的重要途径。党的十五大报告指出:"我国文化的发展,不能离开人类文明的共同成果。要坚持以我为主、为我所用的原则,开展多种形式的对外文化交流,博采各国文化之长,向世界展示中国文化建设的成就。"因此,当代中国先进文化的建设和时代精神的建构,必须"海纳百川""博采众长",才能在世界各种思想文化的相互激荡中更好地发挥自身特有的优势。在全球化日益推进的今天,当代中国社会的时代精神是党和人民弥足珍贵的精神财富,是中华民族伟大复兴必不可少的精神动力,是我们构筑崇高而伟大的时代精神的必然选择。

第二节 学校时代精神教育的实践样本

时代精神是确立新时期学校德育教育价值选择的一个基本点,是学生精神状态、精神支柱和精神动力的核心内容,也是学校德育的基础和渊源。

所以,让时代精神引领学校德育工作,通过学校德育工作来反映时代精神,这对学校教育以及对整个国家和社会的进步,具有极其重要的意义。

一、绿色发展:以余姚市东风小学为例

余姚市东风小学创办于清光绪二十四年(1898),始名"达善学堂",是国内首批新式学堂之一,迄今已有超过120年的历史。现有三个校区,78个班。传孟子达善之精神,学校秉承"成德达材"的校训。近年来,集团在继承学校优良传统文化的基础上逐步探索出了特色办学的发展道路和发展模式,即"绿色教育"的办学思想,为有着百年历史文化积淀和严谨务实传统的学校注入了新的活力和生机。"绿色教育、达善人生"是这所学校的办学理念,旨在通过学校的绿色教育,为孩子的终身发展而教育,为学生的"达善人生"而奠基。

(一)余姚市东风小学的价值追求

我国著名教育家叶澜教授提出了"转型性变革",指出:"现代学校变革首先指向教育价值观的变革,需要对学校教育的价值和学校培养目标有一个符合时代变化和发展的重新定位。"

"绿色成长,达善人生"是东风小学的办学理念。东风小学一直致力于"绿色成长,达善人生""绿色教育"的价值追求。"绿色成长"即为"顺天致性",就是尊重人的"一念之本心",尊重表达个体的真实感受与真实愿望,尊重人的成长规律和个性,描绘出个体的绿色人生。

学校倡导的"绿色成长"有三大含义:一是总结学校"节能环保"特色教育的成果和理念,将其进一步延伸到德育、教学、科研、管理、文化的各个方面,提升为"绿色教育"。二是秉持"以人为本"的育人理念,遵循人才成长的客观规律,积极适应现代社会的发展需求,努力促进学生素质全面发展。三是体现生命安全和谐成长的理念。"达善人生"就是通过学校教育逐步为师生达到和成就"善"的人生打好底色,引导师生善待自己、善待他人、善待自然和善待社会,达到尽善尽美的人格境界,达到"知行合一"。总之,"绿色成长"是学校教育的特色,"达善人生"是学校教育的目标,"绿色成长"是实现"达善人生"的途径,它们的终极目标就是培养"达善的人"。

(二)余姚市东风小学的绿色教育特色

在"绿色发展"办学思想的引领下,学校坚持"绿色成长,达善人生"的教育理念,对看似碎片状的教育教学活动进行了转型升级,努力践行"绿色德育、绿色教学、绿色管理、绿色评价、绿色文化"等绿色发展目标,全面开启

"绿色教育行动"的实践探索。

1. 绿色德育行动

"绿色德育行动"是指创设自然、和谐、自主、发展的教育教学环境,关注道德与精神世界,追求和谐无痕的育人技巧,指导学生从人与自然互相依存、和睦相处的生态道德观点出发,引导学生享用自然,自觉养成文明的道德行为习惯。它属于和谐德育的范畴,是"绿色教育"的先决和归宿。

(1)节能环保教育。学校节能环保教育经过 20 多年的实践,已形成品牌,享誉国内外。近年来,学校节能环保教育主要做到"六个一":建立一支队伍,家校共同携手;编写一套教材,完善课程体系;设立一只宝箱,积淀一种习惯;构建一个模式,倾诉绿色心意;健全一种评价,立足意识能力;打造一项工程,净化学生心灵。

(2)生存生命教育。学校开展的生命教育主要包括心理健康教育、生存教育、行善教育。学校配备心理辅导教师,开辟"心灵之约"心理咨询室,通过建立学生心理档案、班级心理晴雨表等对学生进行心理健康教育;组织开展以"珍爱生命、保护生命"为主题的系列生存教育活动,普及自救、互救知识和技能,提高在遭遇火灾、地震等紧急情况下逃生和自救互救的能力;结合重大节庆日,学校开展以"行善教育"为主题的系列教育活动,让学生懂得善待自己、他人、自然和社会,使学生有积极行善的行动,并付之于服务社会。

2. 绿色教学行动

"绿色教学行动"是以绿色生长为本,着眼于学生未来的可持续发展的教学。在绿色课堂上,学习方式是自主、合作、探究的,学生于自然、和谐的学习氛围中,将课堂演绎成妙趣横生、激情飞扬、智慧灵动的场所。"绿色教学行动"是"绿色教育"实施的核心载体。

(1)构建绿色课堂。为积极实践新课程、构建绿色课堂,学校探索具有校本特色的绿色课堂教学,让课堂成为"生本课堂""学本课堂",成为"自然、和谐、自主、发展"的成长乐园;顺应时代发展,聚焦热点,学校开发"微课程"、开展"翻转课堂"教学研究等,立足绿色达善,改变学习方式,玩转大数据。每学年确定一个绿色课堂研究的主题,并以"达善杯"绿色课堂节为绿色成长平台进行展示提升,绿色课堂节集研讨、论坛、主题报告于一体,使绿色课堂模式走向完善。

(2)整合绿色课程。学校倡导并落实"有课程就有课题""有课题就有课程"的理念,使课题研究与课程建设整合,探索体现绿色成长的科研模式。

对于基础学科,培育特色课程,如语文学科教学探索词语教学、阅读教学改革,编写课外积累小册子、阶梯式课外作业练习,开展"国文"课堂教学研究;数学学科集中力量编写"小学智慧教学"校本教材;而其他学科,生成个性课程,自主开发实施"DJ英语""心理健康教育"等校本课程体系,让学生自主进行选择性学习。

(3)实施绿色评价。学校积极探索学生个性化评价的改革,取消"三好生"评比,实施个性化评价——"闪亮星"的评比,给每个学生搭建成功的舞台,促进学生绿色成长,个性发展;在注重全面素养的基础上,尊重个体差异,推行"免考生"制度。

3. 绿色管理行动

学校积极探索绿色管理的新模式,健全"法制化、扁平化及信息化"的管理机制;实施"互动型管理、学习型管理、民主型管理"等绿色管理方式,引领教师互相学习、共同发展,培育好管理队伍和教师队伍,注重管理的绿色新常态。

4. 绿色评价行动

绿色评价是为了推进绿色成长,树立正确的达善人生教育质量观,其关键在于培养学生知善的学习态度、能善的本领素养和行善的人生追求。

(1)注重全面素养。学校制定了"闪亮星"多元综合评价体系,总共包括德育类和个性类18项。在校内,通过学生自我评价的方式让同伴与老师了解自己的"达善"素质表现;在校外,充分发挥家长的评价作用,让家长参与孩子的"达善"素质评价。最终依据学生在达善、知善、行善过程中获得的闪亮星奖卡的数量来全面综合评定星级达善少年。

(2)个性化创意评价。在注重全面素养的基础上,尊重学生个体差异,推行"免考生"制度。在一、二年级语文、数学、美术、音乐、生活自理等学科中深入推广,体现序列化、模块化、活动化等原则,尊重个性,有效评价,优质发展。

(3)持续性系统评价。根据"东风小学成才规划",学校依据各学段学生特点和教育教学规律,形成了涵盖各学段所有学科的学生成才达善活动,加强学涯教育,追求平衡渐进,遵循成长规律,强调持续发展,积淀达善人生教育。

5. 绿色文化行动

"绿色文化"以可持续发展思想为指导,实现现代文化与生态环境的自然和谐,注重显性文化和隐性文化的建设,打造具有"绿色""达善"的学校文化,达到绿色成长环境优质化,给予师生知善、能善、行善的感染与熏陶。

（三）余姚市东风小学绿色教育的实践成效

学校经过多年的"绿色教育行动"的实践探索,构建了完整的教育体系和课程体系,搭建了学生的自主实践平台和教育管理网络,形成了学生、班级和家庭的全方位评价体系,全面提升了"绿色教育行动"的实践成效。

1. 构建了"绿色育人行动"教育体系

学校坚持以"绿色成长,达善人生"教育理念为宗旨,以课程改革为指导,以节能环保教育为切入点,将学科教学、德育活动、社会实践相融合,推动教师育人理念的转变,丰富学校教育内涵,形成了由校园文化、课程教学、实践活动和评价方式四方面组成的完整的"绿色育人行动"教育体系。

2. 完善了"绿色育人行动"多元化课程体系

学校贯彻"以生为本"的育人理念,充分利用和开发校内外课程资源,培养社会责任感,养成良好的习惯,并在实践活动中学会主动学习与探索,学会合作与交流,培养爱心与责任心,形成积极、乐观、健康的人格特征。学校通过绿色德育、绿色教学、绿色管理和绿色文化等途径构建"课程＋活动"的多元化课程教学体系。通过开设每周一节的"节能与环保"校本课程,各门学科教学渗透"节能与环保"教育,综合实践活动开展"绿色育人行动",日常学习生活融入"绿色育人行动",社会公益活动增加"绿色育人行动"等环节,形成了"做中学,学中用"的教学策略和多元化的课程评价体系。

3. 搭建了"绿色育人行动"自主实践平台

学校通过搭建自主管理平台、奉献爱心平台、社会实践平台、家庭教育平台等四个"绿色育人行动"自主实践平台,全面推进了"绿色育人行动"的落实,促进节能环保教育的深入,让绿色成为学校教育的基色,全面提升绿色育人的成效。

4. 形成了"绿色育人行动"教育评价体系

学校建立了以学生为中心,以班级为单位,以家庭为阵地的全方位评价体系。"绿色育人行动"教育活动分为三个层面,即学生层面有荣誉性评价、过程性评价和终结性评价,班级层面有绿色班级,家庭层面有"节能娃娃""巧手妈妈""绿色家庭"等,从而使"绿色育人行动"教育评价体系更完整,评价更全面,成效更显著。

二、和谐发展:以宁波经贸学校为例

宁波经贸学校(原宁波市第九中学)创办于 1956 年,职业教育创办于

1984 年,2006 年被评为浙江省一级重点职业高中,2008 年 2 月成为国家级重点职业学校。2006 年 9 月,学校完成整体搬迁,按国家级全寄宿制重点职业学校标准建设,实现了教学硬件配置现代化、规格化,尽享高教园区的文化资源和育人氛围。

（一）宁波经贸学校的办学理念和目标追求

学校始终坚持"品质办学,求真务实"的办学理念,紧跟时代发展潮流,推进机制创新和教学改革,以创新的教育实践诠释职教的教育理念。紧紧围绕宁波产业布局,设置了经贸、现代物流、药学等三大类 12 个专业,形成了以经济贸易类专业为基础、传统药学类专业为主干、经济管理类专业为重点的"一基一主一重点"的办学格局。

学校提出了"以人为本,以生为本"的德育理念,本着对学生的个性发展、人格完善、成才创业的宗旨,通过不断的实践探索,逐渐形成了"人和德育"模式,把学生培养成人格健全、品德高尚、技能过硬的社会人和职业人,如培养了以全国三八红旗手、五一劳动奖章得主周宁芝为代表的一大批综合素质高、动手能力强、在岗位上有发展、深受用人单位欢迎的中级应用型人才。学校开展职业教育 20 多年来,凭借创新的精神文化和创新的教育实践,打造一流的高品位、高格调的教育改革发展示范学校,先后获得全国德育管理先进学校、浙江省文明单位、浙江省绿色学校、宁波市文明单位、宁波市德育工作先进集体等荣誉称号。

（二）宁波经贸学校的德育教育特色

学校在时代精神的引领下,明确了"以人为本,以生为本"的德育理念,加强了全员化、全过程、全方位育人的实践探索,构建了文化育人德育工作体系,积极实施"人和德育"的教育模式,取得了明显的德育教育成效。

1. 以多方联动为载体,用"管理文化"育人

一是狠抓学生日常行为规范的养成,从常规工作入手,充分发挥制度规范的激励约束作用。二是建立和实施全员德育导师制,实行德育专员团、班主任阵营、心理咨询师、教师巡逻队、学生护校队、家长委员会等多方联动措施,给学生提供了全方位、个性化的指导。三是推行学生自我管理,通过创设值周、护校、纪检等管理活动,让学生参与学校管理的各个环节,将学校制度、学生规范等内化为自己的行为准则。

2. 以暖心工程为载体,用"情感文化"育人

一是坚持"以爱育爱"的情感文化育人理念,开展每周一次的例行调研、

每月一次的专题调研,及时了解并反馈学生的各种需求及建议。二是创设师生共庆节日、生日温馨祝福、生活舒心港湾、安全经济就餐、暖心包车服务、晚间保驾护航等全方位服务,实施人性化管理和亲情化服务,帮助学生形成健康健全的人格。三是开设生活辅助室,搭建勤工俭学平台,调控食堂菜价,对困难家庭学生进行帮扶,"暖心工程"贴人心,晓之以理,动之以情,使学生的心灵得到洗礼。

3. 以宁波商帮为载体,用"校园文化"育人

一是引入宁波商帮的文化精髓,重点建造以商帮名人塑像为主题的文化特色广场,展示以"忠、智、勇、仁、信"为核心内涵的宁波商帮文化,感染和熏陶学生。二是开展校外采药实习、点钞大赛、校园药店等职业文化特色活动,让学生在良好的文化氛围中,潜移默化地得到教育。三是开展丰富多彩的班级文化、寝室文化等设计大赛,巧设文化墙进校园行动,利用文化渗透德育,感染学生,促进学生人格不断形成。

4. 以实习创业为载体,用"体验文化"育人

一是打造"创业一条街",以招投标的方式遴选学生创业体验店,并提供创业基金,目前已形成了 10 家以上店铺的稳定规模。二是设立校园"跳蚤市场",开展创业大赛等多样化的活动,引导学生在各种实践体验中,增强就业创业意识和创业本领。三是创设中药标本室,集中展示动、植、矿物三大类 1000 余种中药,帮助学生掌握中药的理论知识和调剂的全过程,与就业上岗接轨。

5. 以学生社团为载体,用"生活文化"育人

一是实施"2 小时"工程,每晚均开展 2 小时的文体夜市、技能演练等活动,丰富学生的业余生活。二是组建文学、艺术、体育、环保、服务、休闲共 6 大类 35 个社团,举办社团文化节、社团作品展、校园模特大赛、元旦嘉年华等活动,学生根据兴趣爱好自主选择,在参与互动中培养兴趣,发展特长,学会审美,懂得生活。三是开展"服务社会手拉手活动",走进敬老院、社区和街道,送去一片爱心,体会一次成长,让学生在活动中潜移默化地得到教育。

6. 以美育教育为载体,用"和谐文化"育人

一是自然生态和谐教育,开展绿化、美化、净化校园系列活动,提高了广大师生的环境意识,校园绿色文明新风尚业已形成。二是人际关系和谐教育,用"助、引、拉、推、培"五字诀,引导学生形成健全的人格和乐观积极的人生观,全力培养学生阳光的心态,促进学生身心健康成长。三是社会秩序和谐教育,探索警校联手、法庭课堂等全新的教育形式,提高学生法制观念和

法治意识,培育出自信、自持、自立、自重的技能型和谐人才。

(三)宁波经贸学校的"人和德育"实践启示

学校经过了多年的"人和德育"的实践探索,以润物细无声的方式,明确德育目标,丰富德育内容,创新德育方式,培养自信、自尊、自律和懂得感恩的"完整的人"。

1. 服务学生,在关爱中让学生懂得感恩

学校坚持"以学生为本,为学生服务"的管理理念,逐步构建现代管理制度。一是成立学生服务与管理中心,提供了 30 余项服务内容,让学生能够享受一站式服务。二是推行"五心工程",即暖心工程、贴心工程、收心工程、攻心工程和爱心工程,这些举措拉近了学校与学生的距离,提升了学生的幸福指数。三是创寄宿学校特色,丰富晚间 2 小时教育教学活动,形成"基地实训+社团活动+技能强化+文体夜市"四环活动模式,拓展了教育的时空,为学生的全面成长成材构筑了舞台。

2. 规范学生,在规则下让学生形成自律

为培养学生成为有道德、有思想、有能力、有规范意识的社会人,学校实施"准军事化"管理,将精细管理落实到教学区和住宿区的每个角落,渗透到学生校内外的学习和生活中。一是在教学区和住宿区推行 7S 管理,对教室、寝室的布置和学习生活习惯提出了具体要求,并建立抽查与检查制度,让细节教育彰显学生的素养和品行。二是积极实施养成教育,加强对学生的学习习惯、卫生习惯和行为习惯的训练与检查,同时开展"文明右行"行动、光盘行动和垃圾分类活动等,让学生在规则的约束下逐步形成自律、自觉的文明行为。

3. 发展学生,在互动中让学生学会尊重

学校遵循德育自身规律和学生身心发展规律,以丰富多彩的活动为载体,激发学生的学习动机和参与热情,实现综合素质拓展,提升学生职业素养。一是以学生社团节、体育节、技能节为主线,开展生动活泼、主题鲜明的各种文艺、体育、技能和德育活动,促进学生全面素质的提升。二是以学生会、团组织为阵地,充分利用心理健康辅导站和"心灵驿站"热线,切实开展形式多样的社团活动、社会公益活动的护校爱校活动等,促进学生身心健康发展,在为社会、他人服务中提升自己。三是以班级、寝室为单位,开展各类主题教育活动、就业指导活动和文明寝室创建等,在活动中培养兴趣,在互动中相互交流,在磨合中理解尊重。

4. 成就学生，在成功中让学生确立自信

学校立足学生的可塑性，以丰富多彩的活动为载体，用言传身教夯实德育基础，在潜移默化中培养学生"成人""成才"。一是学校以创业教育为载体，启发学生的创新创业意识，拓展学生的创业能力，培养学生良好的创业品质和精神，创新创业能力得到提升。二是学校成立了40多个学生社团，涵盖了人文、艺术、体育、公益等方面，开展了丰富多彩的校内外活动；同时，为让学生更好地体验社团活动，学校采取社团活动课程化模式，渗透德育教育内容，提升学生综合素养。三是学校构建了多元对话机制，架起了学校和家庭、教师和家长之间信任的桥梁，通过家访和创意家长会等方式，尝试体察学生个性成长、身心健康与生涯发展的诉求，切实提升"家校"服务育人的合力。

第三节 时代精神引领学校德育创新

时代精神是一个社会的共同意志和思想状态的集中体现，影响着时代进步的方向和潮流，是激励着一个民族奋发图强、振兴祖国的强大精神动力，构成了同时代精神文明建设的重要内容。学校要通过德育工作来大力提倡时代精神，使之成为全校师生奋发有为、昂扬向上的精神动力，从而促进时代精神的继承和发展，让时代精神引领学校德育工作，让学校德育工作来反映当今时代精神。

一、更新时代精神教育的德育目标

不同的时代、不同的事业造就不同的时代精神，而任何一种独特的社会精神气质又都反映出当时的时代背景、社会发展趋势和人们所从事的伟大事业的历史内涵。改革开放以来，随着中国特色社会主义事业不断迈向前进，在革故鼎新的历史进程中，时代精神不断被注入新的元素，以爱国主义为核心的民族精神和以改革创新为核心的时代精神，是社会主义核心价值体系的基本内容、理论精髓和精神支撑。

学校的德育工作不是随意的，要具有全局性、系统性和科学性。违背规律的教育注定是失败的教育。我们的德育工作目标曾经背离了人的发展规律，要求对大学生进行公民道德教育和爱国主义教育，对中学生进行社会主义和集体主义教育，对小学生则要进行共产主义远大理想的教育。这种目标的"错位"以及德育目标的失衡性,从根本上说是学校德育没有重视人发展的基本规律,忽视了人发展的基本特点,使得德育目标分层混乱,学生难以理解并加以内化。近些年来,随着研究的深入,学者们提出了诸如"主体德育""生活德育""幸福德育"等新理念,对于学校德育目标的转变具有重要指导意义。借鉴德育新理念,结合时代精神的价值追求,学校德育目标需要注重以下方面的引导与更新。

(一)平等自由精神

追求平等与自由体现了时代发展的进步精神。平等性是当今时代的典型特征,因为这是一个大众化的时代。在这个时代,那种基于血统和出身来划定的不平等已成为过去,人们无论是在物质生活方面,还是在政治思想、精神文化方面,都取得了相对的平等,而且时代的发展注定也要在这方面取得更大的进步。过去给人们造成最多障碍的物质条件限制已基本解除,现代科技的发展极大地满足并进一步激发了我们的物质欲望;与此同时,我们还获得了政治思想和精神文化的解放与自由,人们从专制的枷锁中摆脱出来,获得了民主、人权与文化自由。

(二)主体人本精神

人的主体性是现代最重要的观念之一,而自由和解放正是人的主体性的代名词。正如黑格尔所说:"在主体中自由才能得到实现,因为主体是自由的实现的真实的材料。"[①]在哲学上,"主体"同"客体"相对,指认识者(人)。在当代社会,长期被压抑的人的主体性重新焕发了生机。无论是社会还是个人,都越来越重视人的主动性和创造性,越来越关注个体发展的全面性和自由性,越来越关注民生和人民生活幸福。因此,小到学校内部管理,大到国家方针政策的制定,"以人为本"都成为一个核心的理念和主导精神,正在奏响时代最强音。

(三)改革创新精神

在时代精神中,改革创新是认同度最高的要素之一,是时代精神的核心。改革创新是当今时代的最强音,是时代精神的本质体现。要把弘扬改革创新精神摆在突出位置;要适应社会主义市场经济深入发展的要求,要着眼于构建社会主义和谐社会;要紧跟时代脚步、把握时代脉搏,充分体现这个时代所特有的精神风貌和精神特征。

---

① 黑格尔.法哲学原理[M].范杨,张企泰,译.北京:商务印书馆,1961.

（四）尊重包容精神

当今时代是一个多元化时代。随着市场经济和全球化的发展，文化、价值观、生活方式等日益呈现出多样化、多元化的态势。各种文化和价值观念相互交织、碰撞、融合，孕育了尊重、理解、宽容、对话的价值精神。

（五）中华民族的民族精神

中华民族的民族精神博大精深，爱国主义是民族精神的核心，团结统一、独立自主、爱好和平、自强不息都是民族精神的具体体现，它们共同构成中华民族最深厚的思想传统。我们要广泛开展爱国主义教育，要加强民族团结进步教育，要加强中华优秀文化传统教育，要深入进行中国近现代史教育和革命历史、革命传统教育。我们弘扬以爱国主义为核心的民族精神，同时虚心学习世界其他民族的长处，从各国文化中汲取丰富养分，不断塑造自尊自信、自重自爱、自立自强的民族品格。

二、拓宽时代精神教育的育人功能

当代中国时代精神是多元社会思潮的主要组成部分，要实现时代精神对社会思潮的引领作用，就必须加强时代精神教育。这就要求学校德育工作要与时俱进，要针对新时期学校德育工作中出现的新情况、新问题、新特点，不断探索并总结出适合学校和学生发展的新路子、新办法、新途径，构建出具有鲜明时代特色，符合中小学教育的实际，卓有成效的学校德育工作新模式。学校德育工作需要强化如下育人功能。

（一）拓展课程育人功能

要充分发挥课程的德育功能，将时代精神教育内容和要求细化落实到各学科课程的德育目标之中。加强品德与生活、品德与社会、思想品德、思想政治课程的教育教学。推动学科教学统筹，特别是加强思想品德、语文、历史、体育、艺术等课程教学的管理和评价，提升综合育人效果。开发有效的地方课程和学校课程，丰富学校德育资源。

（二）拓展实践育人功能

要广泛开展社会实践活动，充分体现"德育在行动"，要将时代精神教育细化为贴近学生的具体要求，转化为实实在在的行动。要广泛利用博物馆、美术馆、科技馆等社会资源，充分发挥各类社会实践基地、青少年活动中心（宫、家、站）等校外活动场所的作用，组织学生定期开展参观体验、专题调查、研学旅行、红色旅游等活动。

（三）拓展文化育人功能

要挖掘地域历史文化传统，因地制宜开展校园文化建设，将时代精神教育融入校园物质文化、精神文化、制度文化和行为文化之中。学校要加强图书馆建设，提升藏书质量，开展经常性的读书活动。要利用升国旗、入党入团入队等仪式和重大纪念日、民族传统节日等契机，开展主题教育活动，传播主流价值。学校要加强校风班风学风建设，组织开展丰富多彩、生动活泼的文艺活动、体育活动、科技活动，支持学生社团活动，充分利用板报、橱窗、走廊、校史陈列室、广播电视网络等设施，营造体现主流意识、时代特征、学校特色的校园文化氛围。

（四）拓展管理育人功能

要积极推进学校治理现代化，将时代精神教育要求贯穿于学校管理制度的每一个细节之中。学生的行为规范管理、班级民主管理和各种面向学生制定的规章制度，都要充分体现时代精神。要明确学校各个岗位教职员工的育人责任，把育人要求和岗位职责统一起来，将学生的全面发展作为学校一切工作的出发点和落脚点。

三、创新时代精神教育的德育载体

学校德育载体从外在表现形式来看，可以划分为三类：直观载体、活动载体和组织载体。结合时代精神教育，要充分发挥三类德育载体的功能与作用，全面提升学校德育工作的成效。

（一）利用直观载体，营造德育氛围

所谓直观载体是指人们能够看得见、摸得着的德育教育载体，如报纸、杂志、广播、电视、宣传栏和网络等。直观载体的特点主要有：第一，直观生动，有较强的贴近性和亲和力。第二，教育信息量大，内容丰富多彩，能让人得到多方面的精神享受。第三，具有教育主体的隐蔽性与教育客体的自主性。为此，学校时代精神教育应该借助多样化直观载体进行广泛的传播与宣传，让德育教育的内容更加丰富多彩，德育教育的形式更加贴近学生的生活实际，积极营造自由平等、诚实守信、勤奋进取、开放包容的德育氛围。

（二）运用活动载体，强化德育实践

所谓活动载体是指教育者为了实现一定的德育教育目标，有计划、有目的地组织开展各种活动，寓德育教育信息于活动之中，使受教育者在参加活动的过程中潜移默化地受到教育，提高觉悟，增强素质。活动载体是德育教

育最重要的载体,其形式多种多样,如科技文化活动、教育管理活动、精神文明创建活动、社会实践活动等。活动载体最大的特点是将教育目的、任务、内容等渗透在丰富多彩、生动活泼的活动中,使参与活动的人在宽松、愉快的氛围或激烈的竞争中,体悟到一定的价值追求、行为规范,并将之内化为个人的自觉行为。因此,在运用活动载体开展德育教育时,要研究受教育者的年龄特征、知识水平、兴趣爱好、审美时尚,寻找那些既富有时代气息,又与受教育者相融合的活动载体,以增强吸引力,提高教育效果。学校德育教育要充分发挥课堂教学、校园文化、典型教育和专题活动等功能与作用,实现时代精神对社会思潮和学校德育的引领作用。

在多元社会思潮背景下,学校要充分发挥课堂教学的主阵地作用。教育内容要有科学性和时代性。开展以成长、成才、创业、创新等为主题的时代精神教育,将时代精神教育融入课堂教学全过程。深入挖掘各类课程的积极因素,找准课程知识和以改革创新为核心的时代精神的契合点,强化时代精神教育,把传授专业知识与激发创新热情、培养改革精神、提高创造能力有机结合起来,促进学生成长成才。

要大力建设弘扬民族精神、体现时代精神的校园文化,将民族精神和时代精神倾注和渗透到校园文化活动和校园人文环境建设中去。大力开展富有时代特色、时代品位的学术、科技、体育、艺术和娱乐活动,加强中小学生时代精神教育。如开展学生科技作品竞赛、创新创业大赛、探究性学习和社会实践项目等活动,贴近时代主题,理论联系实际、学以致用、服务社会,使学生从中感受到改革创新的乐趣,更好地促进学生树立以改革创新为核心的时代精神。学校要重视校园人文环境和自然环境的教育功能,组织开展各类文学、艺术、体育等活动,发展和谐人际关系,调节身心健康,营造团结友善、文明和谐的校园氛围。著名教育家苏霍姆林斯基说过:"用环境,用学生自己创造的周围环境,用丰富集体精神生活的一切东西进行教育,这是教育过程中最微妙的领域之一。"①将体现时代精神的标语、人物、事件等素材融入校园的人文环境和自然环境建设当中去,以浓郁的时代气息、高雅的校园环境熏陶人。

要充分发挥先进典型的羊群效应和导向作用。时代精神体现了一个时代的整体风貌,具体是通过杰出人物和先进事迹反映出来的。时代精神教育要抓住时代的杰出人物和先进典型,通过典型教育,示范、引导中小学生,

---

① 徐忠香.浅谈良好班级文化氛围的建设[J].吉林教育,2016(30):10-11.

让中小学生学有目标，做有榜样，追有精神，充分发挥先进典型的羊群效应和导向作用。首先，宣传与学习时代先进人物，如100位新中国成立以来感动中国人物、全国道德模范、感动中国年度人物、全国劳动模范等优秀人物。其次，宣传与学习学生群体的先进典型，如中国大学生自强之星、国家奖学金获得者等。最后，学习与宣传中小学生身边的人和事，学校要开展优秀学生和先进事迹的评选，如"无私奉献奖""勤奋学习奖""诚实守信奖""自强不息奖"等，将时代精神具体体现在中小学生身上。

要充分发挥重大事件和重大活动的凝聚功能。时代精神一般隐含在社会生活的细小方面，不易察觉，又往往在重大事件和重大活动中得到充分展示和集中体现。因此，要以重大事件和重大活动为契机，及时、深入地开展专题教育活动，强化中小学生时代意识和时代精神。如以建校、修建青藏铁路、中国载人航天、奥运会等重大活动为契机，进行系列教育，提升中小学生的时代自豪感和民族自信心，使中小学生深刻感受到国家的开放、发展、民主、进步与和谐。虽然重大事件具有突出性和意外性，对国家、民族可能造成一定的消极影响，但只要善于把握和利用，也可以转化为民族精神和时代精神教育的契机。我们的民族面对洪灾、"非典"、地震等灾难，没有退缩，而是以一种强大的精神力量战胜这一切，形成了抗洪精神、抗击"非典"精神、抗震救灾精神等时代精神。在日常的生活中，时代精神的表现虽不明显，但一遇到重大事件和重大活动，就鲜明地凸显出来。学校要善于抓住契机，加强中小学生时代精神教育，提升思想道德素质，强化认知认同，增强民族凝聚力。

（三）完善组织载体，确保德育成效

所谓组织载体是指教育者通过建立组织把受教育者有效地组织起来，对他们进行教育，或引导他们进行自我教育。组织载体主要是指学校的团支部（少先队）、学生会、班级、社团等基层组织。它们都是由德育教育者按照一定的原则和形式将受教育者（学生）组织起来的基层组织。德育教育的组织载体不仅是德育教育载体系统的一个有机组织部分，也是一种客观存在，而且在德育教育中发挥着重要的作用。

中小学要根据不同年龄段学生的特点研究制定不同年级、不同学段的德育具体要求和活动常规，按层次递进结构形成规范化、序列化和差异化的德育内容及实施要求，确保德育教育的针对性、递进性和有效性。如小学阶段重点抓习惯、重养成，进行诵经典、遵法纪、讲文明、爱学习、爱劳动、爱锻炼、爱集体、爱家乡、爱祖国的教育,培养良好的学习和生活习惯。初中阶段重点抓体验、重实践,让学生在具体实践活动中认识自我、体验美德、健全人格、遵守公德,培养爱国情感,掌握基本的道德规范和法律常识。高中阶段重点抓深化、重内涵,加强公民道德、民主法治、民族精神和时代精神教育,引导学生树立正确的人生观和价值观。因此,当前只有切实把社会主义核心价值体系和时代精神融入学校德育教育和精神文明建设的全过程,将其转化为全体学生的价值追求和自觉行为,才能培养出一代又一代符合社会建设需要,引领时代发展潮流的各类人才。

四、调整学校德育评价指标内容体系

在追求量化管理和评价的今天,追求量化、细化已成为一种必然的趋势。学校德育也不例外,学校德育工作往往被细化为许多项目,分别赋予不同的分值和权重。但是教育从本质上说并不适合量化,这是由教育的特性所决定的。德育是知、情、意、行的统一体,用冷冰冰的数字难以说明丰富多彩的个性、变化多端的情感、复杂多变的行为,也难以对德育的效果做出恰当的衡量。因此,在德育的评价方面应结合时代特征与要求予以调整和改革。

第一,突出实践性,构建多元化的评价体系。鉴于目前学生德育评价单一性、知识化,很难体现对道德情感、道德行为的考核,要科学、合理地评价学生的道德修养情况,就必须突出实践性、生活化,把时代精神教育及与学生实际生活密切联系的学习、交往、日常生活、社会实践情况等纳入德育考评范畴。同时建立起学生自评、学生互评、家长评价、教师评价等相结合的多元化的评价体系,使评价结果更加客观、全面,从而促使他们积极投身德育实践,努力做到知行统一,进而促进德育目标的实现。

第二,体现时代性,丰富德育评价内容。为突出体现评价的现代性,学校德育评价应体现时代精神,将当今时代所倡导的现代理念(如平等自由、尊重包容、改革创新等)纳入评价体系,引导学生和所有的德育工作者领会时代精神。从评价体系的构建理念到评价主体的态度认知,从评价内容的具体制定到评价体系的贯彻落实,都要反映和体现时代特色,增强德育评价的有效性与时代感。

第三,体现人文性,注重评价效果的社会性与个体性的统一。对于德育的科学评价应融入人文关怀,以促进人的全面发展作为评价的根本目的,建立一个尊重人、关爱人,肯定人的价值,重视人的作为,充分调动人的积极性、主动性、创造性,合乎人情、近乎人意、深入人心的评价体系。既重视效果评价,又重视过程评价;既重视目标性评价,又重视发展性评价;既重视社会性效应,又重视个体性意义。学校应把德育对个体需要、尊重、幸福的满足放在重要位置,真正实现道德教育的育人目的。

第八章　生命教育与德育创新

教育源于生命发展的需要,必须遵循人发展之生命规律。生命是教育的逻辑起点和终极目的,关怀人的生命、关注人的价值应成为教育的基点。在学校教育中,特别是在中小学德育中,应从生命教育的应有之义出发,发现生命教育的价值体现,关心学生的生命认知及行为表现,践行基于生命教育的德育实践模式。

第一节　学校生命教育的背景分析

伴随现代化产生的弊端之一,就是太偏重技术的应用,偏重新知识、新技能的学习,而忽视人本,忽视人们心灵的需求。在学习工具化观念及应试教育压力的影响下,学校教育常常无暇顾及教育本身的意蕴,而成为社会发展的工具和个人谋生的手段,渐渐丧失了对人之生命的尊重。生命教育某种意义上源于对现代化过程中所伴随产生的弊端的纠偏。

一、生命教育的概念

关于生命教育的定义,国内外学者有多种表述。我们认为,生命教育是帮助受教育者认识生命、珍惜生命、尊重生命、热爱生命,提高生存技能,提升生命质量的一种教育活动。

(一)生命教育的内涵

生命教育是有目的、有计划的教育活动。生命教育的目的首先是唤醒、激发学生的生命自觉,形成科学的生命观,培养学生尊重、珍惜生命的认知、情感、态度和行为习惯;其次是促使学生关爱人的生命,包括本人生命、亲人生命、他人生命,并进一步从关爱人的生命延伸,善待与人类有关的各种生命,实现人与自然的和谐相处;最后是培养学生的生存能力,增进学生的身心健康,从而提升生命价值。

一般认为,狭义的生命教育只涉及对生命本身的关注,而广义的生命教育可视为"全人"教育。"教育,首先是生命教育",这种说法可视为对生命教育的狭义理解;"教育,实质是生命教育",这种说法可视为对生命教育的广义解读。

(二)学校生命教育的源起及发展

生命教育思想在我国古代有着深厚的文化根底,如道家"贵己重生"、儒家"以人为责"、佛教"普度众生"等。现代生命教育的概念最早由美国学者、作家、演说家杰•唐纳•华特士(J. D. Waiters)提出。1968 年,他出版了《生命教育:与孩子一同迎向人生挑战》一书,并在美国加州北部创设了"阿南达学校"(Ananda School),以实践其生命教育思想。他的思想逐渐得到人们的关注和认同。到 1976 年,美国有 1500 所中小学开设了生命教育课程。20世纪 90 年代,美国中小学的生命教育基本普及。

全世界第一个以生命教育命名的中心是 1979 年在澳大利亚悉尼成立的生命教育中心(Life Educational Center,LEC)。20 世纪 80 年代后,生命教育已在英国、日本等多个国家推开。中国台湾和香港地区在 90 年代开始关注并在中小学逐步开展生命教育活动,编写生命教育教材并开设课程。2004 年,辽宁省制定了《中小学生命教育专项工作方案》,上海市出台了《上海市中小学生命教育指导纲要(试行)》。辽宁省于 2005 年颁布了《中小学生命教育指导纲要(试行)》,生命教育工作在我国部分省份开始大规模推进。2008 年,黑龙江省将生命教育作为地方课程纳入学校教学计划;2009年,云南省颁布了《关于实施生命教育、生存教育、生活教育的决定》;同期,中央电视台经济频道开始在每学年初举办以生命意识教育为主题的"开学第一课"大型公益活动。2010 年,《国家中长期教育改革和发展规划纲要》提出要"重视生命教育",学会生存、生活。

二、学校生命教育的德育意义

生命教育与德育都是"教育",是这个大领域中的重要环节,这既是它们的立论基础,也是它们共同的实践领域。

（一）生命教育与德育概念的比较

生命教育与德育虽有着密切联系，但各有其特性。

1. 生命教育与德育的内涵不同

在《中国大百科全书·教育卷》中，德育被定义为"教育者按照一定社会或阶级的要求，有目的、有组织地对受教育者施加系统影响，把一定的社会思想和道德转化为个体的思想意识和道德品质的教育"。生命教育与德育同为教育活动，都指向受教育者，在中小学都将未成年人作为受众，但两个概念的内涵和着力点不同。生命教育的重点主要是引导学生认识生命、保护生命、珍爱生命、欣赏生命，探索生命的意义，实现生命的价值。学校德育是教育者有目的地培养受教育者品德的活动，重点在于灌输社会是非善恶的判断准则，培养受教育者符合社会主流价值的道德认知及行为习惯。

2. 生命教育与德育的目的任务不同

生命教育的基础目标是认知和珍惜生命，维护身心健康；高一层次目标是学会生存、生活，对学生而言是规划和顺利完成学业；最高目标是促进自我实现，提升生命价值。而德育的目标在于培养学生的品德，努力让学生达到一种自觉的道德境界，通过外化与内化，使受教育者形成一定的思想品德。

3. 生命教育与德育的实施依据不同

生命教育以生命为逻辑起点和最高目的，首先依据生命成长规律，以此为中心关注生命与人、事、物的关系，包括生命与自我的关系、生命与他人的关系、生命与自然的关系、生命与社会的关系、人与环境乃至宇宙的关系。它始终围绕个体生命，基于生命而展开，为了生命而实施。德育目标是德育工作的出发点，德育工作不仅要遵循个体思想品德形成、发展的规律及心理特征，更要遵循国家的教育方针和教育目的、民族文化及道德传统、时代与社会的发展需要来进行。这些工作依据不仅决定了德育的内容、形式和方法，而且制约着德育工作的基本过程。

4. 生命教育与德育的内容范畴不同

生命教育内容主要分为生命及其价值认知、生存能力培养、生命价值升华等三大块，包括生存教育、死亡教育、生命美育、人生观教育等。生命教育不仅关注学生身心保健，还重视学生情感、能力发展，重视学生科学与人文素质培养，重视学生人生观形成及自我实现。德育的外延大致可分为思想教育、道德教育、政治教育、法制教育等几个部分。

5. 生命教育与德育的发展轨迹不同

尽管古代已有哲人讨论生命价值问题，但现代生命教育开展较晚，在《中国大百科全书·教育卷》等重要的教育辞书中甚至没有收入生命教育的词条，对生命教育的内涵只有在学术专著及论文中得到讨论，只有部分地区级政府教育行政部门在文件中将其列为教育常规性活动。而德育工作具有悠久的历史，在教育活动中长期处于至高的地位，德育学科的研究也已形成较为系统的理论体系，并随着时代发展涌现更多的实践模式。

(二)生命教育与德育之联系

生命教育与德育息息相关，两者之间的关系存在着大量交叉、互补乃至渗透，共同构成教育活动有机统一的整体。

生命是接受道德教育的主体，德育活动常常建立在生命教育基础之上。生命是人的智慧、情感的唯一载体，是实现人生价值的前提。尊重生命是一切教育工作的出发点，德育更是如此，因为不顾生命现实需要的教育脱离了人本原则，本身就是反道德的。关爱生命，以学生为本，是德育永恒的主题，生命关怀也就成为学校德育的人本诉求。现代人本思想下的德育要求德育回到生命之中，充分关注学生生命，关注其生命的生存状况和生存意义，关注其生命的生成和完善。

生命教育中包含有德育的要素，两者之间存在交叉关系。学校德育的本质是为了人，或者说是为了学生的人格完善、能力增长，进而促进个体的全面发展。生命教育的目标与德育的内在需求之间是相互契合的。生命道德是学校德育的重要内容。生命道德是用来调整人与生命关系的道德范畴，生命道德的提出旨在让生命更好地存在与发展。生命道德教育可以帮助人们更好地认识、关爱生命之价值，激活、唤醒个体生命的生命道德意识，培养、提升个体的生命道德能力，促进个体生命的健康发展，有助于落实生命教育的旨趣，提高学校德育的有效性。但生命教育属于与"生命"相关的所有问题，而不只是德育问题，生命教育中一些重要的观念、态度和能力并未明确纳入现行中小学德育内容，如生死观课题、野外生存能力培养、紧急避险训练等。

(三)学校生命教育的德育意义

在中小学开展生命教育，应凸显其德育功能。开展生命教育，可完善德育内容，拓宽中小学德育工作的途径，更新德育方法，对于培养学生形成科学的生命与健康观，树立正确的世界观、人生观和价值观，具有重大而深远的意义。

第一,学校生命教育强化德育主体的生命性。对中小学而言,德育的主体正处于从儿童至成人这一个体生命成长的关键阶段,经历着生命中最重要的时期,日益增强的自我发现强化了生命体验与感悟,多种需要不断滋生乃至繁荣。生命教育有助于学生形成正确的生命观,可帮助学生认知生命,强化生命意识,使他们知道每一个人都生活在一个人与人之间密切合作、携手共创的社会中,生活在一个共同文化背景下的群体中,这个群体大至国家、城市,小至班级、家庭,大家的日常生活与整个群体息息相关,构成了一种共生的关系。这种共生的理念可以帮助学生减少彼此间认知的裂痕,促进合作,解决冲突,减少校园暴力事件。

第二,学校生命教育增强德育活动的多样性。生命教育通过帮助学生认识生命、尊重生命、珍爱生命,促进学生积极、健康地发展生命,提升生命质量,实现生命的意义。这与德育的目的可以说是殊途同归。生命教育理念、目标和活动内容可以丰富学校德育课程,丰富德育内涵、范围、途径和实施方式,使德育真正走进人的灵魂深处。学校德育内容可以渗透生命教育,德育的手段也可以作为进行生命教育的途径。生命教育与德育的互相渗透,可让学生更好地认识自我,学会学习、生活,学会做人、做事,树立生涯目标,进行生涯规划,帮助学生拥有一个健康的心理,为学生的终身幸福奠基。

第三,学校生命教育增强德育结果的有效性。道德不是通过教育者预先的设计和控制来进行所谓的"教育"就能形成的。部分传统德育课严重脱离个体生命性这一基础,存在有教书无育人、有知识无生命的现象,从而沦为假、大、空的说教。融通学校德育与生命教育,有助于克服传统德育忽视生命倾向的弊端。生命教育的理念包含了对理想德育的追求与向往,实施生命教育可作为德育的一个重要实践渠道。生命教育通过对生命的有限性和独特性的阐释,使学生珍惜自己和他人的生命,不妨碍别人,不危害别人的生命,从而形成最基础的道德规范。让学生在生命教育中学会爱与关怀,懂得生命的真实意义,使德育目标在生命教育中得到充分的体现。可以选择通过主题探究活动等形式,让学生去体验和感悟,帮助学生认识生命、学会感恩、主动规划人生,使之外化为个体发展生命、提升道德的具体行为,使其对社会道德规范的遵守从他律转化为自律,最终形成基本的伦理道德价值。

三、现代化背景下生命教育的重要性

现代化带来生活方式、学习方式、工作方式的改变,对个体成长构成前所未有的挑战。进入 21 世纪后,随着现代化进程的加快,儿童青少年心理问题日益严重,在德育中加强生命教育凸显出重要性。

(一)开展生命教育是促进学生身心健康成长的必要条件

现代化进程导致社会环境日益纷繁复杂,社会物质和精神生活空前丰富,使学生的生理成熟期明显提前,与心理成熟程度的差距进一步扩大,极易产生学生生理、心理和道德发展的不平衡。长期以来,由于传统文化因素的影响,学生在生理发展过程中出现的困惑常常得不到及时指导,对无法预料且时有发生的隐性伤害往往难于应对,导致一些学生产生心理脆弱、思想困惑、行为失控等现象。此外,校园伤害、意外事故、自伤轻生等现象的增多也威胁着学生的人身安全和身心健康。近年来,某些学生对暴力的麻木和对生命的冷漠达到了骇人听闻的地步,一些恶性案件的制造者或受害人正是处于花季的未成年人。这些未成年人违法犯罪案例,给人们敲响了警钟,也给学校教育提出了急需关注的生命教育这个课题。因此,需要积极引导学生科学理解生理、心理发展的规律,正确认识生命现象和生命的意义。

(二)开展生命教育是社会环境发展变化的迫切需要

现代化进程中高科技和信息技术飞速发展,经济全球化和文化多元化加速碰撞融合,为学生获取信息、开阔视野、培养技能提供了宽广的平台,但随之而来的消极因素也在一定程度上影响了学生的道德观念和行为习惯,享乐主义、拜金主义、极端个人主义等给学生带来了负面影响,导致部分学生道德观念模糊与道德自律能力下降。当今社会科技发展,同时也使人本身面临着极大的挑战,科技带来的物质至上及激烈竞争所带来的精神危机等,销蚀了人的创造力和精神活力,使人堕入分裂、迷茫、虚无的境地。因此,迫切需要培养学生形成科学的生命观,进而为学生树立正确的世界观、人生观和价值观奠定基础。

(三)开展生命教育是整体提升国民素质的基本要求

中小学生的生命质量和发展状况决定着国家和民族的前途与命运。我国需要培育一大批具有优良的思想道德素质、科学文化素质、身心健康素质以及劳动技能素质的劳动者和专门人才,生命教育是实现人的全面发展的

基础条件。在中小学开展生命教育,有利于提高学生的生存技能和生命质量,激发他们树立为祖国的繁荣富强而努力学习、奋发成才的志向;有利于将中华民族坚韧不拔的意志熔铸在学生的精神中,培养他们勇敢、自信、坚强的品格;有利于提高广大学生的国际竞争意识,增强他们在国际化开放性环境中的应对能力。

(四)开展生命教育是中小学校教育的重要任务

现代化进程的迅速推进,使学校教育面临着新的挑战。一些学者认为,当今教育过度工具理性,知识成绩至上,缺乏终极关怀,易导致心理疾病,教育要以学生发展为本,关注人的生命与价值。学校教育,特别是学校德育还存在和学生成长需要不相适应的方面,一部分教师和学生家长不了解学生身心发展的规律,忽视学生渴望得到理解与尊重的需求,缺乏科学的教育理念和方法,不利于一些学生身上出现的心理问题的解决。近年来,各中小学在实施生命教育方面,通过不断尝试和探索,已积累了一定的经验。但在生命教育的内容、层次、形式等方面缺乏整体规划和系统构架;学校现有课程教材中的生命教育内容比较单一,对学生身心发展的针对性、指导性尚不明确,对学生生存能力的培养,缺乏有效的操作性指导,对校内外丰富的生命教育资源缺乏系统有机整合。因此,必须加快学校教育的改革,从生理、心理和伦理等方面对学生进行全面、系统、科学的生命教育,引导学生善待生命,帮助学生完善人格、健康成长。

第二节　学校生命教育的实践样本

生命教育作为一种新的教育思想,对其是否有存在意义与价值,需要在实践层面上加以验证。宁波鄞江镇中心小学和宁波高新区梅墟中心小学开展的生命教育为我们提供了值得借鉴的实践样本。

一、学校生命教育之学科教学渗透:宁波市鄞江镇中心小学

小学科学课程通过让学生接触生动活泼的生命世界,尽可能多地去认识不同种类、不同环境中的生物,提升对生命本质的认识。《科学课程标准(三至六年级)》中涉及的知识内容主要有三个领域:生命世界、物质世界、地球和宇宙。"生命世界"是小学生科学探究的起点,但多数小学生的探究往往停留在好玩、有趣这一层次,只能对生物的外形、特征进行简单的描述,即使能提出一些有价值的科学问题,也缺乏解决这些问题的能力。鄞江镇中心小学以小学科学课程为载体,在实践研究中开发出一套符合学生兴趣特点、认知规律和探究能力的"生命世界"主题探究活动,并以学校三至六年级学生为对象进行了实践探索,形成了"生命世界"主题探究活动操作模式、指导策略和评价体系。

（一）小学科学"生命世界"主题探究活动设计

1. 明确活动开发四大原则

"生命世界"主题探究活动的开发需遵循系统性、发展性、适切性、趣味性四大原则。系统性,是指教师能够对"生命世界"教学内容进行梳理,明确主题探究活动需要达到的目标,使主题探究活动内容具有系统性。发展性,是指开发的主题探究活动能够丰富学生的科学知识,提高学生的探究能力,促进学生科学素养的提升,为今后的学习打下基础。适切性,是指开发的主题探究活动适合学生的年龄特征、认知规律,适合校园实际和地域特点,便于开展。趣味性,是指开发的主题探究活动能够持久激发学生的探究兴趣,调动学生参与的积极性,学生喜闻乐见,易于接受。

2. 确立活动开发两大依据

"生命世界"主题探究活动的开发主要有两大依据:一是"生命世界"的知识体系。新课标以"联系、整体"的视角来规划生命世界的轮廓,将生命世界中零散的具体的科学事实以大的科学概念来统整,形成"多样的生物""生命的共同特征""生物与环境""健康生活"四大主题,内容具有浅显性、生活性、可操作性等特点。二是学生的科学探究能力。科学探究是科学学习的中心环节,主要过程是提出问题→猜想与假设→制定计划→观察、实验、制作→搜集整理信息→思考与结论→表达与交流。科学探究能力的形成依赖于学生的学习和探究活动,必须紧密结合科学知识的学习,通过动手动脑、亲自实践,在感知、体验的基础上,内化形成,而不能简单地通过讲授教给学生。

3. 开发探究活动三大类型

小学科学教材中,关于"生命世界"领域的教学内容一共有 11 个单元。"生命世界"教学活动要达到预期目的,除了结合科学课程外,还要针对不同层次学生的年龄特点,开展特色鲜明、形式新颖的主题探究活动。在单元教学中学校开发了 11 个主题探究活动,分为动手操作、观察记录、调查统计三大活动类型（见表 8-1）。

表 8-1　小学科学"生命世界"教学活动

册数	单元题目	主题探究活动	活动类型
三上	"植物"	校园树叶标本制作	动手操作类
	"动物"	探秘身边的小动物	观察记录类
三下	"植物的生长变化"	凤仙花的种植观察	观察记录类
	"动物的生命周期"	蚕宝宝的养殖观察	观察记录类
四上	"我们的身体"	看看自己的生长变化	调查统计类
四下	"新的生命"	蟾蜍卵和青蛙卵的秘密	观察记录类
	"食物"	营养早餐与健康生活	调查统计类
五上	"生物与环境"	做一个多样的生态瓶	动手操作类
六上	"生物的多样性"	相貌各异的我们	调查统计类
六下	"微小世界"	显微镜下的细胞构造	观察记录类
	"环境与我们"	考察家乡的自来水厂	调查统计类

(二)小学科学"生命世界"主题探究活动实施

经过不断实践和大胆探索,学校从平台搭建、资源利用、活动开展、探究指导、活动评价五个方面构建了"生命世界"主题探究活动实施模式,可为其他学校提供经验借鉴,具有很强的推广价值。其模式具体见图 8-1。

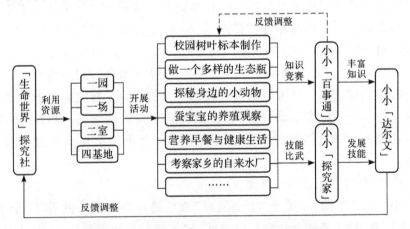

图 8-1　小学科学"生命世界"主题探究活动实施模式

1. 搭建平台,成立"生命世界"探究社

学校遵循"组内异质,互为补充;组间同质,适当均衡"的基本编组原则,根据学生的兴趣爱好、性格特点、学习能力等方面,在三至六年级各班组建了两个"生命世界"探究小组,以促进组内合作与组间竞争。在探究小组的基础上,成立了"生命世界"探究社。它是学校开展"生命世界"探究活动的重要组织,设置有顾问机构、辅导机构和执行机构。顾问机构由区少科协、区教研室等的专家组成,帮助指导工作;辅导机构由科学教师组成,承担具体的辅导工作;执行机构由能力较强的学生担任组长之职,组织小组成员开展活动。

在"生命世界"的教学过程中,教师适时提供各类主题探究话题供小组选择。小组成员也可根据喜好自设话题,在课外开展动手制作、观察记录、调查统计等中长期的主题探究活动,将探究过程通过文字、图片、图表、摄像、标本等方式记录、保存下来,并撰写成一篇篇的观察日记、调查报告、科学小论文,定期或不定期地与同学开展交流和探讨,在探究历程中提升自主探究能力,提升对生命本质的认识。

2. 利用资源,开发活动实践阵地

开展"生命世界"主题探究活动,需要为学生提供实践场地,只有这样学生才能够亲身体验,有所收获。为此,学校根据实际选取开发了"一园一场二室四基地",使之成为探究活动的主阵地。

"一园"为少年农科园。学校对拥有的一块近 900 平方米大小的农田进行了规划改造,将其划分为五大区域:种植区、暖棚区、花卉栽培区、水生群落观察区、自然生态观察区,并取名为"少年农科园"。又陆续购置了各类器材、农具,如锄头、簸箕、洒水壶、地表温度计、干湿温度计、喷洒灌溉系统等,建造了钢架暖棚,为活动开展提供了保障。

"一场"为开心小农场。学校地处农村,学生家中房前屋后的零星杂地,乃至自留地的边角处都可作为孩子们开展探究活动的场地。探究小组成员在科学教师的发动下,在家的周围开辟了大小不一的"开心小农场",用来种植各类植物。此外,针对场地有困难的学生,教师还引导其在住房的阳台上或通道的拐角边,摆放几个花盆或鱼缸,开展种养殖等活动,以此培养学生的科学兴趣和自主探究能力。

"二室"为可视化生物观察室、生命世界探究室。学校可视化生物观察室购置了玻璃材质的观察盒 60 余个,把动植物按照原有的生存状态放在透明容器中,供学生观察、实验、研究。在这里,学生不用踩着泥土,也不用淋雨,就能观察到植物根茎叶的生长变化以及蚂蚁、蚯蚓等小动物在地下的活动,可用于学生自主科学探究。学校生命世界探究室每周二、四中午开放,收集了学生收获的南瓜、葫芦等各类种子,摆放着学生制作的生态瓶,配备了显微镜,购置了 pH 试纸、试管、量杯等材料。

"四基地"为学校附近的毛家坪水资源基地、它山堰白茶基地、浙贝种植基地、澄浪潭养殖基地。学校积极联系周边村落,精选了四个实践基地,开展了丰富的"生命世界"主题探究活动。

3. 单元拓展,开展主题探究活动

学校有机结合科学课程,充分利用"一园一场二室四基地",开展特色鲜明、形式新颖的主题活动。典型活动案例如下。

动手制作类一:校园树叶标本制作。在"植物"单元教学中,安排三年级学生开展了"校园树叶标本制作"主题活动。学生利用课余时间,寻访校园的各个角落,采集不同生长时期、不同种类的树叶,观察各自的形态特点,并用文字或者画图的形式进行记录。此外,在教师的指导下,学生还学会了利用压制法制作树叶标本,以方便对不同时期、不同种类树叶的形态特点进行对比研究。通过标本制作主题探究活动,学生了解了树叶生长、衰老、死亡的生命过程,提高了动手制作能力,提升了对生命本质的认识。

动手制作类二:各种生态瓶制作。在"生物与环境"单元教学中,安排五年级学生开展了"做一个多样的生态瓶"主题探究活动。学生从家里拿来了油桶、玻璃缸等容器,在教师的指导下在容器底部铺上一层淤泥,种植了金鱼藻和水草,并放养了螺蛳、河蚌、小虾、泥鳅、鲫鱼等各类水生动物,组建了一个生物群落。生态瓶制作成功后,学生把它们摆放在"生命世界"探究室。在日常的探究活动中,学生提出了许多有价值的问题,如"螺蛳的食物是什么""鲫鱼的粪便到哪里去了""生态瓶中的生物越来越多会怎么样"。通过探究活动,学生对生物与生物之间,生物与环境之间相互依存、相互制约的关系有了深入的了解,对周边的环境问题有了深入的思考,激发了学生保护环境的意识。

观察记录类一:探秘身边的小动物。在"动物"单元教学中,组织三年级学生开展了"探秘身边的小动物"主题探究活动。如在蚁穴观察中,许多学生会凑在一起观察蚂蚁挖掘巢穴、隧道以及相互交流、协作的过程;又如许多学生会把苍蝇、蚂蚁、蚱蜢等昆虫放入螳螂观察盒内,留心观看螳螂惊心动魄的捕食场面。利用自制的生物观察盒将一些小动物圈养起来,便于学生中长期观察它们的形态、捕食、生活习性,这比野外观察要方便、高效,也便于学生的记录。

观察记录类二:蚕宝宝的养殖观察。在"动物的生命周期"单元教学中,组织三年级学生开展"蚕宝宝的养殖观察"主题探究活动。学校专门腾出一间教室作为养蚕室,并购置了架子、竹匾,并为学生提供蚕卵和桑叶,让学生观察桑蚕吃食、排便、蜕皮、吐丝结茧、化蛹成蛾的过程,了解蚕的生长、发育、繁殖和死亡的生命历程,建立动物生命周期的模型。

调查统计类一:营养早餐与健康生活。在"食物"单元教学后,组织四年级学生开展了"营养早餐与健康生活"问卷调查活动。在教师的指导下由学生自主设计问卷调查表,内容有"吃早饭的时间、地点""早餐吃的是什么""不吃早餐有什么危害"等。通过调查,学生获得了第一手的数据,并通过对数据的整理和分析,发现大家对吃早餐不太重视,只考虑到"吃饱",没有考虑到"吃好"。通过问卷调查,学生普遍认识到吃早餐的重要性和营养早餐需要合理搭配,为学生养成合理的饮食习惯和健康的身体奠定了基础。

调查统计类二:考察家乡的自来水厂。组织六年级 50 名学生开展了"考察家乡的自来水厂"主题探究活动。在教师的带领下,学生来到毛家坪水厂参观。在水厂现代化的厂房里,学生听取了水厂负责人的介绍,参观了各种生产控制设备,对自来水的源水引入、反应沉淀、消毒处理等整个生产流程有了一个直观的了解。学生也深刻地体会到了每一滴饮用水的珍贵性,立志节约水资源,这也为后续"环境与我们"单元的教学打下了基础。

4. 多元评价,构建开放评价体系

为了激发学生参与"生命世界"主题探究活动的兴趣,衡量学生掌握科学知识、探究能力的程度,近年来学校建立并实施了多元的评价机制,如开展知识竞赛、探究成果评比等。学生只要积极参与并发挥特长,学校就授予"小小百事通""小小探究家""小小达尔文"等相应称号,给予表扬和肯定。

二、学校生命教育之主题活动引领:宁波高新区梅墟中心小学

宁波高新区梅墟中心小学自 2012 年起以宁波市教科规划课题"小学生生命教育的实践与研究"为抓手,整合全校德育工作,开展了以儿童广播剧院为载体的生命教育活动。

(一)把握生命教育核心——儿童广播剧院主题活动设计

1. 研究与实践活动的目标确定

宁波高新区梅墟中心小学的这项研究与实践活动,通过模仿国内广播剧院创建校园内部的广播剧院,将之与学校德育工作和日常活动结合起来,围绕人与自我、人与他人、人与自然、人与社会四个向度展开,利用广播剧院开展对学生生命教育的综合实践活动。

活动的目标是,构建以儿童广播剧院为载体的适合小学生命教育的平台,通过主题式的综合实践活动,发挥儿童广播剧院建设在小学生命教育中的价值,增强学生认识自我、与人友善、适应环境的能力,同时在生命教育的实践中提高教师的育人能力,形成具有一定推广借鉴意义的生命教育主题活动模式。

2. 研究与实践活动的路径设计

(1)活动的设计从调查入手,了解学生对生命的态度。通过资料的搜集、访谈等形式的调查,了解学生对自身生命、对他人生命、对自然生命等的认识和态度,结合学生心理行为发展标准,分析学生在生命发展过程中的不足。调查发现,在学生的内心深处,缺乏对生命本身的关注,他们不理解生命的构成,生命的价值、生命的责任,在人际交往中欠缺积极的心态,容易出现羞怯、暴力等的极端应对方式、肆意破坏自然生命等现象。因此,活动确立了人与自我、人与他人、人与自然、人与社会四个向度的主题活动。

(2)联系学校实际,寻找实施平台。学校《春芽儿》校刊一直深受学生欢迎,学生们喜欢给春芽儿投稿。受此启示,学校决定构建广播剧院平台,将纸质文字转为录音的形式,录制与播放孩子的声音,满足儿童发展过程中潜藏在内心的表现欲望,来实施生命教育。

(3)打造实施载体,丰富活动内容。广播剧院的编、写、听环节恰好符合了学生的学习需求和表现自我的欲望。学校由春芽儿剧院号召、组织全校学生参与到活动中来,开展系列主题的生命教育活动。广播剧院的部门设置和组织形式是根据学生知识经验与认知水平,参照社会中剧院运作进行,通过实践体验、写作内化、录播感染的形式,点燃学生内心深处的生命之光,引导学生尊重生命、热爱生命。

3. 研究与实践活动的内容构建

(1)人与自我——强调欣赏自己。其目的是让学生认识自己、了解自己、完善自己。教育内容主要是通过实践活动让学生感受到自己生命的独特性,尊重自己的生命、敬畏自己的生命;通过实践活动让学生了解和学习礼仪、诚信、孝道等美德,不断完善自己的生命,欣赏自己的生命。如3月"懂我"主题活动。3月是万物生长的最佳时机,剧院在组织学生参加春季实践活动的过程中,组织同学们进行风筝制作,在风筝上写上自己未来的成长方向,再通过放风筝比赛,让学生感受到要实现自己的梦想是需要努力的。回校后,剧院再组织"长大后"主题征文活动,通过征文,让学生再一次正视自己的现状,憧憬自己的未来,重新认识自己。剧院挑选优秀作品进行儿童剧录播。

（2）人与他人——突出沟通交流。学会与他人和谐相处，建立友好关系。学生的世界里，与其最接近的就是家长、同学。部分学生对于家长、同学的相处态度比较冷漠。剧院构建了"善待人、爱大家"的系列主题活动。如5月的"感恩"主题活动。剧院发动组织全校学生参加了护（熟）鸡蛋一周的活动，在活动中有些同学因为不小心摔倒、不小心碰到重物等原因，没有保护住鸡蛋，有的鸡蛋有了裂痕，有的鸡蛋壳也掉了。在活动结束时，剧院的小记者们采访了学生的感悟时，许多学生都谈到了父母养育他们的不易，还说了许多自己生活中的例子，表示一定要好好孝顺父母，在学习上不让父母担心，与父母交流上也不再那么任性。请中低段的同学在班队活动课中制作母亲节贺卡、画一画全家福、学唱手语歌《感恩的心》，请高段的同学写一封家信给父母。引导学生明白，与人沟通，除了用嘴巴说，还可以用写、画、唱的方式。将高段同学写的优秀的家书变为了广播剧，进行录播。

（3）人与自然——了解生命依存。建立环保意识，养成生态文明行为。剧院构建了以小动物、小植物为主题的生命教育内容。通过让学生亲手去培植一株植物，去养护一只小动物，让学生去爱护大自然。剧院还根据一年的节气，构建了学生亲近大自然的活动、了解大自然的活动。如6月"爱我"主题活动。剧院组织学生观看环保视频，并由小记者跟进采访，了解学生对于环保的认识及观看视频后的想法。小记者在采访的过程中了解到同学们对于雾霾的污染是最关心也是最有想法的。剧院商量决定后，在原有以"环保小卫士××"为主题的征稿活动后，再增加一个"公益小天使"活动，利用广播剧和同学们制作的宣传品、宣传单等向社会宣传环保知识，让学生们在写与做的过程中学会保护自然、珍爱地球。

（4）人与社会——正视尊重生命。认识自己在社会中的定位，正确认识个体与社会的关系。剧院利用学期的最后一个月，结合学校日常工作、社会新闻热点，构建了禁毒、崇法的生命教育内容。如反毒品、反邪教、防灾自救演练等，与学生相关的"克米"事件的处理等。如11月"珍爱"主题活动。剧院安排了消防中心专家讲座，并将消防车开入学校，演示了火灾扑救过程。同学们看到了云梯车高高架起，看到了消防水像大雨一样奔到地面。小记者借机采访了几位现场的同学，并组织编写通讯稿。剧院组织策划部则抓紧时间，筹备消防安全知识竞赛、"大灾有大爱"的征文活动，将优秀的文章编制成儿童广播剧进行录播。

(二)打亮学生生命底色——儿童广播剧院主题活动实施

1. 儿童广播剧院主题活动之载体运用

(1)实践体验。通过开展一节班队课、一次拓展活动,让学生有机会去实践体验,给学生创作广播剧带来灵感。如4月开展了"敬畏"主题活动,在9月开展了"你好"教师节主题活动。

(2)写作内化。活动中孩子们感受了快乐和欢笑,并对这些体验及时进行强化。在每一次综合实践活动后,剧院都会面向全体学生发出征文启事。凡文章被录选的同学,都有机会获得最佳作者的称号和"春芽儿"吉祥贴物。在每学期剧院招聘时,拥有这些称号的同学能优先被录取。

(3)录播感悟。一个手机、一个麦克风,或者是剧院的录播室,便能将优秀的广播剧进行录制。一个早晨、一个午间、一个午后,几部撼动学生心灵的广播剧便能播放出来。一个采访证、一个问题、一次交流,小记者便能引导同学们说出对广播剧内容的想法。录的次数多了,听的次数多了,感悟多了,声音也越来越美丽! 随着一个个广播剧制作出来,学校组织了录播比赛。

2. 儿童广播剧院主题活动之剧本编播

(1)"阅读"中感悟生命。广播剧院的组建对学生来说是一个全新的尝试,剧本的编写更是人生的头一遭。如何发动全校同学参与到剧本的编写中,如何挑选优秀的剧本素材,成为剧院工作的难点。要编写出称心满意的作品,就必须引导学生广泛阅读。

(2)"交流"中学会沟通。光靠业余时间看书是不够的,老师们帮助剧院的同学,将有关"人与自我""人与他人""人与自然""人与社会"的内涵融入了课堂中,并与同学们更多地交流。在老师们的帮助下,剧院的同学在网上搜索新闻焦点,组织同学们开展辩论赛;下载儿童电影,在班队课时播放给同学们看,组织同学们展开讨论。在剧院同学的不断努力下,剧院的多部生命教育剧本被选登上了杂志,将同学们生命成长过程中的经历与感情尽情抒发。

(3)"编播"中拨动心灵。在编写剧本的基础上,录播工作就可以有序地开展起来了。剧院利用校园广播和公告栏向全校学生发起号召,请大家利用手机等手段进行广播剧的录制。为了提高同学们所录制的广播剧质量,剧院播音部从网络搜集来一些优秀校园广播剧,利用中午的"快乐十分钟"播放给同学们听。剧院的小记者们像小蜜蜂一样地穿梭于各班教室,采访同学们对广播剧内容的看法,将同学们的观点发表于《春芽儿晨报》中。

3. 儿童广播剧院主题活动之情景组织

(1)学生自建广播剧院。剧院在筹办阶段主要依托大队部中的高年级学生。在平常的日子里,他们喜欢写点东西,喜欢组织同学参加一点实践活动。春芽儿广播剧院的建立,迎合了他们的兴趣,为他们的才艺发挥提供了场地。孩子们非常兴奋,在顾问老师的帮助与引导下,这些孩子搜索起了有关广播剧院组建的材料,了解到一些儿童广播剧院的主要经营模式以及剧院中的部门设置。在进行了一番讨论后,孩子们决定根据团体中成员的兴趣和特长,在剧院内设置了组织策划部、播音主持部、新闻编辑部、技术服务部四大部门,设计了春芽儿广播剧院的徽章"小芽儿",将电脑教室作为制作室,在新教学楼的转角开辟了一间阅读室和一间活动室,在大礼堂的舞台上开辟了一间录播室。

(2)学生自主选择剧院成员。在剧院人员的遴选上,学生们选择以优促进、以点带面的方式进行。他们加大宣传力度,凡是剧院的成员得奖,凡是广播剧本被发表等,他们都会主动设计海报、张贴海报、跑班级发放喜讯。用这种方式去影响同学、感染同学。自愿加入的人多了,剧院的门槛也就高了。剧院的学生想出了在主题月活动的基础上进行每学期一次的朗读会和校园大型剧本征文活动。凡是在朗读会和征文活动中得奖的同学,在每学期的剧院招聘日里,可以在同等条件下优先被录取。在这种自发的、趣味的、积极的竞争下,自发参与写作、朗读的学生越来越多了,关注剧院发展的同学越来越多了,同学们都以加入广播剧院为荣。

(3)学生自我参与剧院管理。依托网络,学生们模仿编写了儿童广播剧院组织管理制度,明确各部门的工作职责,对剧院进行了三级管理的设置。第一级设置为剧院顾问老师和院长若干名,主要负责剧院建设过程中的基础管理和筹资工作,为剧院的发展提供相关的意见和建议,组织活动。第二级设置为部门负责人各一名,由学生担任,负责剧院各部门的基本管理制度的制定、监督和考核,进行剧院的运营管理。第三级设置剧院各部门工作人员,具体配合落实剧院活动。在顾问老师的指导下,孩子们确立了剧院生命教育的实践活动主题,有模有样地经营管理起了他们的剧院。比如每次活动前,剧院都召开活动策划会,若有人无故未到或迟到,就会被扣除自己的剧院信用分,剧院信用分数低的人将被踢出剧院。又如在组织活动时,各部门必须第一时间配合组织策划部落实活动细节,组织策划部必须在第一时间拿出具体的活动方案,活动方案中要有详细的活动流程、人员分工,做到一人一职、职责到人。若有一个部门未能及时做到,该部门的负责人及相关责任人将被扣除信用分。在学期末,院长会统计剧院成员们的信用分,信用分高者将受到剧院的精神鼓励与物质表彰。

4. 儿童广播剧院主题活动之环境营造

(1)构筑生命教育的物质环境,体察视觉冲击力的教育影响。为了营造生命教育环境,树立鲜明的学校育人形象,形成有浓重生命教育气息的校园文化氛围,学校对教室、走廊、墙面等进行装饰。走入校园,学校长廊处的成长树上,悬挂满了儿童广播剧院里的小明星的写真,不断激励着全校学生积极参与到广播剧院的活动中来。在教学楼的走道里,处处能看到学生参与剧院活动的作品,如创作的剧本。走进班级,可以看到宜于师生学习使用的家具陈设,书架上放满了孩子们喜欢的图书,物品存放柜摆满了学生平时不需要带回家去的学习用品,为学生的书包减重,保护学生生理生命的健康成长。环顾四周,墙面上贴满了同学们每一个月的创意,有体现对中国文化的传承与弘扬,表达对生命成长过程的理解、对生命的敬畏之情的,有表达对亲情、师生情、同窗情的感念,对自然生命的敬畏与呵护的,这些全部展现在了墙面上,形成了强有力的视觉冲击力。

(2)建设生命教育的人文环境,感悟人与人之间的关爱情愫。"爸爸真棒!妈妈真棒!孩子你真棒!"这是剧院在组织开展家校亲子体育节中发出的声音,这样的声音拉近了亲子间沟通的距离。"大地婆婆快回来吧!让我们一起战胜风沙!"这是剧院在组织开展校园艺术节中,学生创作的以保护环境为主题的校园广播剧,这样的声音拉近了人与自然的关系。"视频中老师以成绩论学生,没有真正去寻找事情的原因,是不对的。"这是剧院在组织共同关注活动中老师发出的声音,这样的声音促进和谐师生关系的构建。"以前祭祀我都会买许多纸钱纸人,今年听你们的,不那么做了!"这是剧院在组织 4 月"敬畏"活动中社会发出来的声音,从而提高了学校在周围片区的知名度,拉近了学校与社会的关系。走在这样的校园里,用耳朵、用眼睛感受着生命教育带来的和谐人际关系,哪个学生还感受不到生命带来的美好?人与人之间的关爱情愫,构建起师生间、家校间、校社间和谐的人际关系。

(3)创建生命教育的制度环境,提升管理育人的新型教育观。学校成立了生命教育领导小组,制定了教师考核细则、教研组考核细则、学生生命教育社团考核细则。把生命教育作为课程改革的重要内容,发动学生构建生命教育社团组织——"春芽儿广播剧院",开展丰富多彩的教育实践活动。

在教学过程中,注意贴近学生生活,联系社会实际,引导学生积极采用自主、探究和合作的学习方式,使学生知、情、意、行方面都得到发展。在队伍与培训方面,用"请进来、带出去"的方式,加强教师在职培训,把生命教育的有关内容作为学科教师培训的重要内容,丰富学科教师生命教育知识,提高学科教师生命教育的意识和能力;普及心理学、健康教育等生命教育知识,提高班主任的业务能力。在资源与投入方面,制定了经费管理与实施方案,用于教师培训、课题研究等,推动学校生命教育的有序进行。

第三节　学校生命教育的愿景展望

学校生命教育是以人的生命为核心,旨在提升受教育者生命质量,获得生命价值的教育活动。在德育实践中,生命教育是以学生为本,尊重学生基础,着眼于学生发展,科学、有效地以社会主流价值观引领并促进其健康成长的过程。这既是生命教育的基本理念,也是生命教育的美好愿景。要转变德育观念,确立生命教育的德育新理念。要以校园为中心,重视学校、家庭、社会三方协同,将生命教育融入德育实践之中。

一、德育视野下学校生命教育的理解

学校生命教育通过有效的教育活动,引导受教育者生命成长、成熟、逐步完善,为学生的终身幸福奠定基础。它以尊重生命存在为出发点,以改善生命质量为落脚点,以享受生命成长为立足点,将生命的理念渗透在教育(包括德育)的全过程中。

(一)尊重生命存在是生命教育的出发点

1. 让学生了解生命现象和生命规律,维护身心健康

人最宝贵的是生命,只有生命存在,才能实现更高的人生价值,才能造福社会,才能使世界变得更美好。对学校来说,尊重生命,要以遵循生命规律为原则,以维护学生物质性生命为前提。人的社会性以人的自然性为前提,我们应该关注人的生命的完整性,不能以人的社会性来压制、牺牲人的自然属性。学校通过生命教育活动,让学生科学认识生命从出生到死亡的整个过程,增强学生维护身心健康的意识,促进学生身心和谐发展。

2. 对学生开展生命安全保护的教育,学会危机自救

生命教育首先要教学生学会珍视生命,学会生存。再周密的防范都很

难完全杜绝灾害的降临,要通过生命教育活动指导学生学习危机自救,增强生存技能。让学生学会在不同的突发事件中保护自己,提高自我保护的能力,最大限度地减少伤害,如溺水、煤气泄漏、火灾、触电等天灾人祸,以及碰到小偷或骗子,公园里受到坏人的欺负等情况下应该怎么做。教师可以在班级课的讨论中,帮助学生学习制定多种应急预案。让学生获得危难中生命存续的方法,无论是从理念层面还是从实用价值来看,都是非常必要的。

3. 使学生认同生命差异和多样性存在,懂得善待生命

人需要有尊严地活着,这不仅是对自我而言,也涉及对待他人和周围其他生命形态。每种生命都是独特的,甚至到每个个体依然是独特的。我们每个人并不完美,但仍应该将自己的生命与天地万物建立起和谐的共融关系。许多学生仍然缺乏尊重生命的意识,诸如不把自我和他人的生命当回事,歧视成绩不好、家境不好、身体有缺陷的同学,欺负残障人士和其他弱势人群,肆意虐待小动物,没有意识到生命的尊严、生命的可贵等。教师要通过生命教育,教育学生认识生命差异和多样性,尊重他人,善待生命。

(二)改善生命质量是生命教育的落脚点

1. 引导学生认识生命的意义

改善生命质量以认识生命的意义为基础。生命教育要为学生建构一个意义的世界,而非仅仅提供给他们一个生活的世界。当一个学生精神萎靡、沉于物欲时,他就没有了生命价值的认知,没有了生存的信念;而没有了对生死的认知,则没有了生命存在的尊严。一些学生缺乏对生命的敬意和珍惜,把生命当作了物品,可以随手丢弃,缺少"身体发肤,受之父母,不敢毁伤"的感恩之心。对自己的生命不珍惜,也对他人的生命没有感觉。要重构我国生命教育的价值认知体系,让学生们懂得生命的神圣性和宝贵性,去珍爱自己的生命,也尊重别人的生命。学校生命教育要以帮助学生认识生命意义为重点,进行完整的、生命意识的培养,让学生逐步理解生命的终极意义,引导学生追求生命的价值。

2. 提升学生生活的能力

没有以生活为中心的教育是死教育。学生在成长中要展开的是一个生活的世界,这个世界丰富多彩又异常复杂,而不仅仅是一个单纯学习知识的小教室、小校园。学校提供给学生的教程中尽管包含了大量生活能力的知识,但通常存在理论与实际脱节、生活知识体系支离破碎、缺乏实用性和可操作性等问题。如学生学习了物理知识,却不会换灯泡;学习了营养知识,

却不会合理膳食；等等。要改变生活能力教学地位低、效果极差的局面，把提升学生的生活能力作为生命教育的着力点。教育要提高学生生活的能力，亦即人们谋取生活资料的能力。学校和老师们要通过课堂及一系列的教学活动来让学生们掌握相当的知识与技能，使他们能在家长帮助下满足生活之需，在教师指导下与同学、老师等合作交往；并在将来走向社会之后能够顺利地就业、成家，获得相当的生活水平，开拓自己的事业。学校生命教育通过学生在自然和社会中的实践体验，反思自我与自然、社会的关系，更好地认识自我，确定人生方向，主动把握生命，活出生命的意蕴，绽放生命的光彩。

（三）享受生命成长是生命教育的立足点

1. 德育视野的生命教育是一种快乐教育

学校生命教育的重要使命，是让学生们在快乐中健康成长，在幸福中和谐发展。德育视野的生命教育，也是一种指向现实和未来的快乐教育，应该让学生在受教育中感受到生命意义所带来的充实、快乐，让学生体验到道德完满之乐、人伦亲情之乐、自我成长之乐、山水超然之乐、忧患苦难之乐。学校生命教育可根据学生的生活特点和认知水平，让生命教育在快乐中完成，让学生在快乐中体验生命的存在，体验生命存在的快乐。如让学生联系生活实际，分享喜欢的物品，谈谈与他人分享快乐的感受，培养与人合作的意识，构建审美化的生命教育情境。

2. 德育视野的生命教育是一种人文教育

人的生命具有自然属性和社会属性，其中社会属性才是人区别于其他物种、高于其他物种的根本属性，才是人之所以是人的实质所在。学校生命教育是一种全人教育，也是一种人文教育，应重点体现出生命教育的社会属性，将教育的宗旨放在如何引导学生正确认识和处理社会关系、接受社会价值和社会文化上面。如果一个人缺失了生命意义，缺乏人之善心和善意，就无异于兽类；如果一个人行为粗俗，不想阅读经典，不会欣赏音乐，就会沦为有知识没文化的野蛮人。生命教育要培养学生人文关怀、社会关怀，树立起是非、好坏、优劣、美丑等价值观，形成高尚的人文精神和道德人格。

3. 德育视野的生命教育是一种责任教育

生命教育应让学生从珍爱生理层面的生命入手，达至精神层面的生命，并最终追求价值层面的生命。生命教育的终极目标，应当指向生命的价值，这种价值离不开个体对他人、家庭和社会的责任。在学生的生命世界中如果缺少了责任,就会信仰缺失,精神沙漠化,出现对生命存在及价值的无知和漠视,从无所事事到犯罪伤人或自杀,很多我们担心的状况都有可能发生。学校生命教育作为一种唤醒心灵与精神的教育,要引导学生认识生命意义,创造生命价值。要让学生明白人生究竟应该坚守什么,拒绝什么;追求什么,抛弃什么;企盼什么,拒斥什么;让他们在学会自我尊重的同时兼容差异,在敬畏自然的同时心怀社会并最终领悟生命存在的价值与责任。

二、创新学校生命教育的课程体系

从 21 世纪第一个十年开始,上海、黑龙江、湖南、湖北等省市及其他部分地区开始陆续实施较为系统的生命教育课程。通过 10 余年的探索,各地学校生命教育的课程体系逐渐形成和完善。

(一)生命教育的目标内容

中小学生命教育要遵循学生身心发展特点和规律确定课程目标,科学有序地安排活动内容。

1. 生命教育的目标

中小学生命教育的总体目标可概括为,整体规划小学阶段、初中阶段和高中阶段生命教育的内容序列,形成学校、家庭与社会优势互补、资源共享的生命教育实施体系,引导学生认识、感悟生命的意义和价值,掌握必要的保护生命、维护健康的知识和技能,增强自我保护的意识,形成尊重生命、爱惜健康的态度,进而尊重、关怀他人的生命与健康,为学生的终身幸福和终身发展奠定基础。这一目标强调中小学生生命教育内容体系上整体性与顺序性的统一,强调实施中学校的核心作用与家庭、社会互动的结合,强调目标追求上社会价值与个体价值的统一、现实价值与未来价值的统一。

2. 生命教育的内容

生命教育要形成各学段有机衔接、循序递进和全面系统的教育内容体系。小学阶段着重帮助和引导学生初步了解自身的生长发育特点,初步树立正确的生命意识,养成健康的生活习惯。初中阶段着重帮助和引导学生了解青春期生理、心理发展特点,掌握自我保护、应对灾难的基本技能,学会尊重生命、关怀生命、悦纳自我、接纳他人,养成健康良好的生活习惯,学会欣赏人类文化。高中阶段着重帮助学生掌握科学的性生理和性心理知识,引导学生形成文明的性道德观念,培养对婚姻、家庭的责任意识,学会用法律和其他合适的方法保护自己的合法权益,学会尊重他人、理解生命、热爱生命,提高保持健康、丰富精神生活的能力,培养积极的生活态度和人生观。

（二）生命教育方法途径

中小学生命教育要根据我国国情、地方文化和学校实际选择适当的方法途径，要有机渗透在学校教育的各门学科、各个环节、各个方面，既要充分运用学科教学，传授科学的知识和方法，又要突出重点，利用课内课外相结合等方式开展形式多样的专题教育，更要坚持以实践体验为主，开展丰富多彩的课外活动。要重视营造学校、家庭和社会的和谐人际环境，发挥环境育人的作用。

1. 学科教学

小学的自然、体育与健身、品德与社会等学科，初中的思想品德、社会、科学、体育与健身、历史等学科，高中的生命科学、思想政治、社会、体育与健身、历史等学科，是实施生命教育的显性课程。语文、音乐、美术等学科也蕴涵着丰富的生命教育内容，是生命教育的隐性课程。要在这些学科的教学中增强生命教育意识，挖掘显性和隐含的生命教育内容，结合教学内容，分层次、分阶段，适时、适量、适度地对学生进行生动活泼的生命教育，同时充分运用与学生密切相关的事例作为教学资源，利用多种手段和方法开展生命教育活动。

2. 专题教育

生命教育要充分利用青春期教育、心理教育、安全教育、健康教育、环境教育、禁毒和预防艾滋病教育、法治教育等专题教育形式，开展灵活、有效、多样的生命教育活动。要从学生的兴趣、经验、社会热点问题或历史问题出发，结合区域、学校和学生的特点，力求将相关内容整合起来，形成校本课程。倡导自主探究、实践体验、合作交流的学习方式。

3. 课外活动

课外活动是学生体验生命成长的重要途径。要充分利用班团队活动、节日、纪念日活动、仪式教育、学生社团活动、社会实践活动等多种载体，开展生命教育活动，让学生感悟生命的价值。

4. 家庭及校外教育

要积极引导家长参与家庭生活指导，通过亲子关系沟通、身心保健等方面的服务，帮助家长掌握家庭管理和人际沟通的知识与技能，提升家庭情趣，引导家长开展亲子考察等实践活动，营造健康和谐的家庭氛围。要充分利用社区生命教育资源，发挥社区学院、老年大学的作用，开展环保、居家生活设计、人文艺术欣赏等活动。

三、加强学校生命教育的组织管理

教育行政部门、学校、相关部门和社会机构在开展生命教育工作时要强化组织领导和队伍建设，重视资源的开发和利用，充分发挥各方面的作用。

(一)强化组织领导和队伍建设

教育行政部门要从实际出发，制订生命教育的区域实施计划，加强制度建设，落实管理责任，建立生命教育的长效机制；要加强督导评估，把下级教育行政部门、学校开展生命教育的效果作为对其督导、评估的指标之一；要整合教师培训机构、教科研机构等部门的力量，进行生命教育的研究和实践。学校要建立在校长领导下，以班主任和专兼职生命与健康教师为骨干，全体教师共同参与的生命教育工作机制；要把生命教育作为课程改革的重要内容，确保课时，保证质量；要把生命教育师资培训作为师德建设和教师业务培训的重要内容，纳入工作计划，通过培训提高教师生命教育的意识和实施能力；探索建立有利于生命教育实施的评价体系，充分发挥评价的诊断、导向和发展功能；要把教师开展生命教育的实绩作为教师考评、表彰的重要依据。

(二)重视资源的开发和利用

教育行政部门和学校要多方面地开发和利用校内外丰富的生命教育资源，加强生命教育的软件建设，积极开发图文资料、教学课件、音像制品等教学资源；利用网络、影视、博物馆、图书馆、自然和人文景观、爱国主义教育基地等社会资源，丰富生命教育的内容和手段。要支持教科研部门、学校和教师结合自己的工作实际，积极开展生命与健康的教育实验。中小学校要以学生成长过程中遇到的各种问题和需要为主线，通过校本教研活动，明确生命教育的重点、难点，运用科学的方法，以提高教育的质量。要通过开展生命教育课题研究，针对不同学生的特点，形成具有区域和学校特色的理论和实践成果，为实施生命教育探索有效的实践途径，并及时推广先进经验。

(三)充分发挥各方面的作用

生命教育是一个综合性的问题，需要整个社会来关注。教育行政部门和学校要与文化、工商、新闻出版等部门密切配合，集中治理好中小学周边环境和净化校园文化环境；要与共青团、妇联和各新闻媒体一道，积极营造全社会共同关心未成年人健康成长的良好氛围；要充分依托卫计委、医院、心理咨询机构、心理卫生协会等社会机构和专业学术团体的力量，为广大中小学生提供心理辅导、预防、干预、家庭教育咨询等专业支持,提高心理服务的质量;要积极协调社会资源,提供充足的教育设施和条件,为学生的健康安全营造良好的环境,开展适合中小学生体育健身、消防安全、动手实践等的生存训练活动。社区要发挥在家庭教育指导中的重要作用,指导家长在依法履行监护义务的基础上,科学地对孩子进行认识生命、尊重生命、热爱生命的教育和指导;要建造和开放适合学生锻炼运动的场所或设施,让学生利用节假日及寒暑假开展丰富多彩的活动。有关部门要加强对报刊、影视、图书、网络等媒体的监管,禁止不健康的网络游戏和出版物的传播,防止不利于未成年人身心健康的文化产品对学生产生不良影响,采取保护学生合法权益的有力措施,营造有利于未成年人健康成长的社会环境。

参考文献

[1]包心鉴.时代精神与当今人类文明[J].江汉论坛,2007(8):5-8,97.

[2]中国教育报评论员.以创新发展激发教育活力:论牢固树立新的教育发展理念[N].中国教育报,2016-01-18(1).

[3]曾喜云.红色文化资源开发利用中存在的问题、原因及对策[D].武汉:华中师范大学,2008.

[4]陈海懿.关于余姚市梁弄镇红色文化建设现状的调查研究[J].网络财富,2010(10):107-108.

[5]程建平.论现代德育内容的构成及其趋势[J].黑龙江社会科学,2004(4):125-126.

[6]程潇潇.红色文化与未成年人思想道德教育研究[D].南昌:华东交通大学,2010.

[7]戴岳.生态视角下学校德育管理观的变革[J].当代教育科学,2008(17):7-9.

[8]邓川,邓辉.弘扬红色文化 创新红色教育——关于推进红色文化进课堂的思考[J].新课程研究(中旬刊),2014(10):65-67.

[9]杜威.道德教育原理[M].王承绪,等,译.杭州:浙江教育出版社,2003.

[10]葛丽华.红色文化教育研究[D].保定:河北大学,2012.

[11]巩宁.红色文化在小学教育中的发展现状及对策研究[D].锦州:渤海大学,2015.

[12]顾明远.教育大辞典[M].上海:上海教育出版社,1998.

［13］顾明远.教育观念现代化是教育现代化的灵魂［N］.人民日报，2016-01-31（5）.

［14］顾明远.试论教育现代化的基本特征［J］.教育研究，2012（9）：4-10.

［15］国家教委中央教科所德育研究中心.德育实用全书［M］.北京：中国民主法制出版社，1997.

［16］国家中长期教育改革和发展规划纲要工作小组办公室.国家中长期教育改革和发展规划纲要（2010—2020 年）［EB/OL］.（2010-07-29）［2018-08-08］. http://old. moe. gov. cn/publicfiles/business/htmlfiles/moe/info_list/201407/xxgk_171904. html.

［17］Hirst P H. Moral Education in a Secular Society［M］. London：London University Press，1974.

［18］韩华球.文化视域下我国德育课程改革反思［J］.教育学报，2014（2）：65-69.

［19］何玉海.试论中小学德育方法运用与优化的基本原则［J］.现代基础教育研究，2013（6）：135-139.

［20］黑格尔.法哲学原理［M］.范杨，张企泰，译.北京：商务印书馆，1961.

［21］胡厚福.德育学原理［M］.北京：北京师范大学出版社，1997.

［22］胡锦涛.在全国宣传思想工作会议上的讲话［N］.解放军报，2003-12-08（1）.

［23］胡守芬.德育原理［M］.北京：北京师范大学出版社，1989.

［24］黄书光.价值观念变迁中的中国德育改革［M］.南京：江苏教育出版社，2008.

［25］黄天华.高校"红色文化教育"路径研究［D］.南昌：南昌大学，2012.

［26］罗兹曼.中国的现代化［M］.国家社会科学基金"比较现代化"课题组，译.南京：江苏人民出版社，1995.

［27］贾瑞君.习近平给蒙阴小学生复信　寄语沂蒙少年儿童长大后要把祖国和家乡建设得更加美好［N］.大众日报，2011-11-11（1）.

［28］教育部关于整体规划大中小学德育体系的意见［J］.中小学图书情报世界，2005（Z1）：6-9.

［29］柯进.全球经济转型带来岗位需求变化　未来人才需具备 6 种能力［N］.中国教育报，2009-11-17（1）.

［30］赖宏，刘浩林.论红色文化建设［J］.南昌航空工业学院学报（社会

科学版),2006(4):66-69.

[31]冷铨清.论时代精神[J].理论与创作,1991(2):20-23.

[32]黎昕,林建峰.优秀传统文化的传承与社会主义核心价值观的凝练[J].福建论坛(人文社会科学版),2012(9):163-167.

[33]刘彦文.德育方法基本特征分析[J].教育探索,2008(11):100-101.

[34]联合国教科文组织国际教育发展委员会.学会生存:教育世界的今天和明天[M].北京:教育科学出版社,1996.

[35]刘红梅.红色旅游与红色文化传承研究[D].湘潭:湘潭大学,2012.

[36]刘猛.新时期中学德育管理体制的反思与探索[D].重庆:西南师范大学,2004.

[37]刘毅,孙秀艳.绿色发展,走向生态文明新时代[N].人民日报,2016-02-16(1).

[38]鲁洁,王逢贤.德育新论[M].南京:江苏教育出版社,1994.

[39]马克思.1844年经济学哲学手稿[M].北京:人民出版社,1985.

[40]南京师范大学教育系.教育学[M].北京:人民教育出版社,1984.

[41]戚万学,杜时中.现代德育论[M].济南:山东教育出版社,1997.

[42]冉红芳.社会工作方法在中学德育管理中的应用研究——以重庆市松树桥中学为例[D].重庆:重庆师范大学,2012.

[43]石军.德育现代化:内涵、路径与展望[J].教育理论与实践,2016(19):49-52.

[44]陶行知.陶行知全集:第1卷[M].成都:四川教育出版社,1991.

[45]田慧生.中国教育的现代化[M].昆明:云南人民出版社,1997.

[46]屠大华.中小学德育管理[M].长春:东北师范大学出版社,2000.

[47]王爱华,王刚,刘丽,等.多维视野下的红色文化[M].成都:西南交通大学出版社,2011.

[48]王永强.传统文化视域下中学生孝德缺失问题及对策思考[J].教育探索,2012(2):119-120.

[49]弗兰克纳.善的求索:道德哲学导论[M].黄伟合,等,译.沈阳:辽宁人民出版社,1987.

[50]魏志奇.让道德软实力激发正能量[N].北京日报,2014-3-10(2).

[51]杨金海,等.以创造性转化和创新性发展　推动中国文化现代化(十人谈)[J].党建,2014(4):20-21.

[52]吴婷.德育,迎接多元文化的挑战[J].江苏教育研究,2010(10A):

63-64.

[53]肖灵.当代大学生红色文化教育研究[D].南京:南京师范大学,2014.

[54]徐红林.继承和超越:社会主义核心价值体系和中国传统文化的关系探析[J].前沿,2012(10):37-38.

[55]薛广洲.时代精神、民族精神与精神文明建设[J].特区理论与实践,1997(5):19-21.

[56]薛文治.把握时代精神 弘扬时代精神——学习江泽民大力弘扬"五种精神"的体会[J].山西高等学校社会科学学报,2001(Z1):58-59.

[57]颜世元.自觉传承优秀传统文化中的道德理念 大力弘扬社会主义核心价值观[J].东岳论丛,2014(12):5-8.

[58]杨桂青,李孔文.中国教育现代化的着力点在哪里[N].中国教育报,2017-01-12(9).

[59]杨韶刚.国外心理教育介入学校德育的现状与启示[J].中小学德育,2015(4):18-21.

[60]尹文剑.江西永新县中小学红色文化课程资源开发研究[D].重庆:西南大学,2011.

[61]英格尔斯.人的现代化[M].殷陆君,译.成都:四川人民出版社,1985.

[62]余伟民.培养高素质人才必须重视历史教育——论历史教育"边缘化"的社会根源及提升历史教育地位的途径[J].探索与争鸣,2003(11):4-6.

[63]袁利平,宋婷婷.美国学校公民教育:内容、途径与模式[J].集美大学学报(教育科学版),2008(2):25-29.

[64]曹玉章.延安红色文化资源开发利用研究[D].延安:延安大学,2013.

[65]曾杰.论当代大学生红色文化教育的四重维度[J].遵义师范学院学报,2015(4):23-26.

[66]张全景.从红色文化中汲取精神动力[N].人民日报,2015-11-13(7).

[67]张耀灿,陈万柏.思想政治教育学原理[M].北京:高等教育出版社,2007.

[68]张元婕.红色文化的育人价值与实现路径研究——以大别山红色文化研究为例[D].武汉:武汉理工大学,2013.

[69]张忠华.我国新时期德育方法的研究和反思[J].教育学术月刊,2010(4):55-59.

[70]赵翰章.德育论[M].长春:吉林教育出版社,1987.

[71]赵志军.德育管理论[D].长春:东北师范大学,2005.

[72]郑永廷,等.人的现代化理论与实践[M].北京:人民出版社,2006.

[73]中小学德育工作规程[J].人民教育,1998(6):9-10.

[74]钟启泉,黄志成.西方德育原理[M].西安:陕西人民教育出版社,1998.

图书在版编目(CIP)数据

教育现代化进程中学校德育创新研究 / 柳国梁等著.
—杭州:浙江大学出版社,2020.5
ISBN 978-7-308-19769-4

Ⅰ.①教… Ⅱ.①柳… Ⅲ.①学校教育－德育－研究
－中国 Ⅳ.①G41

中国版本图书馆 CIP 数据核字(2019)第 271681 号

教育现代化进程中学校德育创新研究

柳国梁　　陈国明　等著

责任编辑	吴伟伟 weiweiwu@zju.edu.cn	
责任校对	陈逸行	
封面设计	春天书装	
出版发行	浙江大学出版社	
	(杭州市天目山路 148 号　邮政编码 310007)	
	(网址:http://www.zjupress.com)	
排　　版	浙江时代出版服务有限公司	
印　　刷	虎彩印艺股份有限公司	
开　　本	710mm×1000mm　1/16	
印　　张	13.5	
字　　数	216 千	
版 印 次	2020 年 5 月第 1 版　2020 年 5 月第 1 次印刷	
书　　号	ISBN 978-7-308-19769-4	
定　　价	68.00 元	